Arena-Taschenbuch
Band 1260

Kurt Lavall

Sport erleben mit Sachverstand

Kleines Handbuch der
interessantesten Sportarten
in alphabetischer Folge

Illustrationen Karlheinz Grindler

Arena

1. Auflage 1975

Die Piktogramme des Umschlags und der Seite 2 sind der Auswahl entnommen, die Otl Aicher, Gerhard Joksch und Alfred Kern für die Olympischen Spiele in München und Montreal entwickelten.
Gesamtherstellung: Richterdruck Würzburg
ISBN 3 401 01260 6

Die Sportarten in alphabetischer Folge

Zur Einführung

Die Faszination des Sports hat im letzten Jahrzehnt die meisten Menschen angesprochen. Millionen in Australien verfolgen vor dem Bildschirm die Ballwechsel auf dem Tennis-Court, Millionen in den USA begeistern sich am Baseball oder am „Football", dem harten Rugby amerikanischer Prägung. Und in Europa oder Südamerika kommen die Zuschauer in Scharen, wenn „König Fußball" ruft.
Olympische Spiele sowie Weltmeisterschaften aller sportlichen Bereiche gehören zu den „Spitzenreitern", und selbst frühere Nebensportarten wie Volley- oder Basketball finden plötzlich durch einen hohen Leistungsstandard starkes Interesse. Die Anteilnahme am direkten sportlichen Ereignis, das Miterleben und Mitfühlen gehört seit dem Überwinden der Kontinente durch den hilfsbereiten Satelliten dazu, brachte den Sport mit allen seinen menschlichen Erscheinungen direkt vor das kritische Auge des Betrachters. So besitzt heute eine jede Sportart ihre eigenen „Fachleute", ihre eigenen „Bundestrainer", und die hätten natürlich bei Mißerfolgen alles ganz anders gemacht.
Worauf kommt es im Sport an, welche besonderen Akzente müssen gesetzt werden, zeigen im Wettkampf schonungslos Stärken und Schwächen auf? Dieses Büchlein möchte dem sportlich Interessierten die eigenen Beobachtungen, Wertungen, Differenzierungen und Leistungen näherbringen, erleichtern.
Ein Beispiel zur Handhabung dieses „Regel-Abc": Der Leser möchte ein Hallenhandballspiel besuchen oder sich im Fernsehen die Übertragung eines Skispringens ansehen; da genügt vorher das kurze Studium der entsprechenden Sportdisziplin, die Sie alphabetisch geordnet finden, und die Veranstaltung wird nun anders betrachtet, viel besser beurteilt als vorher, mit fachkundigen Augen gesehen. Das eigene Urteilsvermögen fördert den Spaß beim Zuschauen.
Die Kenntnisse der wichtigsten Regeln und Wettkampfbestimmungen, das Wissen um die unterschiedlichen Methoden von Technik und Taktik, die vielfältigen Nuancen bestimmter Formen und Typen bieten erst die Voraussetzung zu einem objektiven Miterleben, vielleicht auch zum Mitmachen in den Arenen, Hallen und Anlagen des Sports. Auch der Aktive, meist nur in seiner Fachdisziplin genau unterrichtet, liebt die bunte Vielfalt sportlichen Geschehens; selbst er wird von diesem Handbuch Nutzen ziehen, das Leistungsvermögen der anderen Sportart nüchterner, ehrlicher abwägen als vorher.
In diesem Sinne erscheint dieser Regelband des Sports als Helfer und Ratgeber, der Verständnis, Verstehen, Einblick fördern soll.

Kurt Lavall

Badminton

Geschichte: Im Jahr 1872 führte der englische Herzog von Beauford einer Gesellschaft auf seinem Landsitz in Badminton ein neuartiges Spiel mit einem Federball vor. Britische Offiziere hatten es aus Indien mitgebracht, und nun besaß das schnelle Spiel, das allerdings schon im 17. Jahrhundert an europäischen Fürstenhäusern bekannt war, einen neuen Namen. 1887 legte der erste Club in Badminton Regeln fest, die noch Gültigkeit besitzen.
Dem Internationalen Badminton-Verband (IBF) gehören mittlerweile über 50 Verbände aus allen Erdteilen an. Besonders in Asien erfreut sich das Spiel steigender Beliebtheit. Die besten Herren kämpfen alle drei Jahre um den „Thomas-Cup“ (Gegenstück zum Davis-Cup im Tennis), in dem auch die Mannschaften benotet werden. Die Damen tragen ihre Titelkämpfe um den „Uber-Cup“ aus, eine Stiftung der Engländerin Susan Uber. Seit 1899 treffen sich außerdem die besten Akteure jedes Jahr bei den All England Championships.
Das **Spielfeld** besitzt für das Einzelspiel die Maße 13,40 × 5,18 m, für das Doppel 13,40 × 6,10 m. Die Netzhöhe beträgt 1,55 m. Das Netz selbst ist 76 cm hoch, eingefaßt von einem 7,6 cm breiten Band. Die Spielfeldhälften sind durch die vorderen und hinteren Aufschlaglinien in bestimmte Felder eingeteilt.
Der **Federball** besteht aus Kork, in dem 14–16 Federn (Länge ca. 7 cm) fest verankert sind. Das Gewicht beträgt 4,7 — 5,5 g.
Der **Schläger** hat eine Länge von 66 cm. Stiel und Griff = 40 cm; das innen mit Kunststoff- oder Darmsaiten geflochtene Schlagbrett = 26 cm.
Regeln: Gespielt wird im Einzel, Doppel und Mixed wie beim Tennis. Von rechts beginnend – mit beiden Füßen im Aufschlagfeld –, muß der Ball diagonal in das Aufschlagfeld des Gegners geschlagen werden und dabei die vordere Aufschlaglinie hinter dem Netz passieren. Begeht die anspielende Partei einen Fehler, so verliert sie das Aufschlagrecht. Nur wer aufschlägt, kann Punkte erringen. Nach jedem Aufschlag erfolgt der Schlagwechsel so lange, bis der Schiedsrichter auf Fehler entscheidet. Beim Doppel und Mixed wechselt der Aufschlag erst nach zwei Fehlern. Nach 15 erreichten Punkten – je nach Vereinbarung kann das Herreneinzel und das Doppel bis 21 Punkten gespielt werden – wird ein Satz gewonnen (Damen-Einzel 11 Punkte). Das Spiel besteht in der Regel aus drei Sätzen. Bei Gleichstand von 13:13 in einem Satz (Damen 9:9) kann der bis dahin führende Spieler den Satz um 5 Punkte bis 18 verlängern (Damen bis 12 Punkte). Beim Doppel wechseln die Partner bei jedem neuen Aufschlag.
Als **Fehler** gelten: Falscher Aufschlag, Ball ins Netz oder darunter, ins Aus, Ball berührt Körper oder Bekleidung eines Spielers, Netzberührung oder Schläger über dem Netz, Behinderung des Geg-

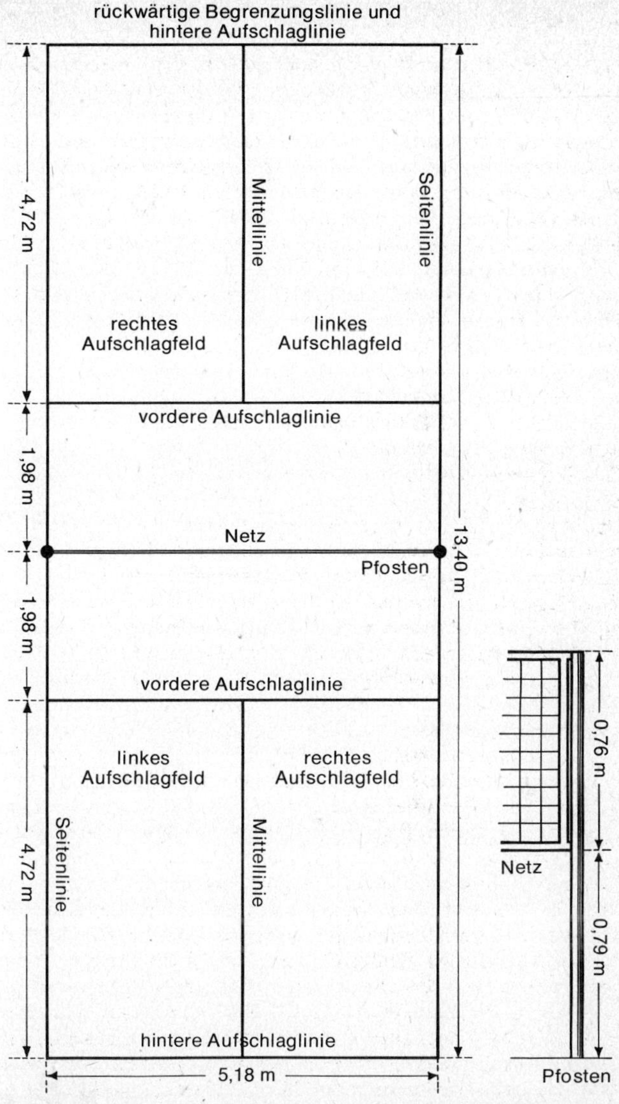

ners, Ball berührt den Boden, zweimal hintereinander schlagen. Der Ball darf – wie beim Tennis – beim Überqueren die Netzkante berühren und befindet sich weiter im Spiel. Der Federball wird mit dem Schläger von unten nach oben geschlagen. Im

Turniersport der Besten erlebt der Zuschauer großartige Leistungen, wenn sich zwei Klassespieler gegenüberstehen, die mit ihrer Gewandtheit und Schnelligkeit den Beifall herausfordern.
Deutsche internationale Erfolge: Europameisterschaften *Herren-Einzel* – 1972: Wolfgang Bochow (Bonn); *Damen-Einzel* – 1968: Irmgard Gerlatzka (Bonn); *Herren-Doppel* – 1972 und 1974: Willi Braun/Roland Maywald (Wolfsburg/Beuel). Internationale Deutsche Meisterschaften. *Damen-Einzel* – 1968: Gisela Ellermann (Solingen); *Herren-Doppel* – 1967: Wolfgang Bochow/ Friedhelm Wulff (Bonn/Bochum); *Damen-Doppel* – 1958: Gisela Ellermann/Hannelore Schmidt (Solingen); 1967: Irmgard Latz/ Marieluise Wackerow (Bonn/Beuel); *Gemischtes Doppel* – 1972: Wolfgang Bochow/Wackerow (Bonn/Beuel); 1974: Roland Maywald/Brigitte Steden (Beuel/Bochum).
Deutscher Badminton-Verband e. V., 433 Mülheim/Ruhr, Aktienstr. 119; Tel.: 0 21 33/47 35 77.
Mitglieder: 31 000, davon 12 000 weiblich.

Baseball

Geschichte: Die Meinungen über den Namen des Erfinders dieses amerikanischen „Spiels der Spiele“ gehen weit auseinander, aber viele Anzeichen sprechen für Alexander Cartwright, der 1845 in New York die bis heute noch gültige Form erdachte. Die Begeisterung der USA für dieses Schlag-, Wurf- und Laufspiel entspricht der Anteilnahme für den Fußballsport in unseren Breitengraden. Auch in Japan und Mittelamerika hat das Baseballspiel viele Freunde gefunden.
In Nordamerika geben die Profis der beiden großen Ligen, der National League (seit 1875) und der American League (1901) den Ton an, die am Ende jeder Saison zwischen den beiden Ligameistern um den Weltcup spielen. An den Universitäten zählen die Begegnungen der Studenten zu den großen Volksfesten.
Das **Spielfeld** besteht aus Innen- und Außenfeld. Den Kern bildet das Innenfeld (diamond), das ein auf der Spitze stehendes Quadrat von ca. 32,50 m Seitenlänge bildet. An jeder Quadratecke befindet sich ein Laufmal (base), dargestellt durch ein 51,75 qcm großes, am Boden befestigtes Kissen, das mit Sägemehl gefüllt ist. In der Spitzenecke ist das Schlagmal (eine fünfeckige Platte), wo sich der Schlagmann (batsman) der Gegenpartei aufstellt, während sich sein unmittelbarer Gegenspieler, der Werfer (pitcher), genau in der Mitte des Spielquadrates aufhält.
Spielgeräte: Der Lederball mit einem Kern aus Kork und Hartgummi wiegt bis 5,5 Unzen (155 g) und hat einen Umfang von 9 Inches (28,34 cm). Das Schlagholz (bat) mit beliebigem Gewicht darf an der dicksten Stelle höchstens 7 cm Durchmesser

besitzen und 106 cm lang sein. Die **Handschuhe** sind verschieden. Der Fänger (catcher) trägt große, abgerundete, weil er äußerst harte Würfe fangen muß. Die Handschuhe der Außenfeldspieler (outfielders) besitzen Auffangtaschen, während sich die Innenspieler (infielders) mit biegsamen Handschuhen begnügen.

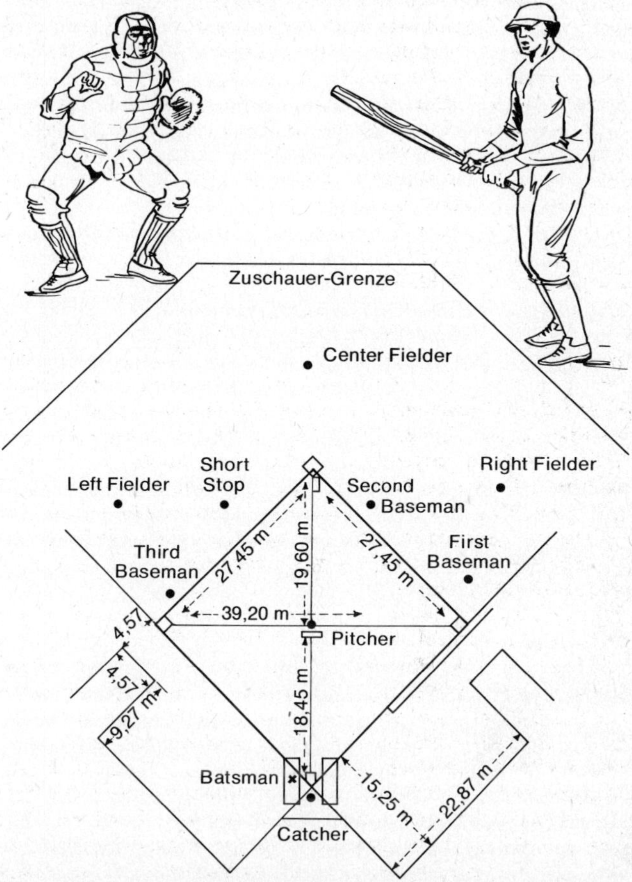

Regeln: Eine Baseball-Mannschaft besteht aus 9 Spielern, die ihre vorgeschriebenen Plätze einnehmen, während sich die Gegenpartei auf den Spielerbänken außerhalb des Feldes befindet, mit Ausnahme ihres Schlagmannes, der sich am Schlagmal neben dem Fänger aufstellt und mit seinem Schlagholz versucht, die Bälle des Werfers zu treffen. Fliegen diese Würfe dreimal durch die „Zielzone", ohne daß der Schlagmann trifft, muß er aus-

scheiden und wird durch den nächsten Spieler seiner Mannschaft ersetzt.
Gelingt dem Schlagmann ein Treffer, so versucht er – jetzt als Läufer –, das 1. Laufmal zu erreichen. Er kann bei Erfolg auch bis zum 2. oder 3. Mal weiterlaufen. Das liegt allein an der Geschicklichkeit der außerhalb des Spielfeldes stehenden Malmänner. Er kann, während die Partie fortgeführt wird, an dem gerade erreichten Mal abwarten, bis er eine Chance zum Weiterlaufen erhält, d. h. wenn sein Nachfolger den Ball getroffen hat. Schafft ein Läufer in einer Runde den Weg bis zum Endmal (home base), spricht man anerkennend von einem „home run".
Gelingt es einem Läufer, ein Kissen zu „stehlen" (to steal a base), darf er zum nächsten Mal vorrücken. Die Spieler im Innen- und Außenfeld versuchen durch schnelle Weitergabe des Balles an den jeweiligen Baseman das Erobern der Male zu verhindern. Ein Läufer ist z. B. „out", wenn am 1. Mal der Baseman vor ihm in Ballbesitz ist oder er am 2. und 3. Mal mit dem Ball berührt wird, ehe er mit Fuß oder Hand das Kissen erreicht.
Jeder Lauf einer Runde ergibt (auch durch mehrere Spieler) einen Punkt. Das Spiel ist zu Ende, wenn der Gastgeber in acht Spielabschnitten (ein Abschnitt ist beendet, wenn jede der beiden Mannschaften drei „Aus" erzielt hat) oder der Gast in neun Abschnitten die meisten Läufe und damit Punkte erreicht. Bei Gleichstand wird bis zur Entscheidung weitergespielt.
Nur wer die Regeln, verbunden mit den taktischen Spielzügen oder der engen Zusammenarbeit zwischen Trainer und Mannschaft (Handsignale) genau kennt, versteht die Begeisterung um dieses oft spannende Spiel.

Basketball

Geschichte: Ein noch junges Spiel eroberte sich im Rekordtempo die Welt. Der Ursprung allerdings wird weit zurück bis in die Zeit der Azteken vermutet, die ein Kultspiel ähnlicher Art betrieben, den Ball dabei zwischen Steinen niederlegten. Das Spiel in seiner heutigen Form erfand der kanadische Professor Dr. James A. Naismith im Springfield-College, als er 1891 von einigen Kollegen gebeten wurde, ein Ballspiel zu entwickeln, das sowohl in der Halle als auch draußen gespielt werden könnte.
Nach vielen Versuchen entschied sich Dr. Naismith für das Spiel auf zwei Körbe, die zunächst einfache Pfirsichkörbe waren und aus denen der Ball mit Hilfe einer Leiter herausgeangelt werden mußte. Damals gab es noch eine unbegrenzte Zahl von Spielern und keinerlei Zeitregeln wie heute, aber das Spiel faszinierte die Amerikaner, die in Scharen zum „Korbball" kamen, einen echten Volkssport daraus machten.

Es dauerte allerdings 25 Jahre, bis sich das Spiel auch in Europa durchsetzte. Heute werfen in allen Kontinenten über 100 Millionen in 125 Verbänden den Ball in die Körbe. Bei den Olympischen Spielen 1936 in Berlin erlebte Basketball seine Feuertaufe. Seit 1950 werden auch Weltmeisterschaften durchgeführt. Die olympische Vorherrschaft der USA wurde 1972 erstmals von den Sowjetrussen durchbrochen, die in den dramatischen drei letzten Sekunden aus einer scheinbaren Niederlage noch einen Sieg machten.

Anlage und Geräte: Das Spielfeld ist 26 × 14 m groß. An beiden Stirnseiten befindet sich je eine Korbanlage (1,80 m breit, 1,20 m hoch), deren untere Kante 2,75 m von der Erde entfernt ist. In der Mitte des Brettes, mit einem 30-cm-Abstand von der Unterkante – also 3,05 m hoch –, ist der Korb angebracht. Er besteht aus einem Eisenring – 45 cm Durchmesser – und einem offenen 60 cm langen Netz. Die Korbanlage ragt 1,20 m in das Spielfeld hinein, kann also unterlaufen werden.

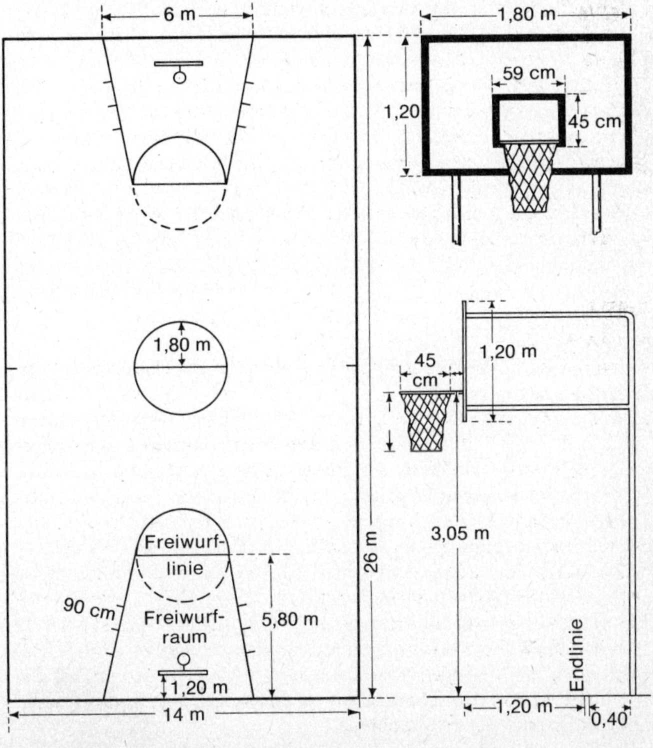

Vor jeder Korbanlage befindet sich ein Freiwurfraum, der an der Auslinie 6 m, an der Freiwurflinie – 4,60 m vor dem Brett – 3,60 m breit ist. Der Basketball, ein runder Hohlkörper (mit Leder, Kunststoff oder Gummi überzogen) hat einen Umfang von 75 bis 78 cm, sein Gewicht beträgt 600 – 650 g.
Regeln: Zwei Mannschaften zu je 5 Spielern (und 7 Auswechselspielern) versuchen durch geschickte, schnelle Zusammenarbeit den Ball in den gegnerischen Korb zu werfen. Die reine **Spielzeit** dauert 2 × 20 Minuten mit einer Pause von 10 Minuten. Von jeder Mannschaft können zwei **Auszeiten** von einer Minute Pause beantragt werden. Steht das Spiel bei einem Turnier nach regulärer Spielzeit unentschieden, wird um je 5 Minuten verlängert – so lange, bis ein Sieger feststeht. Frauen spielen nach den gleichen Zeiten. Beim Basketball entwickeln sich häufig versteckte Fouls, die auch die beiden gleichberechtigten Schiedsrichter nicht immer sehen können. Verboten ist das Berühren des Gegners, Blockieren, Halten oder Stoßen mit Armen und Beinen. Die „persönlichen" Vergehen werden genau registriert. Nach 5 dieser Fouls muß der betreffende Spieler ausscheiden, kann aber durch einen anderen ersetzt werden. Jedes Foul wird mit einem Freiwurf von der Seitenlinie geahndet.
Bei schweren Vergehen, z. B. einem Foul beim Korbwurf, erhält der Angegriffene zwei unbehinderte Freiwürfe von der Freiwurflinie, 4,60 m vor der Zielwand, zugesprochen. Ein erfolgreicher Wurf bringt einen Punkt. Ein aus dem Feldspiel erzielter Korb zählt dagegen zwei Punkte.
Der Ball darf nicht gestoßen, gefaustet oder getreten werden. Mit dem Ball in der Hand darf nicht gelaufen werden. Ein Spieler, der im Ballbesitz ist, darf nicht mehr als zwei Kontakte mit dem Boden haben. Dribbeln mit einer Hand im Lauf oder Stand ist erlaubt und gilt als beendet, sobald beide Hände im Spiel sind oder der Ball festgehalten wird.
Nach einem erfolgreichen Korbwurf erfolgt ein Einwurf von der Endlinie unter dem Korb. Geht der Ball ins Aus, muß er innerhalb von 5 Sekunden eingeworfen werden. Drei **Zeitregeln** sichern das hohe Spieltempo: **30-Sekunden-Regel:** Die jeweils ballbesitzende Mannschaft muß innerhalb dieser Zeit einen Korbwurf versuchen. **5-Sekunden-Regel:** Innerhalb dieser Zeitspanne muß ein Spieler den Ball abspielen oder einen Korbwurf versuchen. **3-Sekunden-Regel:** Kein Spieler darf sich länger als diese Frist in der begrenzten Zone vor dem Korb des Gegners aufhalten, solange seine Mannschaft am Ball ist.
Basketball verlangt hohe körperliche Elastizität, Geschmeidigkeit und Ballgefühl. Die Qualität einer Mannschaft wird von ihren Spielerpersönlichkeiten bestimmt. Hochgewachsene Spieler werden bevorzugt. Die Anzeigetafel soll über Spielstand und Zeit des jeweiligen Treffens Auskunft geben.

Olympiamedaillen im Basketball:

	Gold	Silber	Bronze
1936	USA	Kanada	Mexiko
1948	USA	Frankreich	Brasilien
1952	USA	UdSSR	Uruguay
1956	USA	UdSSR	Uruguay
1960	USA	UdSSR	Brasilien
1964	USA	UdSSR	Brasilien
1968	USA	Jugoslawien	UdSSR
1972	UdSSR	USA	Kuba

Deutscher Basketball-Bund e. V., Geschäftsstelle: 58 Hagen, Postfach 708; Tel.: 0 23 31/2 48 74.
Mitglieder: 44000, davon 11000 weiblich

Bergsteigen

Geschichte: Der moderne Alpinismus begann vor rund 200 Jahren, obwohl der italienische Humanist Petrarca bereits 1336 den Mont Ventoux bestiegen hatte. In der Mitte des 19. Jahrhunderts beteiligten sich besonders die Engländer, die 1857 in London den ersten Bergsteigerverein gründeten, an der sportlichen Erschließung des Hochgebirges. 1786 wurde der Mont Blanc, 1800 der Großglockner, 1853 der Monte Rosa und 1865 das Matterhorn bezwungen. Die Sieger kamen fast ausnahmslos von der britischen Insel. 1869 entstand der Deutsche Alpenverein, der in erster Linie die Interessen der Bergsteiger in der Bundesrepublik vertritt.
Nachdem die Alpen keine besonderen Schwierigkeiten mehr boten, suchten sich die Spezialisten neue Ziele in den Anden und auf dem „Dach der Welt", im Himalaja. Mit der Besteigung des Mount Everest (8848 m) durch Edmund Hillary und den Sherpa (Träger) Tensing 1953 sowie dem Erfolg von Hermann Buhl über den Naga Parbat hatte der Alpinismus lang angestrebte Höhepunkte erreicht. Mit den einzelnen Epochen verbesserte sich die Technik des Kletterns bis zur Bewältigung der schwierigsten Grade.
Ausrüstung: Diese hängt von vier wichtigen Faktoren ab: dem Klima, der zu erwartenden Schwierigkeit, der Kletterdauer sowie dem Gelände (Fels oder Eis). Weiterhin muß im Hochgebirge mit Wetterumschlägen gerechnet werden. Die Bekleidung besteht in der Hauptsache aus einer strapazierfähigen Kniebundhose, Pullover und wasserdichtem Anorak. Der kräftige Bergschuh mit Schaft besitzt Sohlen aus grobem Profilgummi, um die Trittsicherheit zu erhöhen. In den Rucksack gehören neben einer kleinen „Apotheke" eine Sturmhaube, im steilen Fels ein Steinschlaghelm, Handschuhe und Gletscherbrille.

Bei größeren Touren kommen Schlafsack und ausreichende Verpflegung in den Biwaksack des Fels- oder Eisgehers. Zur **Spezialausrüstung** zählt das Seil (40 m Länge) mit einer Stärke von 10–12 mm. Mit Hilfe eines Klettergürtels verteilen sich bei einem Sturz die Gewichte auf eine größere Körperfläche. Bei den notwendigen Haken unterscheidet man zwischen Fels- und Eishaken aus Stahl, die mit einem kurzstieligen Kletterhammer in feine Risse getrieben werden. Zur Selbstsicherung verwendet der Bergsteiger als Abseil- und Trittschlingen 4 m lange Reepschnüre. Die Verbindung zwischen Seil und Haken erfolgt durch Karabiner, deren Bruchlastwert zwischen 2000 und 5000 kg liegt. Der Eisgeher benötigt Eispickel, Steigeisen und Eishaken.

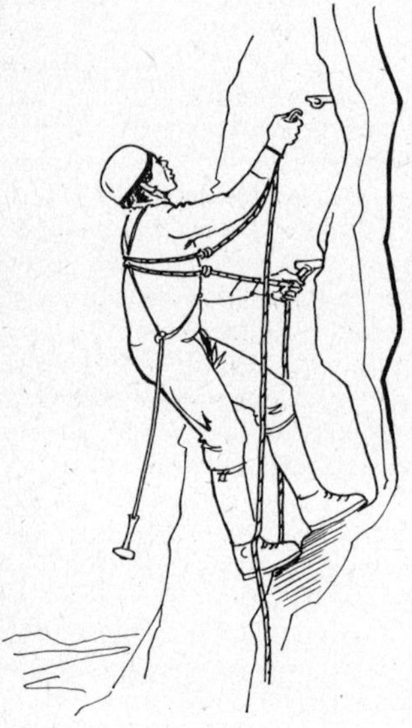

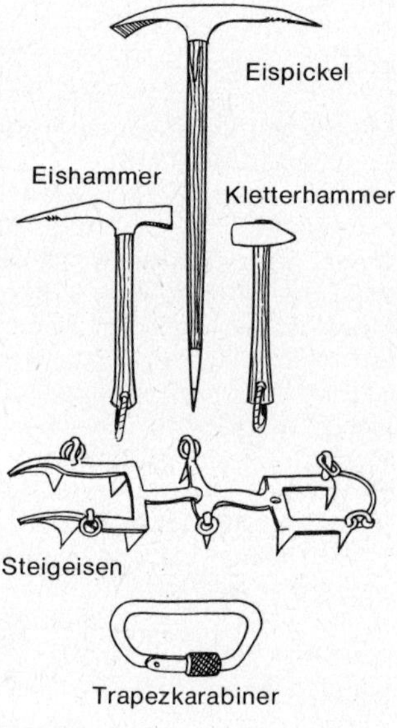

Die **Schwierigkeiten im Berg** sind von der Bewertung her in sechs Grade eingeteilt: I = unschwierig; II = mäßig schwierig; III = schwierig; IV = sehr schwierig; V = besonders schwierig; VI = äußerst schwierig.

Die **Grundregeln für das Gehen im Fels** lauten: Durch aufrechten Gang erfolgt ein besserer Druck senkrecht nach unten. Mehr mit den Füßen als mit den Händen gehen, wobei die Hände den Oberkörper im Gleichgewicht halten. Der gewandte Kletterer verteilt durch Spreizen das Körpergewicht auf eine breitere Grundlage. Man sollte möglichst in der Fallinie einer Stelle klettern und dabei die **Dreipunktregel** – von den vier Haltestellen der Hände und

Füße darf nur eine freigegeben werden – beachten. Jede Abwärtsbewegung wird durch Tiefgreifen der Hände eingeleitet. Gelingt das Überwinden eines Überhanges nicht, so benutzt man entweder den Gefährten als menschlichen Steigbaum oder nimmt als technisches Hilfsmittel den Seilzug.
Für die **Sicherungstechnik** einer Seilschaft kommt in schwierigem Gelände das Doppelseil zur Anwendung, das abwechselnd die Alpinisten schützt. Einer klettert, der andere sichert. Für das Anseilen werden bestimmte Knoten wie Bulinknoten oder Sackstiche bei Dreierseilschaften verwendet. Möglichst die Schultersicherung anwenden, die einen Sturz weicher als ein Haken abfangen kann.
Die Technik des Kletterns am Seil kennt auch den **Seilquergang,** der durch schräges Hinüberseilen schwierigste Punkte überwinden hilft. Das Abseilen erfordert höchste Aufmerksamkeit, da es im Abstieg an ungangbaren Stellen zur Anwendung kommt.
Das **Gehen auf Gletschern, Eis und Schnee** geschieht nur mit Seilschutz. Bei schweren Eistouren hilft man sich mit der gleichen Technik wie im Fels, also mit Hakensicherung und Seilzug, bei dem allerdings Eishammer, Steigeisen und Eishaken Verwendung finden.
Das „Alpine Notsignal" darf nur bei Gefahr mit sechs hörbaren oder sichtbaren Zeichen innerhalb einer Minute gegeben werden. Nach einer Minutenpause wird der Ruf wiederholt. Die Antwort besteht aus drei Zeichen, ebenfalls in bestimmten Abständen innerhalb einer Minute.
Jeder Bergsteiger muß die wichtigsten Grundsätze der Rettung aus Bergnot wie das Bergen und Abseilen eines Verletzten kennen. Alle Gebirgsländer unterhalten feste Rettungsstationen.
Deutscher Alpenverein, 8 München 22, Praterinsel 5; Tel.: 0 89/29 30 86
Mitglieder: 265 000

Billard

Geschichte: Wahrscheinlich begann der Lauf der „Zauberkugeln" im frühen Mittelalter, und sicher scheint, daß Billard nicht von der englischen Fürstin d'Albert erfunden wurde, in deren Inventarverzeichnis von 1514 die älteste Aufzeichnung über Billard gefunden wurde, und gewiß auch nicht an den Höfen von Karl IX. oder Ludwig XIV., wo die adligen Herren zwar Gefallen, jedoch keinen sportlichen Inhalt fanden.
Erst nach der französischen Revolution fand Billard, das sich aus dem französischen Wort „bille" (Ball, Kugel) und dem englischen Yard (Stock, Rute) zusammensetzt, Aufnahme beim Bürgertum, das es in Europa zum beliebtesten Spiel in den Kaffee-

häusern erkor. Hier tauchten bald Berufsspieler auf. Einer von ihnen, der Franzose Mingaud, schuf die ersten Regeln und führte 1825 auch die Lederkappe am Stock ein, wodurch Effetstöße möglich wurden.
Danach rollten die Kugeln auch in fernen Ländern. 1855 erfanden die Amerikaner die niedrige Bande aus vulkanisiertem Gummi, 1860 entwickelte sich das Karambolagespiel, 1870 wurde in Wien die erste Billard-Akademie gegründet, und 1891 begann in Stuttgart der erste deutsche Billardverein Spiel und Ausbildung. So ging es weiter aufwärts, bis 1959 der Weltverband, die „Union Mondiale de Billard" (UMB) die weitere Richtung bestimmte.
Das Gerät: Die Maße der freien **Spielfläche** des großen Billard sind 2,854 × 1,4225 m, die des kleinen Billard 2,10 × 1,05 m und die Abmessungen des Halbmatchbillards betragen 2,30 × 1,115 m. Der Spieltisch besitzt eine mindestens 40 mm starke plangeschliffene Schieferplatte, die mit grünem Kammgarntuch straff bespannt ist. Rund um die Spielfläche laufen ebenfalls stoffbezogene Gummibande, die in einen Holzrahmen eingelassen sind. Die Tischhöhe beträgt 80 cm.

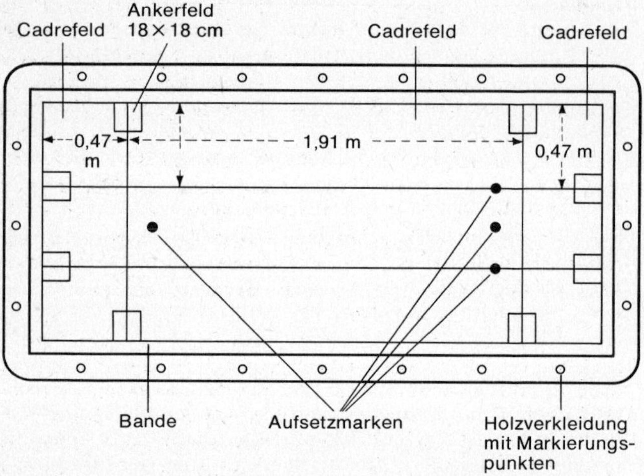

Zum Spiel gehören ein roter und zwei weiße **Bälle,** deren Durchmesser 61 bis 61,5 mm beträgt. Einer der weißen Bälle ist zur Unterscheidung mit einem schwarzen Punkt versehen. Früher waren die Kugeln aus Elfenbein, heute aus Kunststoff.
Der **Billardstock,** das **Queue,** hat ein Gewicht von 460 bis 600 g für die verschiedenen Disziplinen. Am oberen Ende des konischen Stockes befindet sich das Stoßleder, mit dem die Karambolagen ausgeführt werden. Um das Abrutschen des Queues an

der glatten Balloberfläche zu verhindern, wird das Leder mit Kreide bestrichen und somit stumpf und rauh gehalten.

Die Partie: Zu einem Spiel gehören zwei Spieler, ein Schiedsrichter und ein Protokollführer. Der Zweck des Spiels besteht darin, die je nach Disziplin unterschiedliche Punkt-(Point-)Distanz in möglichst wenigen Aufnahmen zu überwinden, also viele Karambolagen (1 Karambolage = 1 Point) hintereinander auszuführen. Eine solche Ballfolge heißt Serie, und eine Karambolage ist erzielt, wenn der eigene Ball den roten und den Ball des Gegners nach den Regeln der jeweiligen Spielart getroffen hat. Eine gewonnene Partie bringt im Turnier zwei Punkte, ein Remis 1 Punkt.

Wettbewerbe: Trotz des Lochbillards, in Übersee stark verbreitet, blieb die einzige internationale Wettkampfform das Karambolagespiel als Ein- und Dreiband, als Cadre 47/1, 47/2 und 71/2 sowie als Freie Partie und als Fünfkampf. Alle Spielarten verlangen großes Geschick, körperliche Elastizität und konzentriertes, fast mathematisches Denkvermögen. Selbst der Meisterspieler kann verlieren, wenn er einen leichten Ball nur um Millimeter zu tief oder zu hoch im Anstoßwinkel trifft.

Einbandspiel: Auch „indirekte Partie" genannt. Hier muß der eigene Spielball, bevor er den dritten Ball berührt, wenigstens eine Bande getroffen haben. Die Spieldistanz beträgt 200 Points.

Dreibandspiel: Diese Art wurde von dem Ägypter Soussa entwickelt, der 1929 auch den ersten Welttitel gewann. Ein Point wird erzielt, wenn der Spielball vor der Berührung des dritten Balles mindestens dreimal die Bande gekreuzt hat. Sieger wird derjenige, der zuerst 60 Points erlangt, wobei der Gegner aber, sofern er einen Nachstoß besitzt, durchaus noch ein Unentschieden erreichen kann. Hohe Serien sind beim Dreiband kaum möglich, aber inzwischen kennt man 43 Figuren, die man auf Position spielen kann, um so wenigstens kleine Serien zu erzielen.

Cadre-Partien: Die Spielfläche ist je nach Disziplin – 47/1 – 47/2 oder 71/2 – in sechs, neun oder wieder sechs Felder (Cadres) eingeteilt. Zusätzlich sind die Fußpunkte der Linien an den Banden mit 0,18 qm großen Quadraten (Anker) versehen. Am Beispiel der Regeln für 47/1 mögen auch die anderen Cadrespiele zu verstehen sein. Auf der Tischfläche sind parallel zu den Banden in einem Abstand von 47 cm weiße Linien gezogen, welche auf dem Billard neun Cadrefelder abgrenzen; sechs Quadrate an den Ecken des Billards und drei nach der Mitte zu gelegene Rechtecke. An den Fußpunkten der drei Trennlinien sind zusätzlich acht kleine Quadrate eingezeichnet.

Diese Aufteilung erschwert das Spiel ungemein. Der Spieler, der die Partie beginnt, findet die Bälle für den Anfangsstoß auf den markierten Aufsetzpunkten.

Beim **Cadre 47/1** darf der Spieler im Verlauf einer Ballfolge keine

Karambolage innerhalb eines geschlossenen Cadre ausführen, das heißt liegen die beiden anzuspielenden Bälle in einem Feld, muß beim Stoß einer der Bälle das Feld verlassen, darf aber anschließend wieder in das Feld hereinlaufen. Das gleiche gilt auch für die Ankerfelder. Die Spieldistanz beträgt 300 Points, beim Cadre 47/2 = 400 Points.
Ähnlich verläuft das Spiel beim **Cadre 71/2,** wobei statt neun nur sechs Cadrefelder und die Anker bestehen. Die Besonderheit liegt ebenfalls darin, daß man in dem jeweiligen Cadre- oder Ankerfeld nur zwei Karambolagen machen darf und einen der Spielbälle wenigstens zeitweise aus dem betreffenden Feld herausspielen muß. Gelingt dies nicht, kommt der Gegner zum Stoß.
Bei der **Freien Partie** kann der Spieler über die gesamte Fläche hinweg, ausgenommen in den vier Eck-Dreiecken, seine Karambolagen machen. Bei dieser freien Spielweise (500 Points) bemüht sich der Spieler um die „Amerikanische Serie", bei der die Bälle in Dreiecksform in einer Ecke liegen und der Spieler die Möglichkeit erhält, eine fast unbegrenzte Zahl von Schnittbällen zu machen. Mit „Klein"- und Ankerstößen kann die günstige Position lange gehalten werden.
Auch das Billard hat seinen **Fünfkampf,** in dem fünf Einzelspielarten – Freie Partie, Einband, Dreiband, 47/2 und 71/2 – über die volle Distanz getrennt gespielt werden. Die Gesamtwertung wird aus den Match- und Partiepunkten ermittelt.
Die Disziplin **„Kunststoß"** ist ein Sonderwettbewerb, ein Einzelkampf, bei dem der Spieler 76 „Figuren" des Kunststoßens nach vorgeschriebenem Plan mit je drei Versuchen lösen muß. Die Figuren sind in 19 Gruppen zu je vier Figuren mit einem bestimmten Schwierigkeitsgrad versehen. Die Höchstpunktzahl beträgt 500. Bei nationalen und internationalen Meisterschaften nehmen nur Spieler der Sonderklasse teil. Bei einem Turnier spielt grundsätzlich jeder gegen jeden bei einer Partielänge von 90 bis 120 Minuten. Für insgesamt acht Spieler an zwei Tischen werden vier Tage benötigt.
Deutscher Billard-Bund e. V., 6079 Sprendlingen, Forsthausstraße 43; Telefon: (0 61 03) 6 36 76
Mitglieder: 10000

Bobsport

Geschichte: Kurz vor der Jahrhundertwende veranstalteten Engländer auf völlig vereisten Straßen in der Schweiz die ersten Bobrennen mit einer denkbar einfachen Konstruktion: Mit Hilfe eines Brettes banden sie zwei Rodelschlitten aneinander. Auf dem Vorderschlitten saß der Steuermann, der das seltsame Gefährt mit Stricken lenkte. Schon bald folgten die richtigen Bobs aus

Stahl. 1903 baute St. Moritz die erste Bobbahn der Welt und lockte die „schnellen, harten“ Männer an. Davos folgte, und dann begann eine schnelle Entwicklung. 1905 fuhr im Riesengebirge der erste Bob, und 1907 wurde im thüringischen Oberhof die erste Deutsche Meisterschaft mit neun Bobs ausgetragen. Besonders im Harz fand man Gefallen an dieser neuen Sportart, die zahlreiche Fremde anlockte.
Der Bob-Weltverband (FIBT) wurde 1923 in Paris gegründet. 1924 bei den Olympischen Winterspielen von Chamonix nahmen erstmals Viererbobs teil, aber erst seit 1932 ist der Bobsport offizielle Disziplin. 1949 schlossen sich die deutschen Bobklubs zum „Deutschen Bob- und Schlittenverband“ zusammen.
Der Bob: Er bestand zuerst aus Holz, wurde später mit Stahl verbessert. Nach ihren Erbauern benannt, sind heute die Feierabend- und Podar-Schlitten die bekanntesten Konstruktionen. Beide bieten eine aerodynamische Form, unterscheiden sich aber wesentlich in ihrer Steuerung. Während der Schweizer Bob in sich elastisch wirkt, läßt die italienische Marke nur eine vertikale Ausgleichsbewegung der Vorderkufen zu, ist also einfacher zu handhaben. Damit war die technische Revolution bereits vorläufig am Ende, denn Fliehkraft und Druck eines Schlittens unterliegen festen Gesetzen. Außerdem lassen die Vorschriften nur Seil- oder Radsteuerung zu, von der die Lenkradsteuerung nach Meinung der Fachleute auf unebenen Naturbahnen überlegen ist.
Nachdem der Deutsche Anderl Ostler 1952 mit seinen „schweren Jungs“ beide Goldmedaillen gewann, beschloß man ein Gewichtslimit, das beim Zweierbob 375 kg und beim „Vierer“ 630 kg beträgt.
Der **Zweierbob** besitzt folgende Maße: Länge 2,70 m, Gewicht 175 kg, Spurweite 67 cm, Kufenbreite 12 mm. Der Schlitten wird von einem Steuermann und einem Bremser besetzt.
Der **Viererbob** muß folgende Vorschriften einhalten: Länge 3,80 m, Gewicht 230 kg, Spurweite 67 cm, Kufenbreite 14 mm. Gewicht der Besatzung höchstens 400 kg. Wird das zulässige Gesamtgewicht von 630 kg nicht erreicht, können Gewichte nachhelfen, um die bessere Straßenlage des Schlittens zu fördern.
Regeln: Vier Läufe – auf zwei Tage verteilt – ergeben die Gesamtzeit für die Plazierung. Um den wechselnden äußeren Bedingungen gerecht zu werden, wird die Reihenfolge der Läufe gewechselt. Die Bahn muß mindestens 1500 m lang sein und ein Durchschnittsgefälle von 8 Grad haben. Besondere Beachtung gilt den Kurven, die bis zu 5 m aufsteigen. Die Breite der Bahn beträgt höchstens 1,40 m, und der Auslauf muß so lang sein, daß der Bob auch ohne Bremsen zum Stehen kommt. Die Eisschicht soll so stark sein, daß die schweren Bobs, die eine Geschwindigkeit von 140 km/h erreichen, nicht einbrechen können.
Technik: Der fliegende Start mit seiner wichtigen Anfangs-

geschwindigkeit kann schon ein Rennen, in dem Hundertstel von Sekunden wichtig sind, entscheiden. Das Anschieben erfordert viel Training und gute Kondition. Danach muß der Lenker mit Fingerspitzengefühl die kürzeste Strecke im Kurvenlabyrinth finden. Bei zu hohem Tempo tritt der Bremser in Aktion, der einen Hebel betätigt und damit eine Querstange mit 7 Zacken in Bewegung setzt, die 7 cm tief in das Eis eingreifen. Das Ansteuern und Befahren der Steilkurven verlangt höchste Konzentration und Fahrgefühl, wenn die Bobs in einer wahren Höllenfahrt zu Tal donnern. Nicht nur der Pilot, die ganze Besatzung muß Nerven und Mut aufbringen.
Der Schweizer Fritz Feierabend war fünfmal Weltmeister, aber nie Olympiasieger. Nach den olympischen Rennen 1968 war der Italiener Eugenio Monti elfmal Weltmeister, zweimal Olympiasieger und gewann einmal Silber und zweimal Bronze. Eine Erfolgsserie, die kaum zu überbieten scheint.
Rennrodeln: Geschichte: Die ersten Schlitten benutzten wohl die alten Ägypter beim Bau ihrer Pyramiden, und auch die Wikinger kannten um 800 n. Chr. bereits zweikufige Schlitten, wie man später in geborgenen Schiffen entdeckte. Erstmals erwähnte Hans Sachs, Nürnbergs Schuhmacher und Poet, um 1530 das Schlittenfahren mit Pferden, ein Wintergefährt, das man auch in Schlesien und Böhmen kannte. Rasch lernten auch die Bewohner der Alpen und Gebirgstäler den Rodelschlitten nutzbringend anzuwenden, und aus diesem Brauch entstanden bald die ersten Wettbewerbe wie 1883 in Davos, kam eine Entwicklung zustande, die schon 1913 die ersten Deutschen Meisterschaften in Ilmenau möglich machte. Ein Jahr später erlebte Reichenberg (heute CSSR) bereits die ersten Europameisterschaften.
Nach dem ersten Weltkrieg lebte der Rodelsport wieder auf. 1923 besaß der „Deutsche Rodelbund" bereits über 25000 Mitglieder, aber erst in den fünfziger Jahren erfolgte die endgültige Anerkennung. 1964 in Innsbruck erfolgte die olympische Feuertaufe, die als „Lötlampenrennen" in die Sportgeschichte einging. Bis dahin war das Anheizen der Kufen, das die Gleitfähigkeit verbesserte und die Geschwindigkeit erhöhte, noch nicht verboten.
Der **Rennschlitten** darf etwa 15 cm hoch und zwischen 1,24 und 1,35 m lang und 40 cm breit sein. Nach jedem Durchgang erfolgt das Wiegen der Schlitten, die 20 kg schwer sein dürfen. Der moderne Rennrodel besitzt bewegliche Kufen, die durch einen Haltegurt gezogen werden. Die Schlitten aus Holz oder Metall erreichen im Labyrinth der Eiskurven Geschwindigkeiten von 100 bis 110 km/h. Mutige Mädchen und harte Burschen wagen den verwegenen Tanz auf schmalen Kufen, deren Spur nicht breiter als 45 cm ist.
Der Rennrodler liegt flach rücklings auf dem Schlitten, hält mit einer Hand den Lederzug, mit der anderen einen Seitenholm. Er

steuert vor allem durch Gewichtsverlagerung.
In Grenoble 1968 war das Anheizen der messerscharf geschliffenen Stahlkufen verboten. Die Temperaturen durften nur acht Grad von der Außentemperatur abweichen. Vor der Kurve wird der Oberkörper zur Innenseite der Kurve hin verlagert. Auf der Geraden kommt es darauf an, daß der Körper des Piloten waagrecht nach hinten gestreckt ist, um den Luftwiderstand zu verringern. Dieser liegende Fahrstil erfordert viel Kraft und Kondition. Er wird nur auf Kunsteisbahnen angewandt.
Die künstlichen **Rodelbahnen,** errichtet aus Eisblöcken, sollen eine Länge von 1000 bis 1200 m sowie ein Gefälle von etwa zehn Prozent haben. Naturbahnen sind meist Waldwege ohne überhöhte Kurven, während die künstliche Bahn steile Kurven, mit Eisplatten ausgelegt, besitzt. Die erste Kunsteisrodelbahn der Welt entstand 1968 in Berchtesgaden am Königssee. Durch das eingebaute Kühlröhrensystem hat das Wetter keinen Einfluß mehr auf die Beschaffenheit der Bahn.

Deutsche olympische Erfolge im Bobsport: Gold – 1952: Zweierbob (Ostler/Nieberl); Viererbob (Ostler/Nieberl/Kuhn/Kemser); 1972: Zweierbob (Zimmerer/Utzschneider); Silber – 1968: Zweierbob (Floth/Bader); 1972: (Floth/Bader); Bronze – 1932: Viererbob (Kilian/Ludwig/Dr. Mehlhorn/Huber); 1972: (Zimmerer/Gaisreiter/Steinbauer/Utzschneider). – **Rodeln, Männer:**

Einsitzer, Gold – 1964: Köhler; 1972: Scheidel (DDR); Silber – 1964: Bonsack (DDR); 1968: Köhler (DDR); 1972: Ehrig (DDR); Bronze – 1964: Plenk; 1968: Bonsack (DDR); 1972: Fiedler (DDR). – *Doppelsitzer:* Gold – 1968: Bonsack/Köhler (DDR); 1972: Hörnlein/Bredow (DDR); Bronze – 1968: Winkler/Nachmann; 1972: Bonsack/Fiedler (DDR). – **Rodeln, Frauen:** *Einsitzer,* Gold – 1964: Enderlein; 1972: A. M. Müller (DDR); Silber – 1964: Geisler; 1968: Schuck; 1972: Rührold (DDR); Bronze – 1968: Dünhaupt; 1972: Schumann (DDR).
Deutscher Bob- und Schlittensportverband e. V., 824 Berchtesgaden, Königsseer Straße 2; Telefon: (0 86 52) 27 19
Mitglieder: 4500, davon 850 weiblich

Bogenschießen

Einführung: Pfeil und Bogen, mit die ältesten Waffen der Menschheit, zählen heute zu den beliebten Sportgeräten. Bereits 1900 in Paris zielten die Bogenschützen um olympische Ehren, ebenso 1904 in St. Louis, 1908 in London, 1920 in Antwerpen. Es folgte eine lange Pause von über einem halben Jahrhundert, und erst 1972 in München schwirrten die Pfeile wieder auf die Scheiben.
In der Bundesrepublik erwachte das Interesse für das sportliche Bogenschießen verhältnismäßig spät. Anfang der fünfziger Jahre trafen sich in den großen Städten die ganz Unentwegten. Erste Klubs entstanden, und bereits 1954 schloß sich eine Vielzahl von Vereinen als Verband im Deutschen Schützenbund zusammen. Drei Jahre später führten die Bogenschützen mit 110 Sportlern aus 18 Vereinen in Hannover ihre erste Deutsche Meisterschaft durch. Das Echo lockte weitere Neugierige an die Schießstände im Freien, und die Mitgliederzahlen stiegen steil an.
Bogenschützen gelten als echte Freizeitsportler. Begabte Schützen finden mit Fleiß und Ausdauer sehr schnell den Weg zum Erfolg, und selbst schwerbehinderte Menschen vollbringen vom Rollstuhl aus erstaunliche Leistungen. Pfeil und Bogen müssen genau auf den Schützen abgestimmt sein. Konzentration, Geschicklichkeit und Kraft bleiben die wichtigsten Trümpfe. Je größer die Anspannung, um so härter der Bogen. Die richtige Beschaffenheit des Pfeiles hängt von der Armauszuglänge und der Zugstärke des Bogens ab.
1960 überschritt der Frankfurter Augenarzt Dr. Klemm als erster Deutscher die 1000-Punkt-Grenze und erhielt dafür den „FITA“-Stern. Heute muß jeder Schütze oder jede Schützin diese Qualifikation nachweisen, benannt nach der „Fedération de Tir à l’Arc“, um sich zur Elite zählen zu können. Längst haben die deutschen Scharfschützen den Anschluß zur Weltspitze, in der Amerikaner und Russen führend sind, gefunden. Den Weltrekord

von 1254 Ringen von 1440 möglichen hält der Däne Jacobsen (deutscher Rekord = 1194 Ringe). Bei den Damen kam die Polin Szydlowska auf 1229 Ringe (deutsche Bestleistung = 1171 Ringe). 1972 in München kam der erst 19jährige Amerikaner John Williams in der Doppelrunde auf phantastische 2528 Ringe.

Das **Gerät, der Bogen,** besteht aus einem Handgriff und zwei flexiblen Wurfarmen und gilt als ein Meisterwerk aus Edelholz, Stahl oder Glasfiber. Es kostet mit Zieleinrichtung und Stabilisatoren an die 1000 DM. Das am Bogen angebrachte Visier kann durch Schraubenregulierungen oder Verschieben verstellbar sein, darf allerdings keine Vergrößerungsanlagen oder elektrische Einrichtungen enthalten. Sonst gibt es keine bestimmten Bauvorschriften.

Bei den Probeschüssen muß das Zielvisier eingestellt, der Wind beachtet werden, dann sind alle Schüsse mit stets gleichbleibendem Bewegungsrhythmus zu absolvieren. Die **Zugstärke** des Bogens wird nach lb (libs = 435 g) gemessen und liegt zwischen 30 und 44 lb. Um den Bogen richtig zu spannen, muß man 20 bis 25 kg Zugkraft aufwenden.

Der **Pfeil** besteht aus der Nocke, dem Schaft und der Spitze sowie der Befiederung und Bemalung. Ein Pfeil – meist aus Aluminium – wiegt 20 bis 28 g und ist zwischen 63,5 bis 71 cm lang. Der Pfeil verläßt die stark gespannte Sehne mit der kaum glaublichen Geschwindigkeit von 300 km/h. Als **Zubehör** wird ein Fingerschutz an der Zughand erlaubt, ebenso ein Armschutz aus Leder, der vor der zurückschnellenden Bogensehne schützt.

Regeln: Der internationale Wettkampf wird in einer doppelten „FITA"-Runde ausgetragen, mit 144 Pfeilen in jeder Runde. Die Damen schießen dabei je 36 Pfeile aus 30, 50, 60 und 70 m Entfernung, die Herren aus einer Distanz von 30, 50, 70 und 90 m. Jeder Schütze hat für 3 Pfeile (= 1 Satz) 2½ Minuten Zeit.

Beim Schießen wird der Bogen in einer Hand am Griffstück gehalten, während die Finger der anderen Hand die Sehne ausziehen, festhalten und loslassen. Jeder Schütze – mit Ausnahme von Körperbehinderten – hat seine Pfeile stehend ohne Stütze abzuschießen. Dabei liegt der „Fixpunkt" meist unter dem Kinn, denn bis hierhin wird die Sehne gespannt.

Als **Ziele** dienen **Rundscheiben** aus Binsen- oder Strohmatten, um eine Beschädigung der Pfeile zu verhindern, auf der eine Papierscheibe mit Ringeinteilung angebracht wird. Der Durchmesser der Scheiben beträgt bei Entfernungen bis 50 m 80 cm, ab 50 m 1,22 m. Die zehn Ringe – je 6,1 cm breit – sind von innen gold (10 und 9 Punkte), rot (8 und 7), blau (6 und 5), schwarz (4 und 3) sowie weiß (2 und 1).

Ein Pfeil ist gültig: wenn er in der Scheibe steckenbleibt; wenn er abprallt, der Aufschlag jedoch festzustellen ist; wenn er einen anderen Pfeil trifft, die Aufschlagstelle aber zu erkennen ist. Ein

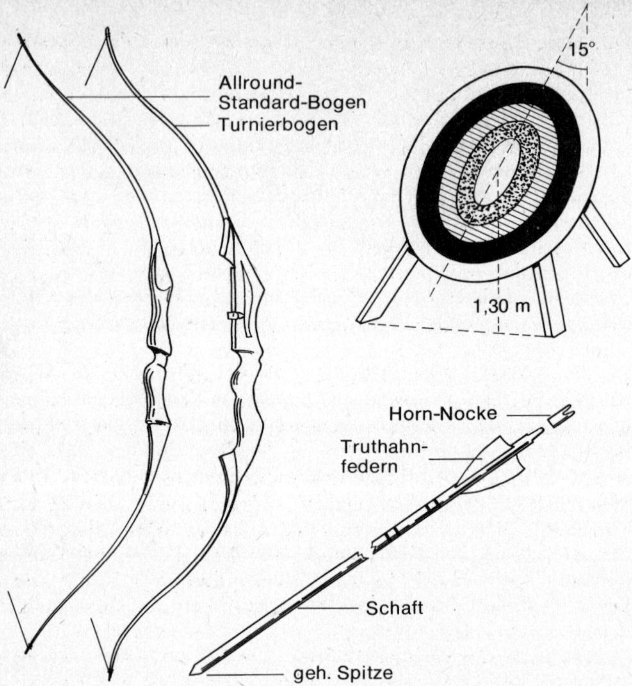

Treffer zwischen zwei Farben wird nach der höheren Zone bewertet. Bei gleicher Trefferzahl entscheidet die Mehrzahl der Treffer ins Goldene (innen) und dann außen.
Eine elektronische Ampelanlage regelt den „Schußverkehr" nach Vorschrift mit Rot = Aufstellung, Grün = Schießen, Gelb = Achtung, Zeit geht zu Ende. Die Bogenschützen gehören dem Deutschen Schützenbund an und besitzen ihren eigenen Bundestrainer.
Deutscher Schützenbund, 62 Wiesbaden-Klarenthal, Schießsportschule; Telefon: (0›61›21) 464261–2

Boxen

Geschichte: Der englische Ausspruch von der „noblen Art der Selbstverteidigung" entstand erst spät. Den Zweikampf, die körperliche Auseinandersetzung mit bloßen Fäusten, kannten bereits sämtliche Natur- und Kulturvölker der Antike. Schon Homer beschrieb in seiner „Ilias" einen kultischen Faustkampf, und seit 668 v. Chr. stand das Boxen im Programm der vorzeitlichen Spiele. Eigentlich – und wen wundert das – begann die Entwicklung des modernen Boxsports in England, als der Fechtlehrer James Figg (1684–1734) erste Regeln aufstellte, die von Jack Broughton (1704–1789) weiter verbessert wurden. Damals kämpften die „Preis“-Boxer noch bis zur völligen Aufgabe ihres Gegners, und das zum „Spaß“ des Publikums bis zu 60 oder 70 Runden lang. 1818 stellten sich in Paris erstmals zwei Engländer mit Boxhandschuhen vor. 1867 gab Graf John S. Douglas im „Marquis of Queensburry“-Regelwerk genaue Bestimmungen heraus, die zum großen Teil noch heute gültig sind. 1892 erfolgte die Trennung der Professionals von den Amateuren, und die Zeit der berühmten Börsen, in erster Linie bei den Schwergewichtlern, begann.

Wettkampfgeräte: Der Kampfplatz heißt „Ring“, ein Quadrat von wenigstens 4,90 m bis höchstens 6,10 m Seitenlänge. Drei stoffumwickelte Seile in einer Höhe von 40, 80 und 130 cm stellen die Begrenzung des Ringes in mindest einem Meter Höhe dar. Der Ringboden besteht aus einem elastischen Material. Die Eckpfosten sind weich gepolstert.

Seit 1912 gibt es Deutsche Meisterschaften. Die Amateure kämpfen mit 8-Unzen-Handschuhen = 228 g, die Profis mit den leichteren und damit wirksameren 6-Unzen-Handschuhen = 171 g. Harte Bandagen unter den Handschuhen sind verboten. Tiefschutz (unter der Sporthose) zur Vermeidung von Verletzungen des Unterleibs ist Vorschrift. Die meisten Boxer tragen außerdem einen Mund- oder Zahnschutz.

Regeln: Die Kampfdauer für Amateure beträgt 3 mal 3 Minuten mit einer Pause von 1 Minute zwischen den Runden. Berufsboxer stehen zwischen 6 mal 3 und 15 mal 3 Minuten (Weltmeisterschaften) im Ring. Die Amateure bewerben sich um Landesmeister-, Europa- und Welttitel sowie um olympische Medaillen (seit 1904), die Profis im freien Geschäft um ausgehandelte Herausforderungen für Europa- und Weltmeisterschaften.

Die Amateure – über 18 Jahre alt – werden in folgende 11 **Gewichtsklassen** eingeteilt:

Halbfliegengewicht bis 48 kg, Fliegen- bis 51 kg, Bantam- bis 54, Feder- bis 57, Leicht- bis 60, Halbwelter- bis 63,5, Welter- bis 67, Halbmittel- bis 71, Mittel- bis 75, Halbschwer- bis 81 und Schwergewicht über 81 kg.

Die Wertung: Die genaue objekte Beurteilung eines Boxkampfes bei zwei annähernd gleichwertigen Partnern erscheint nicht einfach. Glänzt der eine in der Offensive, demonstriert der andere die hohe Kunst der Verteidigung. Das Kampfgericht besteht aus 1 Ringrichter, 3 oder 5 Punktrichtern und 1 Zeitnehmer. Der neutrale Ringrichter achtet darauf, daß die Vorschriften während des Kampfes eingehalten werden. Er kann einen Boxer verwarnen (Minuspunkte) oder auch disqualifizieren. Die Punktrichter stellen aufgrund der genau vorgeschriebenen Wertung in jeder Rundenpause das Ergebnis fest. Dabei wird jede Runde mit bis zu

20 Punkten für jeden Boxer gewertet; jeder Punkt besteht aus 3 Hilfspunkten, z. B. für klare Treffer, für saubere Technik, Geschick im Nahkampf, Angriffsschwung usw. Als Sieger nach Punkten wird der Kämpfer verkündet, für den sich die Mehrheit der Punktrichter entscheidet. Das Urteil Unentschieden (nur bei Vergleichskämpfen zwischen zwei Boxstaffeln) ergeht, wenn die Mehrzahl der Richter dafür plädiert.

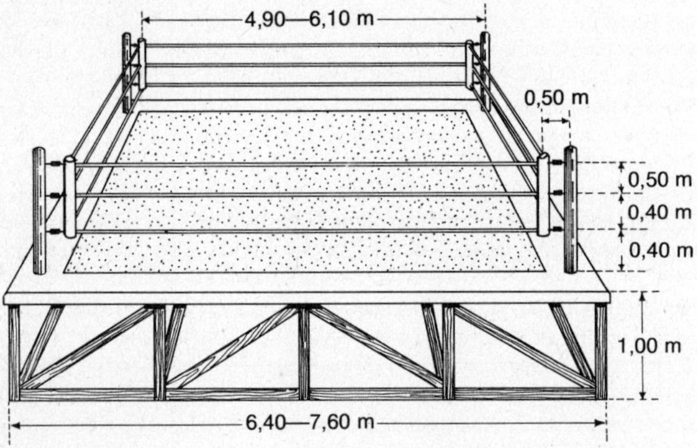

Bei Meisterschaften und Olympischen Spielen sind nur die Sieger zu ermitteln. Verlierer scheiden sofort aus. Die Paarungen werden ausgelost, so daß gleich in der Vorrunde zwei der Favoriten aufeinandertreffen können.

Neben Punktsiegen und Remispartien sind folgende Entscheidungen möglich:

Sieg durch Niederschlag. Der „Knockout" (K. o.) wird verkündet, wenn ein Boxer 10 Sekunden nach einem genauen Treffer noch kampfunfähig ist. Weiterhin: Sieg durch Abbruch eines Kampfes

wegen Kampfunfähigkeit oder Verletzung, die der Ringarzt bestätigt, und wegen Aufgabe (der Betreuer wirft das Handtuch oder der Boxer selbst kündet die Aufgabe an). Tiefschläge (unterhalb der Gürtellinie) sind verboten, ebenso Nieren- und Genickschläge; sie führen zur Verwarnung oder zur Disqualifikation. Amateure stehen unter besonderem Schutz, sie werden nach 3 Niederschlägen sofort aus dem Ring genommen, um ihre Gesundheit nicht zu gefährden.
Max Schmeling (1930 Weltmeister im Schwergewicht) und Mittelgewichtler „Bubi" Scholz – 1962 gegen den Amerikaner Johnson um den Welttitel unterlegen – blieben bis heute die populärsten deutschen Boxer.
Deutsche Olympiamedaillen: *Gold-:* 1936: Kaiser (Fliegen); Runge (Schwer); 1956: Behrend (Bantam); 1968: Wolke (DDR – Welter); 1972: Kottysch (Halbmittel). *Silber-:* 1928: Pistulla (Halbschwer); 1932: Ziglarski (Bantam); Schleinkofer (Feder); Campe (Welter); 1952: Basel (Fliegen); 1956: Kurschat (Leicht); 1964: Emil Schulz (Mittel); Huber (Schwer). *Bronze-:* 1936: Miner (Feder); 1952: Heidemann (Welter); 1960: Siegmund (Schwer); Heinz Schulz (Feder); 1968: Günther Meier (Halbmittel); 1972: Hussing (Schwer); Tiepold (DDR – Halbmittel).
Deutscher Amateur-Box-Verband e. V.; Geschäftsstelle: 43 Essen 1, Schwanhildenstr. 25; Tel. 0 21 41/21 15 07
Mitglieder: 39 000

Cricket

Wie das deutsche Schlagballspiel oder das amerikanische Baseball gehört das in Großbritannien überaus beliebte Cricket zu den Schlag- und Laufspielen, das nur im Sommer, aber dann in jedem Dorf gespielt wird. Bei den Meisterschaften der englischen Grafschaften wirken in der Mehrzahl Berufsspieler mit, die natürlich auch in den Vergleichen mit den übrigen Commonwealth-Partnern zum Einsatz kommen.
Auf dem **Rasenplatz** mit einer ungefähren Größe von 170 × 135 m stehen genau in der Mitte die beiden Dreistäbe (wickets), die 70,8 cm hoch sind und sich im Abstand von 22,8 cm befinden. Auf den drei Stäben, parallel gegeneinander in einer Entfernung von 20,11 m aufgebaut, liegen lose Querhölzer (bails).
Der rote, ungemein harte **Lederball** mit einem Umfang von 24 cm wiegt bis 172 g. Das **Schlagholz** des Schlagmannes ist 96 cm lang und 10,8 cm breit. Ein Drittel der Länge dient als Griff, mit dem anderen Holzteil wird geschlagen. Zu seinem Schutz trägt der Schlagmann (batsman) Beinschienen und gepolsterte Handschuhe.
Eine **Mannschaft** besteht aus 11 Spielern. Ein Team verteidigt

die beiden Dreistäbe und hat jeweils nur zwei Schlagmänner im Spiel, während sich alle Spieler der Gegenpartei im Einsatz befinden. Die beiden Schlagmänner stellen sich zur Abwehr vor je einen Dreistab und der Werfer der anderen Partei (bowler) wirft von einem „Holzterzett“ aus, um den gegnerischen Dreistab zu treffen, wobei der Ball möglichst einmal den Boden berühren soll. Trifft der Ball das aufgestellte Holz, muß der Schlagmann abgelöst werden. Trifft der Schlagmann den Ball, laufen beide Schlagmänner zum gegenüberliegenden Dreistab und erzielen damit einen **„run“ = 1 Punkt.** Fliegt der getroffene Ball über die Spielfeldgrenze, gewinnt der Schlagmann 4 oder 6 Punkte, ohne selbst laufen zu müssen.

Der Werfer muß den Ball sechsmal nacheinander werfen (ein Vorgang, der „over“ heißt). Danach ist die andere Partei an der Reihe. Der Wurf darf nur mit gestrecktem Arm und nicht mit gebeugtem Ellenbogen zur Ausführung kommen. Die den Ball erwartende Mannschaft verteilt sich nach taktischen Gesichtspunkten über das Spielfeld und versucht entweder den vom Schlagmann getroffenen Ball zu fangen oder den Dreistab selbst zu treffen, ehe der Schlagmann seinen Lauf beendet hat. In Amerika wurden die Schlagmänner berühmt, die das „Century“ (100 Läufe) erreichten oder Werfer, die oft mit dem „hat-trick“, also dreimal nacheinander, den Schlagmann zum Ausscheiden zwangen. Eine solche Situation tritt ein, wenn Schlagmann oder Dreistab getroffen werden, einer der Feldspieler den direkt geschlagenen Ball fängt oder der jeweils hinter einem Dreistab lauernde **Fänger** (wicketkeeper) den Dreistab trifft, ehe der Schlagmann wieder im Ziel ist. Verläßt der Schlagmann beim Versuch seinen Raum, darf der hinter dem Dreistab wartende Fänger das aufgebaute Holz umwerfen.

Alle Spieler einer Mannschaft müssen als Schläger tätig sein, ehe der erste Teil eines Spieles zu Ende geht. Dann erst wechseln die Mannschaften. Ein Wettspiel, in dem nicht sämtliche Spieler „am Schlag“ waren, gilt als unentschieden. Der Kampf steht unter der Leitung von zwei Schiedsrichtern, die Spieldauer ist ungewöhnlich lang, kann bei Ländervergleichen bis zu fünf Tagen betragen und liefert damit viel Gesprächsstoff . . .

Schlagmann (batsman)

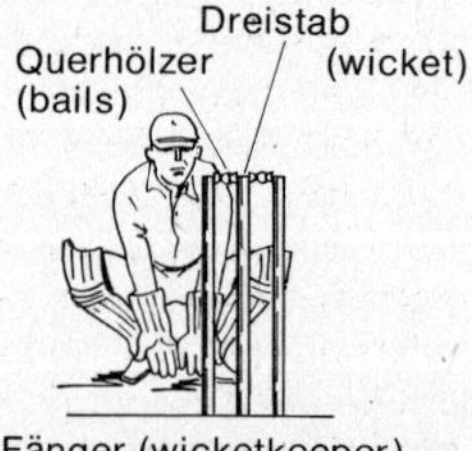

Fänger (wicketkeeper)

Curling

Die Entstehung dieses besonders in Schottland und der Schweiz beliebten Spiels auf dem Eis ist nicht mehr genau festzustellen. In England entstanden über 1000 Klubs, während in Kanada rund 50000 Mitglieder mit den Steinen spielen. In der Bundesrepublik betreiben 21 Vereine das Curlingspiel, aber besonders in Süddeutschland gehört das Zielwerfen auf dem Eis für viele Urlauber in den Wintermonaten zum sportlichen Vergnügen.
Die **Spielfläche** benötigt zwei Pflöcke, die im Abstand von 34,732 m ins Eis getrieben werden. Um diese Stäbe zieht man mehrere Kreise, deren äußerster einen Halbmesser von 2,135 m besitzt. Die Kreise erleichtern die Feststellung, welcher Stein dem Ziel am nächsten liegt. Gespielt wird mit gleichmäßig geschliffenen, ellipsenförmigen **Steinen**, die bis 44 engl. Pfund wiegen und einen Umfang bis 0,91 m haben. Die Steine sind zur besseren Wurftechnik mit Handgriffen versehen.

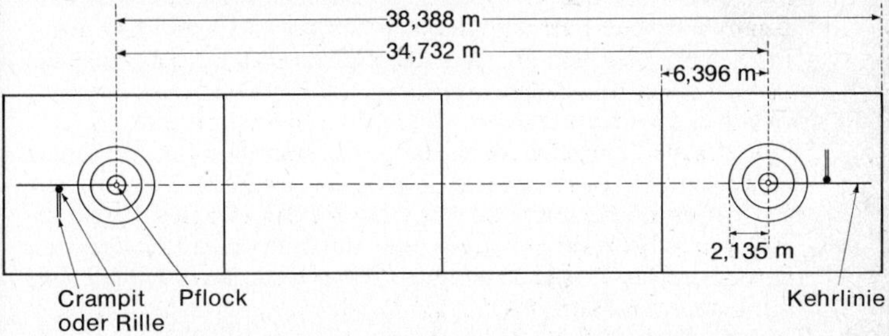

Die Abwurfstelle kann eine ins Eis gekratzte Rille oder auch eine kleine Plattform aus Holz oder Eisen sein. Die Entfernung bis zum Ziel beträgt 38,388 m. Vor dem Ziel verlaufen im Abstand von 6,398 m die Grenzlinien. Senkrecht durch jedes Ziel erstrecken sich die Kehr- oder Fegelinien.
Mit dem **Besen** fegen die Mitspieler des Schützen die Eisbahn vor dem heranrutschenden Stein, um durch Reibung Wärme zu erzeugen, die den Stein besser gleiten läßt. Nur eigene Steine dürfen gefegt, aber nicht berührt werden.
Jede **Mannschaft** besitzt vier Spieler; den Kapitän, den 1. Spieler und zwei weitere Kräfte. In einem Spiel hat jeder Teilnehmer zwei Würfe. Jeder Stein, der dem Ziel näher liegt als der des Gegners, erhält einen Punkt. Im günstigsten Fall erzielt demnach ein Team acht Punkte. Allerdings entwickeln sich während eines Wettkampfes sogenannte „taktische" Würfe, entweder um einen besonders gut postierten eigenen Stein zu schützen oder um eine solche „Blockade" mit einem „Donnerwurf" zu beseitigen. Der 1. Spieler beginnt, dann der „Erste" der Gegenpartei, während

die Spielführer den Schluß bilden. Steine, welche die Vorgrenze nicht überschreiten („Ferkel“ genannt) oder über die Endlinie gleiten, werden aus dem Spiel genommen. Die **Wettkämpfe** können nach verschiedenen Punkten vereinbart werden, nach der Zahl der Mannschaften, nach bestimmten Punktzahlen oder nach Zeit.

Deutscher Curling-Verband e. V., 8 München 50, Menzingerstraße 68; Telefon: (0 89) 8 11 49 16
Mitglieder: 650

Eishockey

Geschichte: Das Ballspiel auf dem Eis sollen bereits die Indianer Nordamerikas betrieben haben, die Holländer und Engländer im 15. Jahrhundert. Es ähnelt dem Landhockey und damit dem später beliebten Bandy. Vor 120 Jahren führten es englische Soldaten in Kanada ein, und sehr rasch entwickelte sich das Mannschaftsspiel auf dem Eis zum Volkssport. Um 1880 löste eine Scheibe den Ball ab, und das schnellste aller Spiele begann von Montreal aus seinen Siegeszug. Über die USA kam Eishockey in der nun verbesserten Form nach Europa zurück.

Ende des 19. Jahrhunderts entstanden in fast allen Hauptstädten des alten Kontinents die ersten Klubs, die rasch für eine Verbreitung des Spiels in ihrem Land sorgten. 1908 schlossen sich die stark anwachsenden Verbände zur Internationalen Eishockey-Liga zusammen. 1912, 1930 und 1934 gewann Deutschland die Europameisterschaft.

Von 1920 an war das „Mutterland“ Kanada bis auf eine Ausnahme bei den olympischen Turnieren führend, ehe es 1956 zur großen Wachablösung kam. Die Sowjetunion tauchte wie ein Komet in den Eishockey-Arenen auf, und mit einem beinahe körperlosen, in höchstem Tempo durchgeführten Spiel, ganz im Gegensatz zu den rauhen Kanadieren, führten die Russen eine Revolution auf dem Eis durch. Auch die CSSR und Schweden zogen nach, belebten das Spiel mit neuen Formen. Seit 1969 nahmen die Profis aus Kanada nicht mehr an internationalen Turnieren teil, zogen sich vier Jahre lang zurück, ehe sie sich in „Freundschaftstreffen“ mit den „Eissputniks“ aus Moskau wieder trafen. Der berühmteste Verein der Bundesrepublik ist der Berliner Schlittschuhclub (BSC), der bis 1974 alleine 18mal den Titel errang.

Das **Spielfeld** hat ein Höchstmaß von 61 × 30 m und ein Mindestmaß von 56 × 26 m. Es muß von einer Einfriedung umgeben sein, allgemein „Bande“ genannt, die mindestens 1 m bis 1,22 m hoch sein muß, an den Ecken abgerundet.

Das **Feld** wird durch zwei blaue, 30 cm breite Linien in drei

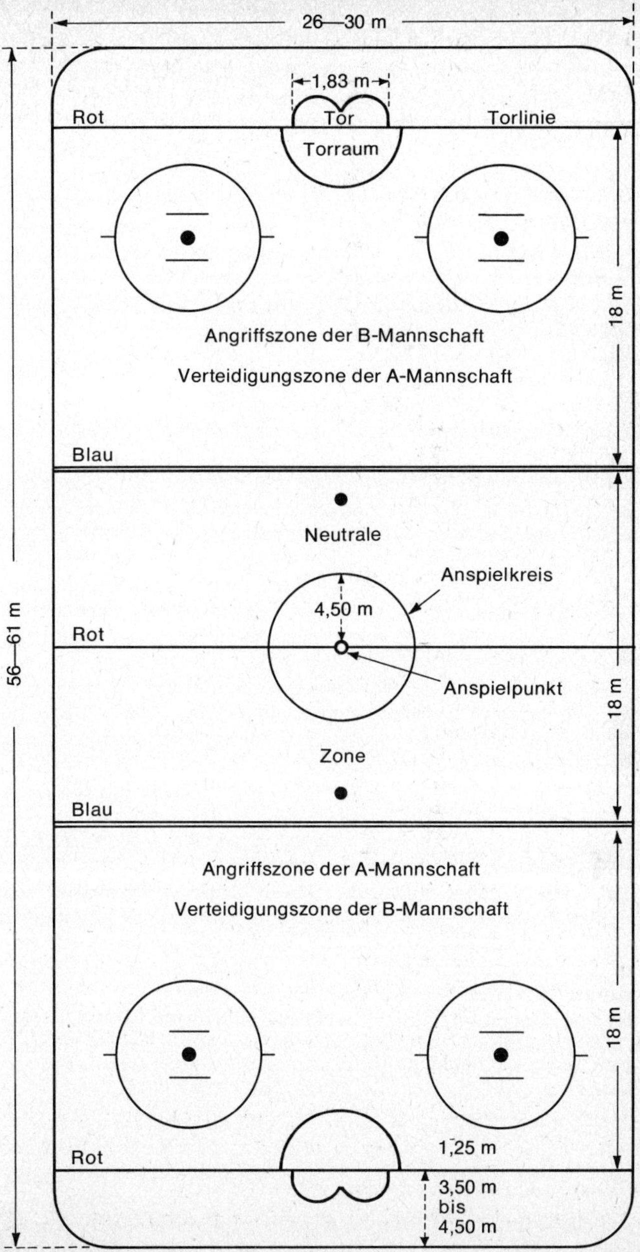
26—30 m
1,83 m
Rot
Tor
Torlinie
Torraum
Angriffszone der B-Mannschaft
Verteidigungszone der A-Mannschaft
18 m
Blau
Neutrale
Anspielkreis
4,50 m
Rot
Anspielpunkt
56—61 m
18 m
Zone
Blau
Angriffszone der A-Mannschaft
Verteidigungszone der B-Mannschaft
18 m
1,25 m
Rot
3,50 m
bis
4,50 m

gleiche Abschnitte (je 18 m) eingeteilt. Der Teil des Spielfeldes, in dem ein Tor steht, ist für die verteidigende Mannschaft die **Verteidigungszone**, für den Angreifer die **Angriffszone**, während der Mittelteil als **neutrale Zone** gilt.
Die **Tore** sind 1,83 m breit, 1,22 m hoch. Die Torpfosten werden im Abstand zwischen 3,50 m und 4,50 m von der Bande entfernt auf der 5 cm dicken roten Torlinie in das Eis eingelassen. Der **Torraum** ist durch das Ziehen eines Halbkreises mit einem Radius von 1,80 m aufs Eis zu zeichnen, ausgehend von der Torlinie als Mittelpunkt. In der Feldmitte und in beiden Torzonen (je zwei) sind insgesamt 5 **Anspielkreise** mit je einem roten Anspielpunkt (30 cm Durchmesser) anzubringen.
Jedes Spielfeld muß mit getrennten Bänken für die Spieler beider Mannschaften ausgestattet sein. Gegenüber stehen die Bänke für die Spieler, die ihre Strafzeit absitzen müssen.
Eine **Mannschaft** besteht aus 6 Spielern: 1 Torwart, 2 Verteidiger und 3 Stürmer, zu denen noch 9 Auswechselspieler gehören, die beliebig eingesetzt werden können, bei Spielunterbrechung oder mit „fliegendem Wechsel". Nur der Kapitän (C) oder die beiden Ersatzkapitäne (A = Assistent) dürfen mit den Schiedsrichtern sprechen.
Jede Mannschaft versucht, den **Puck** (eine runde Hartgummischeibe, 2,54 cm dick, Durchmesser: 7,62 cm, 156 g, nicht schwerer als 170 g) durch Zuspiel ins gegnerische Tor zu bringen bzw. das eigene Tor zu verteidigen.
Die **Spieldauer** beträgt 60 Minuten reine Spielzeit und wird in drei Drittel zu je 20 Minuten eingeteilt. Nach jedem Drittel folgt eine 10-Minuten-Pause und ein Seitenwechsel; letzterer auch nach 10 Minuten im letzten Drittel.
Gespielt wird auf Spezial-Schlittschuhen, die keine Verletzungen hervorrufen. Der **Schläger**, aus glasfiberverstärktem Holz, ist vierkantig, am Stil 1,35 m lang, am Unterteil übergehend zu einer abgeknickten 37 cm langen Schaufel, bis zu 7,5 cm hoch. Unter der Sportkleidung tragen die Spieler **Schutzausrüstungen** wie Schienbein-, Knie- und Tiefschutz, Polsterungen für Ellenbogen und Schultern. Handschuhe und Kopfschutz sind ebenfalls zu empfehlen. Torhüter schützen sich zusätzlich durch dicke Beinschützer (25 cm breit) und eine Gesichtsmaske.
Regeln: Das hohe Tempo des Spiels und die Möglichkeit, den Gegner zu attackieren, machen ein umfangreiches Regelwerk notwendig. Die Spieleröffnung erfolgt am Mittelpunkt durch ein **Bully**, bei dem sich zwei gegnerische Spieler gegenüberstehen und ihre Stockschaufeln auf dem Eis liegen haben. Der Schiedsrichter wirft die Scheibe zwischen die Spieler, die durch geschickten Einsatz ihrer Stöcke versuchen, in Scheibenbesitz zu kommen. Nach jeder Spielunterbrechung wird der Puck von einem der Anspielpunkte durch ein solches Bully freigegeben.

Das Spiel wird von zwei **Schiedsrichtern** geleitet, jeder zuständig für eine Spielfeldhälfte, die durch eine international einheitliche Zeichensprache mit den Händen Verstöße anzeigen. Unterstützung geben 2 Torrichter und ein Zeitnehmer.
Das Zuspiel der Scheibe beim Angriff darf nicht über 2 Linien erfolgen. Ein Spieler befindet sich im **Abseits**, wenn er vor dem Puck von der neutralen in die Angriffszone läuft. Allein die Stellung der Schlittschuhe und nicht die des Stockes ist entscheidend. Die Angriffsspieler dürfen erst in das Angriffsdrittel, wenn entweder die Scheibe oder einer ihrer Mitspieler, der den Puck vor sich führte, dort eingedrungen war.
Der **„Befreiungsschlag“** – unerlaubter Weitschuß – ist nicht gestattet, wenn die Scheibe von einem verteidigenden Spieler aus der eigenen Abwehrzone über die gegnerische Torlinie geschlagen wird (Paß über 3 Linien!). Spielfortsetzung durch Bully in der Zone der verteidigenden Mannschaft. Befindet sich allerdings das verfehlende Team in der Minderheit – ein Spieler auf der Strafbank –, wird der unerlaubte Weitschuß nicht abgepfiffen.
Ein **Bodycheck** (körperlicher Angriff) mit Schulter und Hüfte ist auf dem ganzen Eis gestattet, wenn der Angreifer nicht mehr als 2 Schritte auf den Gegenspieler zuläuft. Ein Check gegen die Bande wird dagegen bestraft. Ebenso Fouls mit dem Ellenbogen oder Knie und auch der Stock-Check, bei dem der Gegner mit dem Schläger gestoßen wird. Der Cross-Check, das „Abschneiden“ des Gegners, führt zur Strafbank. Der Stock darf nur bis zur Schulterhöhe gehoben werden. Ein Tor, mit hohem Stock erzielt, führt nicht zur Anerkennung. In Bedrängnis darf die Scheibe mit den Füßen an der Bande eingeklemmt werden.
Alle Regelverstöße, dazu zählt auch das Spielen des Pucks mit der Hand – mit der offenen Faust anhalten oder schlagen ist erlaubt –, schlechtes Betragen, absichtliches Fallen auf die Scheibe usw. ziehen folgende **Strafen** nach sich:
1. Kleine Strafen – 2 Minuten – für einfache Fouls
2. Große Strafen – 5 bis 15 Minuten – für Verletzungsfouls
3. Diziplinar- und Matchstrafen – 10 Minuten – bis Spielausschluß mit nachfolgender Sperre. Bis auf eine Matchstrafe kann sich der verfehlende Torhüter auf der Strafbank durch einen Feldspieler vertreten lassen.

Erzielt die zahlenmäßig überlegene Mannschaft während der Bankstrafe ein Tor, darf der „Sünder“ vorzeitig auf das Eis zurück.
Strafschuß: Der „Penalty-shot“ entspricht dem Elfmeter beim Fußball und wird vom Schützen vom Mittelpunkt ausgeführt. Der Torhüter darf seinen Torraum nicht verlassen, bis der Puck die blaue Linie überschritten hat. Wirft er seinen Stock gegen den scheibenführenden Angreifer, wird sofort auf Tor erkannt. Sobald der Schütze einen Schuß abgegeben hat, ist die Aktion abgeschlossen. Im Nachschuß kann kein Tor erzielt werden.

Olympische Ehrentafel – Eishockey:

	Gold	Silber	Bronze
1920:	Kanada	USA	CSSR
1924:	Kanada	USA	Großbritannien
1928:	Kanada	Schweden	Schweiz
1932:	Kanada	USA	Deutschland
1936:	Großbritannien	Kanada	USA
1948:	Kanada	CSSR	Schweiz
1952:	Kanada	USA	Schweden
1956:	UdSSR	USA	Kanada
1960:	USA	Kanada	UdSSR
1964:	UdSSR	Schweden	CSSR
1968:	UdSSR	CSSR	Kanada
1972:	UdSSR	USA	CSSR

Deutscher Eishockey-Bund e. V., 8 München 50, Menzinger Straße 68; Telefon: (089) 8114917
Mitglieder: 58 Vereine mit im Durchschnitt je 5 Mannschaften

Eiskunstlaufen

Geschichte: Vom Laufen auf dem Eis als schnelle Fortbewegung bis zu anmutigen Schritten, Sprüngen und Drehungen war ein langer Weg. Um 1300 begannen die Holländer mit Hilfe einer Holzsohle, an der eine nach vorne aufgebogene Eisenschiene befestigt wurde, auf den zugefrorenen Flüssen und Seen ihrer Heimat zu laufen. Die weitere Entwicklung beschleunigte erst viel später – 1742 – der erste Eislaufverein im schottischen Edinburgh. Von dort gelangte das Eislaufen nach Amerika, wo um 1850 Jackson Haines die ersten aufschraubbaren Schlittschuhe entwickelte und somit die Voraussetzungen für alle möglichen Bewegungen und Figuren auf dem Eis schuf.
In Frankfurt begann 1861 der erste deutsche Schlittschuhclub seine Bemühungen. In dieser Zeit entstand in Österreich die „Wiener Schule“, die sich später mit den sportlichen Einflüssen aus Skandinavien mischte. Zum besten Interpreten der internationalen Klasse wurde der Wiener Karl Schäfer (7mal Weltmeister), bei den Damen beherrschte die Norwegerin Sonja Henie ein ganzes Jahrzehnt lang die Konkurrenz.
Die 1891 gegründete Internationale Eislaufvereinigung (ISU) bestimmt die Wettkampfordnung, die für Damen und Herren (Einzel) und den Paarlauf gilt. Hinzu kommt das Eistanzen der Paare, das allerdings (noch) nicht im olympischen Programm steht.
Der **Schlittschuh** besteht aus besonders gehärtetem Stahl und ist am Schuh befestigt. Die Konstruktion der Schlittschuhe erlaubt gleitende Vor- und Rückwärtsbewegungen, die nur auf einer

Kante ausgeführt werden. Speziell für das Pflichtlaufen (Hohlschliff in der 3 bis 4 mm breiten Kufe) und den Eistanz fertigt man geeignete Schlittschuhe. Für das Kürlaufen wurden die Kufen noch flacher, die Zacken größer und tiefer, damit gewagte Sprünge ausgeführt werden können.
Die **Pflicht:** Alle Wettbewerbe setzten sich aus einem Pflicht- und einem Kürteil zusammen, die im Verhältnis 50:50 in die Wertung kommen. Beim Pflichtlaufen, dem Abc des Eiskunstlaufens, müssen sechs vorher ausgeloste Figuren – von insgesamt 41 – möglichst exakt und deckungsgleich dreimal auf das Eis gezeichnet werden. Außerdem wird jeder Starter nach Haltung und Schwung beurteilt. Die Grundelemente bilden Schlingen und Bögen, kombiniert mit vier verschiedenen Wendungen, die man als Dreier und Wenden mit der jeweiligen Gegenrichtung bezeichnet. Es erfordert viel Trainingsfleiß, alle Figuren bis zur Perfektion zu beherrschen.

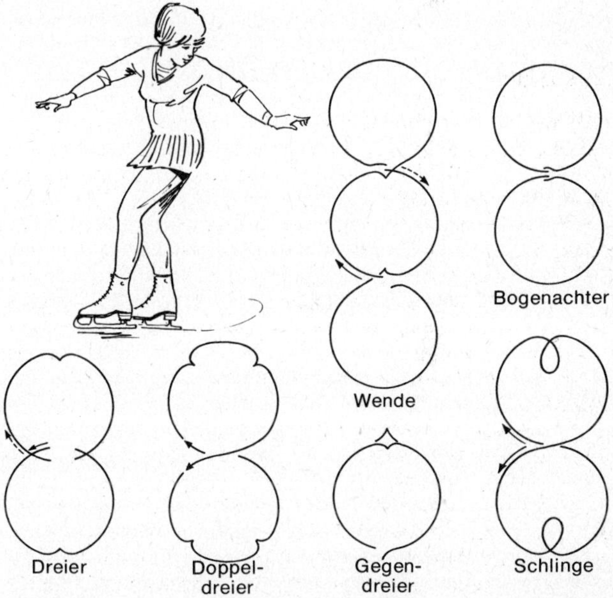

Bei der **Kür** erhält der Läufer die Möglichkeit, sein persönliches Können zu entfalten. Eine Kür wird nach frei gewählter Musik aufgebaut, dauert bei den Herren und Paaren je fünf, bei den Damen vier Minuten. Die Ausführung soll möglichst in Übereinstimmung mit der Musik geschehen. Aus der Art und Zahl der Sprünge, die meist nach ihrem Erfinder benannt wurden – wie

Axel Paulsen, Salchow, Rittberger oder Lutz –, die heute zwei- und dreifach gesprungen werden, ergibt sich die sportliche Klasse des Läufers. Schrittkombinationen und Pirouetten ergänzen die Darbietung, die Kraft, Kondition und technisches Können verlangt.

Das **Paarlaufen** besteht ebenfalls aus zwei Elementen, der Pflichtkür mit sieben bestimmten Figuren, die jeweils aus drei Gruppen nach einer Weltmeisterschaft für die kommende Saison ausgelost werden, und der Kür. Das Pflichtprogramm enthält ebenfalls frei gewählte Musik und darf eine Dauer von zwei Minuten nicht überschreiten. Das Verhältnis in der Bewertung lautet: 2:1 für die Kür.

Beide Läufer versuchen ihr Programm in voller Übereinstimmung darzubieten. Die Harmonie allein entscheidet über den Gesamteindruck, und schon oft erhitzten sich die Gemüter des Publikums. Die Duelle des deutschen „Traumpaares“ Marika Kilius/Hans-Jürgen Bäumler mit den Eislauf-Architekten aus Leningrad, Ludmilla Beloussova und Oleg Protopopov, bleiben unvergessen. Hier der reine sportliche Stil, hart an der Grenze zur Akrobatik, und dort der verträumte Tanz, der ästhetische Laufstil.

Hebefiguren, Spiralen und Würfe sind reine Elemente des Paarlaufens, dessen Vortrag mit Doppelsprüngen, Schrittverbindungen und einfallsreichen Kombinationen eine besondere Ausstrahlung erfährt.

Das **Eistanzen** der Paare setzt sich aus drei verschiedenen Darbietungen zusammen: 1. **Pflichttanz;** Musik und Schrittkombinationen sind vorgeschrieben. Drei von 15 Pflichttänzen werden ausgelost und müssen genau nach Vorschrift getanzt werden. Zeitmaß der Schritte, korrekte Körperhaltung und Position, Sicherheit, Schwung sowie persönliche Ausdrucksweise zählen zur Beurteilung. 2. Beim **Spurenbildtanz** kann sich das Paar Musik und Schrittfolge selbst wählen, muß dabei ein klares Spurenbild erkennen lassen. Der zu verwendende Rhythmus wird zwei Jahre im voraus festgelegt, und die Zahl der Schrittfolgen ist dem Schiedsgericht vor der Ausführung bekanntzugeben. 3. Die Tanzkür der Meisterklasse dauert vier Minuten und ist nach eigenen Ideen zu gestalten. Tänzerische Fähigkeiten, Phantasie, Originalität und musikalische Auffassung bei der Kombination von Walzer, Tango, Foxtrott oder Rumba bleiben entscheidend.

Die Wertung: Bis neun Kampfrichter führen eine offene Wertung von 0 bis 6 Punkten – mit Zehntel – durch und geraten dabei oft in die Schußlinie der Kritik. Für jede Pflichtfigur wird eine Note gegeben, die mit einer festgelegten Wertzahl (Schwierigkeitsgrad) multipliziert wird. Für die Kür erhält der Starter zwei Noten, die **A-Note** für den Gesamteindruck der Ausführung – rhythmische, fließende Bewegung, harmonischer Aufbau, Einheit mit der

Musik, Haltung und Schwung – sowie die **B-Note** für den sportlichen Inhalt (Zahl und Schwierigkeit der Figuren und Sprünge, Variation und Sicherheit der Aktionen).
Die Notenskala der Punkte: 0 = nicht gelaufen; 1 = schlecht; 2 = ungenügend; 3 = mittelmäßig; 4 = gut; 5 = sehr gut; 6 = tadellos. Die beiden Kürnoten werden addiert und mit einer festgelegten Wertzahl multipliziert, um die Gesamtnote festzustellen. Entscheidend bleibt dennoch die **Platzziffer,** die jeder Kampfrichter dem Teilnehmer gibt. So kann ein Läufer mit der besseren Platzziffer (die beste bei 7 Richtern ist die „Sieben“, wenn jeder den Starter auf den 1. Platz gesetzt hat) vor den Konkurrenten mit der höheren Punktquote kommen.
Olympische Medaillen: *Männer:* Gold – 1964: Manfred Schnelldorfer; Silber – 1936: Ernst Baier; *Frauen:* Silber – 1908: P. Rendschmidt; 1968: Gaby Seifert (DDR); *Paarlauf:* Gold – 1908: Hübler/Burger; 1936: Herber/Baier; 1952: Ehepaar Falk; Silber – 1960: Kilius/Bäumler (später zurückgegeben); Bronze – 1968: Glockshuber/Danne; 1972: Groß/Kagelmann (DDR).
Deutsche Europameister: *Damen:* 1954: Gundi Busch; 1967/1969/1970: Gabriele Seyfert (DDR); 1973/1974: Christine Errath (DDR). – *Herren:* 1891: Oskar Uhlig; 1974: Jan Hoffmann (DDR). – *Paare:* von 1935 bis 1939: Maxi Herber/Ernst Baier; 1951/1952: Ria und Paul Falk; von 1959 bis 1964: Marika Kilius/H.-J. Bäumler. – *Eistanz:* 1972: Angelika und Erich Buck.
Deutsche Weltmeister: *Damen:* 1954: Gundi Busch; 1969/1970: Gabriele Seyfert (DDR); 1974: Christine Errath (DDR). – *Herren:* 1896/1906: Gilbert Fuchs; 1964: Manfred Schnelldorfer; 1974: Jan Hoffmann (DDR). – *Paare:* 1908/1910: Anna Hübler/Heinrich Burger; 1911: Ludowika Eilers (Deutschland)/Jakobsson (Finnland); von 1936 bis 1939: Herber/Baier; 1951/1952: Ehepaar Falk; 1963/1964: Kilius/Bäumler.
Deutsche Eislauf-Union, 8 München 50, Menzinger Straße 68; Telefon: (089) 8114918
Mitglieder: Eisläufer mit Startpässen ca. 1800, Mitglieder in Vereinen 15000

Eisschnellauf

Geschichte: Der Wettlauf auf dem Eis gehört zu den ältesten Sportarten überhaupt und ist seit den ersten Winterspielen fest im Programm. Von den Lappen, die sich lange vor Christi Geburt Schlittschuhe aus Rentierknochen anfertigten, über die Skandinavier und Holländer, die im 13. Jahrhundert Holzschuhe mit Eisenschienen benutzten, dauerte es bis 1750, bis in England der sportliche Eisschnellauf begann.
1884 gewann der Norweger Axel Paulsen die erste Weltmeister-

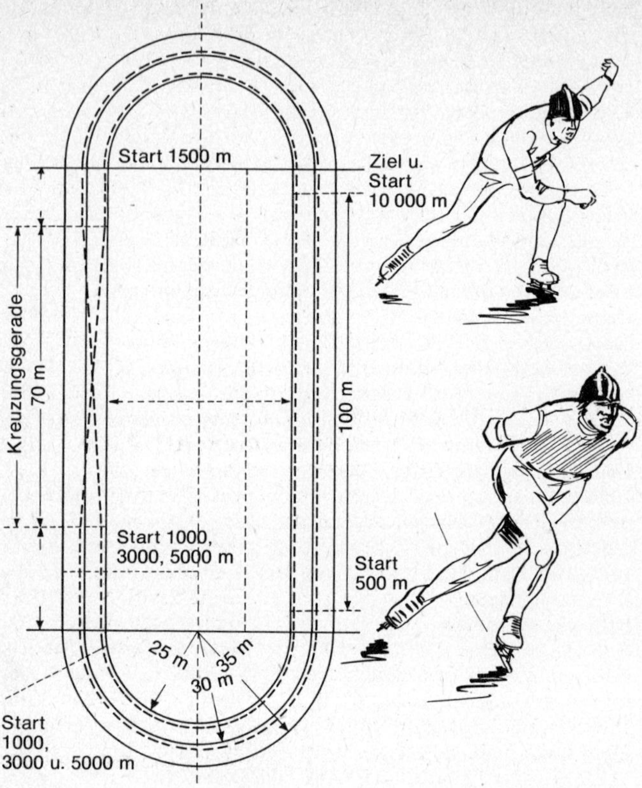

schaft in der Geschichte des Sports. Die Norweger brachten um diese Zeit einen Schlittschuh heraus, an dessen grundsätzlicher Form bis heute nichts geändert wurde. Bereits 1892 entstand die Internationale Skating Union (ISU), die Welt- und Europameisterschaften regelmäßig im Vierkampf veranstaltet. Seit 1970 kämpfen auch die Sprinter um Welttitel.

Der **Schlittschuh** besteht ganz aus Metall, besitzt infolge seiner Röhrenbauweise ein geringes Gewicht und ist fest mit der Sohle des Schuhs vernietet. Vor dem Wettkampf schleift der Läufer seine Kufen sorgfältig, die eine Länge von 43 cm haben und an der Schneide 0,8 bis 1,3 mm dick sind. Meist trägt der Läufer eine gestrickte Wollmütze, die sogenannte „Teufelskappe".

Regeln: Internationale Eisschnelläufe müssen auf einer ovalen 400 m langen Bahn ausgetragen werden, die eine 8 bis 10 m breite Doppelbahn für zwei Läufer aufweist. Die Eisbahn soll zwei Kurven mit je 180 Grad, mit einem inneren Radius von 25 m und einem äußeren von 35 m besitzen. Über die Bahnverteilung entscheidet das Los. Auf der Gegengeraden befindet sich eine 70 m lange **Kreuzungsstrecke,** auf der die beiden Konkurrenten die Bahn wechseln müssen. Der Läufer, der hierbei von innen nach außen geht, trägt die Verantwortung für einwandfreies Wechseln. Eine absichtliche Behinderung zieht Disqualifikation nach sich. Der Läufer von der Außenbahn hat in jedem Falle an der Kreuzungslinie die „Vorfahrt". Bahnrichter überwachen jeden Läufer; die Zeit wird elektrisch gemessen.

Die **Lauftechnik** wird durch drei Bewegungsphasen gekennzeichnet: 1. Beim Start – zwei Fehlstarts sind erlaubt – führt der Läufer mit 70 Grad nach außen gedrehten Füßen kurze, schnelle Tretschritte aus, wobei weniger geglitten, sondern mit schwingenden Armen mehr abgestoßen wird. 2. Rhythmische Schwerpunktverlagerung des Oberkörpers, der sich fast parallel zur Eisfläche befindet. In den Kurven setzt stets der rechte Fuß über den linken hinweg, damit der Läufer an der Schneekante bleibt.

Grundsätzlich stößt sich der Läufer mit der Innenkante des Schlittschuhs ab und gleitet auf dem anderen vorwärts. Bei kurzen Strecken schwingen die Arme mit, bei längeren werden sie ruhig auf dem Rücken gehalten, weil die Armarbeit ermüdet. 3. Beim Endspurt führen die Arme zur Unterstützung starke Schwingbewegungen durch, die Beine vollführen viele kurze Schritte, die etwa 4 bis 5 m betragen. Erhard Keller benötigte bei seinem Olympiasieg 1968 über die 500 m 79 Schritte in 40,2 Sekunden. Pro Sekunde legt der Sprinter auf dem Eis 12 bis 13 m zurück, bei einem Tempo von 45 km/h.

Die **olympischen Strecken** gelten nur als Einzeldisziplinen und gehen über 500, 1500, 5000 und 10000 m der Männer sowie über 500, 1000, 1500 und 3000 m der Damen.

Die **Vierkämpfe** kommen an zwei Tagen mit den olympischen Längen zur Austragung. Die Sieger werden nach einer Punktewertung ermittelt, die auf die 500 m ausgerichtet ist. Werden zum Beispiel die 500 m in 41,4 Sekunden zurückgelegt, erhält der Starter 41,4 Punkte, während die 1000-m-Zeit durch zwei dividiert wird, 1500 m durch 3, 10000 m durch 20 usw.

Olympische Medaillen: *Frauen:* Gold – 1960: Helga Haase (500 m); 1972: Monika Pflug (1000 m); Silber – 1960: Helga Haase (1000 m); *Männer:* Gold – 1968 und 1972: Erhard Keller (500 m).

Weltmeister im Sprintervierkampf wurden 1971 Erhard Keller und 1972 Monika Pflug.

Deutsche Eisschnellauf-Gemeinschaft, 8 München 50, Menzinger Straße 68; Telefon: (089) 8114916
Mitglieder: 500, davon 210 weiblich

Eissegeln

Geschichte: Das Segeln über das Eis begann in Holland mit einfach konstruierten Schlitten, mit „Windmachern" auf Längs- und Querbalken mit schmalen Eiskufen. Dann folgte die weitere Entwicklung zur modernen, schnittigen Sport-Eisyacht mit dem schlanken, niedrigen Rumpf. Leider störte der Zweite Weltkrieg die Verbreitung des Eissegelns erheblich, denn bis dahin erlebten die vereisten Seen und Meeresbuchten von Ostpreußen und Estland viele Höhepunkte und Meisterschaften.
Heute erfüllen in der Bundesrepublik nur noch wenige Gebiete wie der Dümmer-See, das Steinhuder Meer oder der Rangsdorfer See bei Berlin die besonderen Bedingungen des Eissegelns, das sich in vielen Punkten vom Segeln auf dem Wasser unterscheidet. Eine möglichst lange Frostperiode mit wenig Schneefall sowie Seegebiete mit wenig Salzgehalt bieten die besten Voraussetzungen. Die Europäische Eissegel-Union (EEU) bestimmt die Richtlinien für den Bau der verschiedenen Eisyachten.
Typen: 1. die 12-qm-Einheitsklasse („Europa-Zwölfer"); 2. die Einheitsklasse XV; 3. die freie 15-qm-Klasse; 4. der „Eis-Pirat"; 5. der DN-Schlitten, der seinen Namen von der amerikanischen Zeitschrift „Detroit News" ableitet, die diesen Typ förderte.
Alle Yachten bestehen aus einem aerodynamischen Sperrholzrumpf, von dem aus in Querrichtung die Läuferplanken befestigt sind, an deren Ende die auswechselbaren, scharfen Kufen aus Stahl oder Bronze über das Eis gleiten. Der Unterschied zwischen den Einheitsklassen Europas und dem DN-Schlitten besteht darin, daß die Amerikaner die Läuferplanke am Ende des zweiten Drittels anbringen, im Gegensatz zu den weiter vorne liegenden Kufen der Europäer. Die Schottführung des Mastes, der durch einen Vorstag und durch seitliche Wanten gehalten wird, geschieht in ähnlicher Weise wie beim Wassersegeln. Bei den 12-qm- und 15-qm-Schlitten bleibt lediglich die Größe der Segelfläche begrenzt, alle anderen Teile unterliegen keinen besonderen Vorschriften.
Der „Eis-Pirat" hat eine Länge von 6,10 m, eine Breite über die Läuferplanke von 3,20 m, während das Segel eine Fläche von 8 qm am 5,76 m hohen Mast aufweist.
Der DN-Schlitten dagegen ist nur 3,66 m lang, die Planken 2,44 m breit, der Mast 4,88 m hoch mit einer Segelfläche von 5,13 qm. Die Steuerkufe liegt am vorderen Ende des Rumpfes und wird über eine Ruderspinne bedient. Bei allen anderen Typen erfolgt die Steuerung am Heck durch ein Steuerrad.
Infolge ihres geringen Reibungswiderstandes – nur 3 Kufen berühren das Eis – erreichen Eisyachten bei gleicher Windstärke bedeutend höhere Geschwindigkeiten (über 100 km/h) als Segelboote.

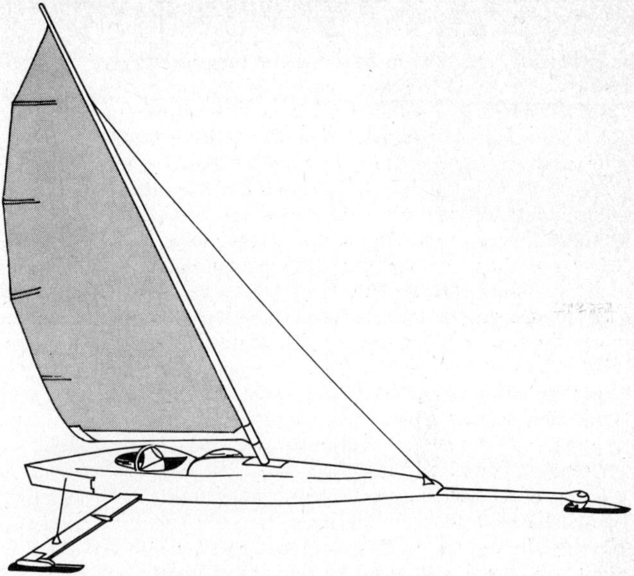

Regatten werden meist zwischen zwei festgelegten Punkten, Luv- und Leemarke, ausgetragen, und nur selten wird ein Dreieckskurs festgelegt. Beim Start stellen sich die Yachten auf ihre ausgelosten Startplätze hinter einer Linie in gleichen Abständen auf und werden nach dem Startsignal von ihren Besatzungen angeschoben.
Die Vorfahrtsregeln (das sogenannte Wegerecht) müssen genau eingehalten werden. Die Wendemarken sind in weitem Bogen zu umrunden, denn zu enges Kurven kann zum Kentern führen.
Deutscher Segler-Verband, 2 Hamburg 76, Adolphstraße 56; Telefon: (040) 2205137. Ausschuß für Eis-, Land- und Sandsegeln. Vorsitzender: Nils Christensen

Fechten

Geschichte: Die Fechtkünste der „Drei Musketiere" sind allgemein bekannt. Natürlich verstand man sich lange vorher in der ganzen Welt auf diese Waffen. Das moderne Sportfechten mit Florett, Degen und Säbel hielt um die Jahrhundertwende seinen Einzug, nachdem um 1865 die ersten Fechtklubs in Deutschland entstanden. In dieser Zeit kamen die ersten italienischen Diplomfechtmeister aus der im Jahre 1868 gegründeten „Scuola Magistrale", einer Fechtmeister-Lehranstalt in Rom, nach Deutschland. Mit

Feuereifer warf man sich auf die Fechtlehre, die schon im 17. Jahrhundert in Frankreich, Italien und Ungarn bekannt war. Um 1690 erfand ein vorsichtiger Fechter die Ledermaske, die 110 Jahre später durch Drahtgitter ersetzt wurde.
1890 gilt allgemein als das Fechtgeburtsjahr in Italien, Ungarn und Frankreich. 1912 wurde der Deutsche Fechter-Bund gegründet, zwei Jahre später der Weltverband FIE (Féderation Internationale D'Escrime). Seit 1896 gilt Fechten als olympische Sportart. In Deutschland wurde das Fechten vor allem an Universitäten – oft als Mutprobe mit tödlichem Ausgang – betrieben.
Regeln: Heute kennt der Fechtsport nur noch 3 Waffen: Florett für Damen und Herren, Säbel und Degen für Herren. Ausgetragen werden Einzel- und Mannschaftswettbewerbe, wobei ein Team aus vier Fechtern besteht. Die Frauen fechten nur mit dem Florett. Die Technik im Zweikampf ist nach genauen Regeln festgelegt, wechselt ständig nach Abwehr- und Angriffsaktionen. Die Waffen haben folgende Maße und Gewichte:

	Florett	**Degen**	**Säbel**
Ges.-Gewicht:	500 g	770 g	500 g
Länge d. Klinge:	90 cm	90 cm	88 cm
Höchstlänge:	110 cm	110 cm	105 cm

Florett: Wie der Degen ist das Florett eine reine Stoßwaffe. Der Name stammt aus Italien. Floretta = Blütenknopf hieß das Lederkäppchen, das beim Training über die Spitze gebunden wurde. Als Trefffläche gilt nur der Oberkörper ohne Kopf und Arme. Der Querschnitt der biegsamen Florettklinge ist rechteckig, der Handschutz eine flache Glocke. Die Treffer werden elektrisch registriert. Das Kabel führt von der Waffe durch den Ärmel der Fechtjacke zum Rücken. Von dort führt ein anderes Kabel zur Trefferanzeige. Das Gerät funktioniert nur, wenn der Stoß mit wenigstens 500 g Druck erfolgt, beim Degen mit 750 g. Auf der gültigen Körperfläche angebrachte Stöße werden durch rote oder grüne Lampen angezeigt, ungültige Stöße durch eine weiße Lampe.
Degen: Beim Degen mit der herzförmigen Klinge gilt der gesamte Körper des Gegners als Trefffläche. Der Unterschied zum Florett liegt in der Kampfart, der Trefffläche und dem Waffengewicht. Der Kontakt zum Anzeigengerät wird ausgelöst, wenn die Kontaktspitze auf den Gegner trifft. Nur beim Degen gibt es Doppeltreffer, d.h. beide Fechter gelten gleichzeitig als getroffen.
Der **Säbel** wird als Hieb- und Stoßwaffe benutzt. Die Trefffläche ist auf den Oberkörper (einschließlich Kopf und Arme) beschränkt. Mit dem Säbel können auch durch Hiebe Treffer angebracht werden.
Wettkampfkleidung: Jacke und Hose müssen aus festem weißem Stoff bestehen, der Jackenkragen muß den Hals schützen. Für Frauen gilt unter der Jacke ein Brustschutz als Vorschrift, Kopf

und Gesicht schützt man durch eine Maske, die Fechthand durch einen Handschuh. Seit Einführung der elektrischen Anzeige (Florett und Degen) besteht der Anzug aus Laméstoff, der nach dem Auftreffen der Waffenspitze mit dem nötigen Druck einen elektrischen Kontakt erzeugt.

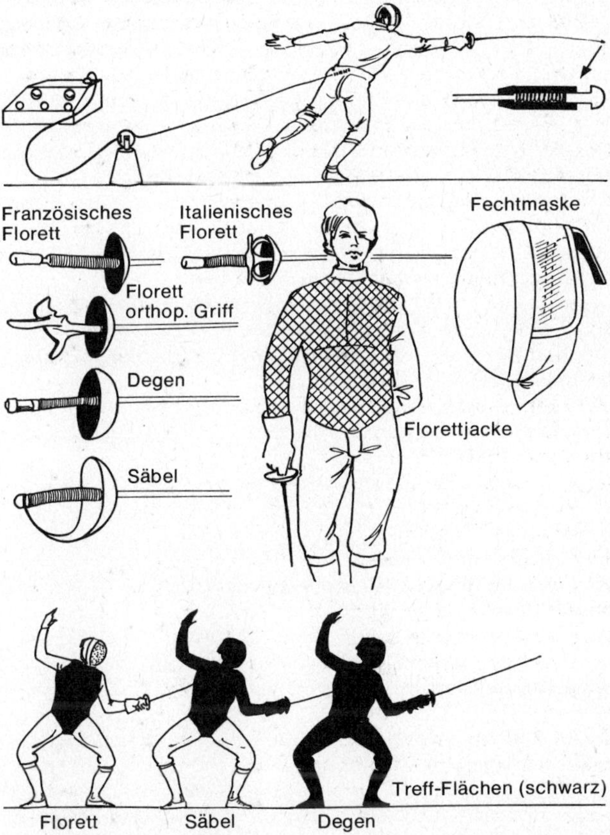

Die **Anlage:** Die Fechtbahn hat beim Degen und Säbel eine Länge von 24 m, beim Florett nur 12 m. Die Breite beträgt zwischen 1,80 m und 2,00 m. Wegen der elektrischen Trefferanzeige liegen Kupfermatten auf der Bahn, um das Melden von Bodenstößen zu vermeiden.

Wertung: Ein Gefecht bei den Männern dauert sechs, bei den Frauen fünf Minuten, Pausen nicht gerechnet. Sieger wird, wer vor Ablauf dieser Zeit fünf Treffer erzielt hat, Frauen vier. Ist

nach den vorgeschriebenen Zeiten noch kein Sieger ermittelt, zählt der nächste Treffer. Nur im Degenfechten wird Treffergleichheit für beide Kämpfer als Niederlage gewertet. Ein Gefecht wird von einem Obmann und vier Kampfrichtern geleitet. Der Abstand zweier Fechter auf der Kampfbahn heißt Mensur.
Zu einer **Mannschaft** (Damen und Herren) gehören 5 Mitglieder, von denen allerdings jeweils nur vier zum Einsatz kommen. Jedes Mannschaftsmitglied kämpft gegen jeden Fechter der Gegenpartei. Fechtdauer und Treffer wie im Einzel.
Die 6 Finalisten in den **Einzelwettbewerben** sind durch ein Rundensystem (jeder gegen jeden) zu ermitteln, bei dem in der Regel 50% ausscheiden. Im Mannschaftswettbewerb gibt es spätestens nach dem Viertelfinale eine K. o.-Ausscheidung.
Deutsche Olympiamedaillen: *Männer:* Silber – 1936: Casmir (Forett-Einzel) Bronze – 1936: Säbel-Mannschaft: Casmir, Wahl, Eisenecker, Heim, Jörger, Esser; Florett-Mannschaft: Casmir, Eisenecker, Heim, Lerdon, Adam, Rosenbauer.
Frauen: Gold – 1928: Helene Mayer (Florett-Einzel); 1960: Heidi Schmidt. Silber – 1936: Mayer; 1964: Mees. Bronze – 1936: Oekers; 1964: Florett-Mannschaft: Mees, Theuerkauff, Münch, H. Schmid, Scherberger.
Deutscher Fechter-Bund e. V. Geschäftsstelle: 53 Bonn 1, Am neuen Lindenhof 2, Sportpark Nord; Tel.: (0 22 21) 63 14 57–8
Mitglieder: 19 000, davon weiblich: 9000

Flugsport

Der Deutsche Aero Club kann sich als Club der Weltmeister und Weltrekorde bezeichnen, denn kein Verband weist im Vergleich zur Anzahl der Disziplinen so viele Titelträger und Höchstleistungen auf. In keinem Verband müssen Mitglieder so viele Eigenleistungen für ihren Sport bringen wie im Luftsport, denn das erforderliche Können und Wissen umfaßt nicht nur das Fliegen allein, dazu gehören: Meteorologie, Aerodynamik, Luftverkehrsregeln, Funksprechdienst, Materialkunde und Sprachen.
Besonders eindrucksvoll heben sich die Erfolge der **Segelflieger** heraus. In acht Disziplinen halten sie fünf Weltrekorde. Bei 11 Weltmeisterschaften holten sie sich 6 Titel, viermal den 2. und sechsmal den 3. Platz. Amtierender Weltmeister ist zum zweitenmal Helmut Reichmann aus Saarbrücken.
Die **Motorflieger** können mit zahlreichen ersten Rängen bei internationalen Wettbewerben – besonders im Kunstflug – aufwarten. Sechsmal flogen sie beim Europa-Flug der Fédération Aèronautique den Sieg heraus. Im Motorflug werden zur Zeit sieben anerkannte Weltrekorde gehalten.
Bei den **Fallschirmspringern** fallen die Erfolge im Formations-

springen auf. Die deutsche Gruppe „Walters Vögel" belegte 1973 beim ersten Weltcup in den USA Platz zwei in der Nationenwertung und den dritten Rang in der schwierigen „Zehn-Mann-Stern-Disziplin".
Die Weltrekorde und Titel im **Modellflug** sind nicht mehr zu zählen. So halten die deutschen Modellflieger alle Weltrekorde der handgesteuerten Hubschraubermodelle und den Geschwindigkeitsrekord. An der Weltspitze liegt auch der deutsche **Freiballonsport** mit z. B. 1180 Aufstiegen 1973 im Vergleich zu nur 10 in den USA. 1972 gewann Deutschland die erste Europameisterschaft der Gasballone. Von rund 200 Ballonen, die es weltweit gibt, sind in der BRD 58 zugelassen.

Segelflug: Kein Ort der Welt ist so stark mit dem Segelflug und dessen Geschichte verbunden wie die Wasserkuppe in der Rhön, ca. 25 km südöstlich von Fulda. „Der Berg der Flieger" erlebte bereits 1911 zahlreiche Gleitflugversuche. Darmstädter Gymnasiasten hatten drachenähnliche Gleitflugzeuge zur Rhön gebracht, um über die sanften, fast baumlosen Hänge der Wasserkuppe zu gleiten.
1912 legte der Darmstädter Gutermuth die Rekordstrecke von 838 m zurück. Nach dem ersten überaus erfolgreichen Rhönwettbewerb, zu dem 1920 Oskar Ursinius aufgerufen hatte, ging die Entwicklung des echten Segelflugzeuges so schnell voran, daß 1924 bereits eine Segelflugschule auf der Wasserkuppe gegründet werden konnte. Viele, die einmal hier über der Wasserkuppe die ganze Schönheit des lautlosen Dahingleitens erlebt haben, sind der Fliegerei treugeblieben.
Ständig neue Erkenntnisse wurden durch mutige Segelflieger gewonnen, aber erst 1930 hatte man den thermischen Aufwind so weit erkannt, daß von diesem Zeitpunkt an das Leistungssegeln einen neuen Aufschwung nehmen konnte. Zwei Zahlen verdeutlichen diese Entwicklung. 1931 flog der Amerikaner Coke 22 Stunden lang, und 1943 verbesserte der Deutsche Jachtmann den Weltrekord auf 55 Stunden. Am 25. Februar 1961 erreichte der Amerikaner Paul Bidele eine Höhe von 14 102 m(!). Am 25. April 1972 segelte Hans-Werner Grosse von Lübeck 1460,8 km weit bis nach Biarritz. Diese Rekorde setzen im Segelflugsport neue Maßstäbe. Heute ist die Bundesrepublik führend im Segelflugbau.
Der Start: Aus eigener Kraft kann kein Segelflugzeug seine Luftreise beginnen. Man half sich zunächst mit dem Hangstart durch ein Gummiseil, später mit dem Autoschleppstart. Es folgte die Motorwinde mit einem langen Stahlseil (auf einer Trommel), das vom Flugzeug aus automatisch bei einer bestimmten Höhe gelöst werden konnte. Heute kennt man fast nur noch den Schleppstart durch Motorflugzeuge, die den Segler mit einem Kunststoffseil in die gewünschte Höhe bringen.

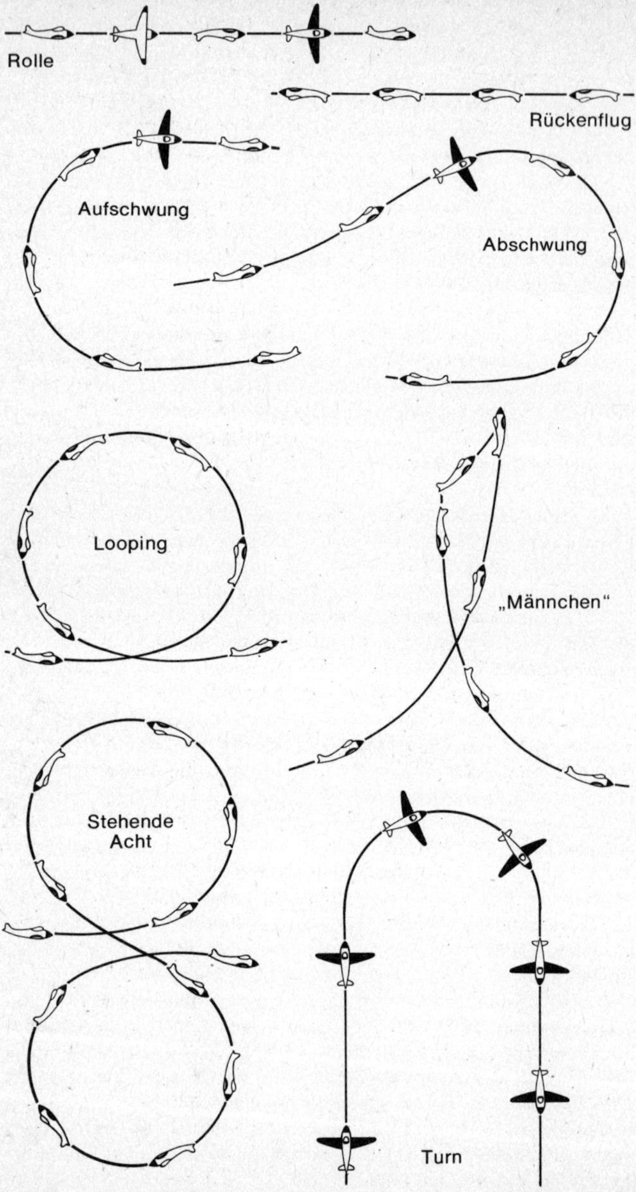
Rolle
Rückenflug
Aufschwung
Abschwung
Looping
„Männchen“
Stehende Acht
Turn

Die Gliederung der Segelflugzeugarten erfolgt in 3 Gruppen: 1) Schul- und Übungsflugzeuge; 2) Leistungs- und 3) Kunstflugzeuge. Als Material kann beliebig Holz, Kunststoff oder Leichtmetall verwendet werden, man kennt in dieser Beziehung keine Beschränkung und bringt Ein- oder Zweisitzer auf den Markt. Die Steuereinrichtung arbeitet nach dem einfachen Prinzip: Betätigung des Seitenruders mit den Füßen, des Höhen- und Querruders durch den Steuerknüppel mit einer Hand.
Die Weltmeisterschaft wird in 2 Klassen entschieden. In der **Standardklasse** mit einer Spannweite von höchstens 15 m, bei der die Tragfläche keine Landeklappen aufweisen darf, und der **offenen Klasse,** die keine besonderen Auflagen verlangt.
Flugweise: Das wichtigste bleiben die **Aufwinde,** die das motorlose Flugzeug in die Höhe tragen. Am Hang führen die auftreffenden Luftströme nach oben, wie an einer Gewitterfront, bei der sich die Kaltluft unter die Warmluft schiebt und diese nach oben drückt. Das Suchen und Finden nach der richtigen Thermik, aufsteigenden Warmluftwellen, macht den Hauptteil des Fliegens aus. Schon an der Wolkenbildung erkennt der Pilot diese Felder, in denen er lange kreisen kann. Weite Streckenflüge und große Höhen gewinnt der „Segler“ durch Föhnwinde in Gebirgen, besonders in „Lee“-(stehenden)Wellen, in deren Strömungen erstaunliche Flugleistungen möglich sind.
Meisterschaften kommen in folgenden Disziplinen zur Durchführung: a) im **freien Streckenflug;** Wertung der größten Entfernung; b) im **Zielstreckenflug** zum angegebenen Ziel und mit Rückkehr zum Startort (beide Wettbewerbe mit Geschwindigkeitsmessungen) und c) im **Dreiecksflug,** der besondere geographische Kenntnisse voraussetzt.
Segelflugsport: In der Bundesrepublik 700 Vereine mit 28 000 Mitgliedern, 4000 Segelflugzeugen mit jährlich 960 000 Starts und 340 000 Flugstunden.

Motorflug: Er begann 1903 mit den Gebrüdern Wright. Die USA und Frankreich setzten die Entwicklung der Motorfliegerei fort, die, durch die Kriege bedingt, eine enorme Entwicklung erfuhr. Lange Jahre galt Ernst Udet als bester Kunstflieger der Welt, wie danach Gerhard Fieseler in Zeiten, in denen Deutschland keine Motorflugzeuge weiter entwickeln durfte. Das Sportfliegen trat an die erste Stelle, die Flugzeuge wurden von Kolbenmotoren, Turbinen- oder Propeller-Aggregaten angetrieben. Die **Motorsportflugzeuge** gehören zu den Leichtflugzeugen, deren Gewicht von unter 500 kg bis 4500 kg die genaue Klasse bestimmt. Pedale und lenkradähnliche Steuerknüppel werden wie beim Segelflug benützt, die Geschwindigkeit allerdings durch das Gaspedal bestimmt. Nur wenige Piloten üben den höheren **Kunstflug** aus, der bemerkenswerte Leistungen wie das Durchsacken, den Slip

(Seitenrutsch), das nach unten gerichtete „Trudeln", den als Looping bezeichneten Überschlag, die Drehung um 360 Grad in der Längsachse oder den Abschwung (½ Looping nach vorn mit anschließender ½ Rolle) kennt. Diese Figuren werden oft geschickt miteinander kombiniert und erhielten bestimmte Namen wie „Stehende oder Liegende Acht", „Männchen", „Welkes Blatt" und „Pirouette".
Motorflugsport: 350 Vereine in der Bundesrepublik mit 10000 Mitgliedern, 1150 Flugzeugen mit jährlich 650000 Starts und 300000 Flugstunden.

Fallschirmsport: Im 14. Jahrhundert beschäftigten sich bereits die Chinesen mit dem Überwinden des Luftraumes, 1495 entwarf Leonardo da Vinci ein erstes Fallschirmprojekt. Aber es vergingen Jahrhunderte, ehe dem Franzosen Montgolfier die ersten Versuche von hohen Türmen glückten. Nach der Erfindung der Ballone ging es schnell vorwärts. Der erste Sprung aus 1000 m Höhe gelang 1797 in Paris André Garnerin. Ein Jahrhundert danach sprang mit der Deutschen Käthe Paulus die erste Frau mit einem bereits zusammengepackten Schirm. Schließlich muß der Konstrukteur Heinecke erwähnt werden, der 1917 den automatischen Fallschirm herausbrachte, und Richard Kohnke, der den von dem Amerikaner Leslie Irvin entdeckten „freien Fall" fast bis zur Perfektion beherrschte.
Der **Sportfallschirm,** der heute Verwendung findet, besitzt nur noch wenig Ähnlichkeit mit dem Rundkappenfallschirm vergangener Tage, dessen Leistungsfähigkeit nicht mehr ausreichte. Zunächst schnitt man einfach einen Schlitz in die Kappe, und der Schirm erhielt einen wirkungsvollen Vortrieb durch die entweichende Luft, ausgelöst durch eine Steuerleine. Es folgten die Drachen-Fallschirme, bei denen die Luft nach hinten und oben entwich. Heute stellen die Super-Gleiter die besten Sportschirme dar, mit Dreieck- oder Rechteck-Form, die notfalls auch gebremst werden können.
Automatische Sprungfallschirme öffnen sich selbständig mit Hilfe einer 5 m langen Aufzugleine, die am Flugzeug befestigt ist. Nach diesem Prinzip verlassen die militärischen Fallschirmspringer die Maschine. **Manuelle** Fallschirme öffnet der Sportler selbst nach einem freien Fall durch einen Aufzuggriff, der den Hilfsschirm öffnet. Reserveschirme (manuell) trägt man zur Sicherheit auf der Brust. Bei Höhensprüngen gehört natürlich das Sauerstoffgerät zur Ausrüstung.
Wettbewerbe: Das **Zielspringen** ist die erste Disziplin, bei der aus einer Höhe zwischen 700 und 1000 m und einer maximalen Freifallzeit möglichst im Zielkreis (10 m Durchmesser) gelandet werden soll. Teilnehmer an Weltmeisterschaften absolvieren 10 Sprünge. Bei normalen Wettbewerben kombiniert man Gruppen-

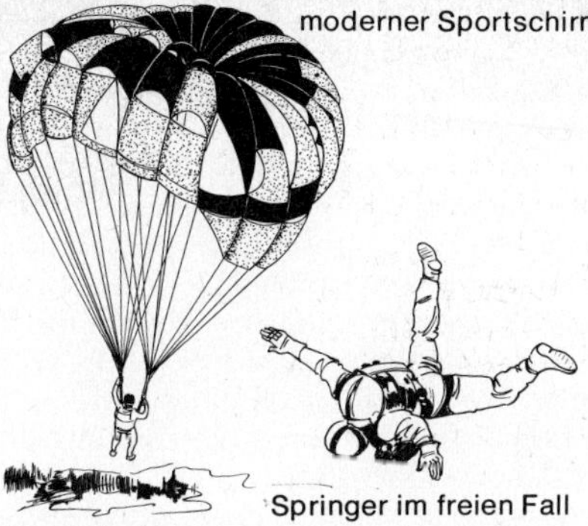

(4 Springer) und Einzelspringen. Frauen- und Männerrekorde erfahren gesonderte Wertungen, auch Tag- oder Nachtsprünge. Beim freien Fall bleibt die genaue Einhaltung der vorgeschriebenen Verzögerung wichtig.
Das **Stilspringen** kommt als Einzelsprung im Freifall mit bestimmten Drehungen und Salti zur Ausführung. Die Punktbewertung erfolgt nach Einhaltung der Verzögerungszeit, der Sprungtechnik sowie der Art der Drehungen.
Der jüngste Wettbewerb heißt **Relativspringen,** das entweder in 10er- oder 4er-Gruppen durchgeführt wird und bei dem die Zeit entscheidet, in der im freien Fall der „Stern“ innerhalb der Gruppe durch Festhalten an den Händen zur Bildung kommt. Ein Stern muß mindestens 5 Sekunden lang gehalten werden.
Fallschirmsport: In der Bundesrepublik 45 Vereine mit 1500 Mitgliedern, jährlich etwa 50000 Absprünge.

Das **Ballonfahren** stellt die älteste Form des Flugsports dar und begann vor rund 100 Jahren. Der Ballon ist leichter als Luft, mit Wasserstoff oder Helium gefüllt, oder wird auch durch einen über dem Korb angebrachten Brenner, der die Luft erhitzt, in die Höhe gebracht. Nach dem Hüllenvolumen unterscheiden sich verschiedene Klassen von unter 250 m^3 bis über 4000 m^3.
Der Ballonfahrer muß bestimmte physikalische und meteorologische Kenntnisse besitzen. Wirft der Pilot Sand ab, steigt der Ballon; öffnet er das Ventil zum Luft- oder Gasentweichen, sinkt die Hülle. Die Sportkonkurrenzen: Höhen- und Streckenfahrten, Fuchsfahrten, Wettrennen und Verfolgungsfahrten.
Ballonsport: In der Bundesrepublik 20 Vereine, 200 Aktive, 48 Gas- und 10 Heißluftballone.
Deutscher Aero Club (DAeC), 6 Frankfurt-Niederrad, Lyoner Str. 16; Tel. (06 11) 67 60 37.
Elf Landesverbände mit 1000 Luftsportvereinen und über 50000 Mitgliedern.

Fußball

Geschichte: Kaum zu glauben, aber bereits im dritten Jahrtausend v.Chr. spielten die Chinesen Fußball, beschrieben ihre Dichter in langen Versen das Kampfspiel, das im Fernen Osten meist von Soldaten betrieben wurde. Von China flog der Ball nach Japan, wurde dort vornehmlich von Priestern in Tempeln gespielt und „Kemari" – Kreisfußball genannt. Aus anderen Kontinenten wird später von ähnlichen Kultspielen berichtet, bei denen der Ball mit den Füßen getrieben wurde, wie bei den Azteken in Mexiko, den Indianern in Nordamerika oder auch den Ägyptern, Griechen und Römern im Bereich des Mittelmeeres.
Schließlich nahmen Cäsars Legionen den Ball mit nach England und fanden dort bereits ein ähnliches Spiel keltischen Ursprungs vor. Zur gleichen Zeit brach in Frankreich und Italien die Begeisterung für das Kampfspiel Fußball aus, das allerdings überall mit anderen Regeln gespielt wurde. In Frankreich mußten in verschiedenen Klöstern die Mönche gleich einen Ball mitbringen, in Florenz, auf dem Marktplatz, entwickelte sich beim Spiel ein echtes Volksfest, trafen an bestimmten Festtagen jeweils 27 Spieler aufeinander.
Die Entwicklung auf diesem Gebiet des Sports verlief so stürmisch, daß gar König Eduard III. 1349 das Spiel verbieten ließ, um das Volk die wichtigen Kriegskünste nicht vergessen zu lassen. Der Aufschwung war jedoch nicht zu bremsen, selbst nicht durch die gestrengen Puritaner, jene mächtige Glaubensbewegung, die jeglichen Sport, besonders an Feiertagen, als Zeitvertreib des Teufels ansahen. Ganze Dörfer mit ihren männlichen Bewohnern spielten in Großbritannien gegeneinander, trieben den Ball über Felder und Wiesen, durch Gewässer und Wälder, um ihn schließlich ins vorher bestimmte Ziel zu bringen, auch wenn das viele Stunden lang dauerte.
Regeln und Ordnung erhielt das Fußballspiel zum erstenmal 1583 in England, der entscheidende Fortschritt aber kam erst Anfang des 19. Jahrhunderts, als die Hochschulen das Fußballspiel als Erziehungsmittel anerkannten und schließlich eine Trennung vom bis dahin recht artverwandten Rugby erfolgte. 1863 gründete sich der englische Fußballverband, der mit recht weisen Leuten Regeln festlegte, die zum größten Teil noch heute Gültigkeit besitzen. Danach begann der eigentliche Siegeszug des Spiels rund um den Globus durch englische Seemänner und Kaufleute. Selbst die Studenten trugen den Ball in ihrem Gepäck, wollten ihn in der Fremde nicht missen.
In Deutschland erfolgte der „Anpfiff" zum geregelten Spiel 1872 in Braunschweig, breitete sich dann mit dem Tempo eines Flankenballes zwischen München, Karlsruhe und Königsberg aus. Seit 1888 wird der Fußballsport als „ehrenhafter" Beruf in England

anerkannt, viel später, 1963, auch in der Bundesrepublik. 1900 schlossen sich die bereits zahlreichen Fußballvereine in Leipzig zum Deutschen Fußball-Bund zusammen, und keiner der Gründer konnte die Entwicklung bis zum größten Fachverband der Welt mit über drei Millionen Mitgliedern ahnen. Dem Fußball-Weltverband (FIFA), 1906 in Paris gegründet, gehören heute über 140 Verbände an. An jedem Wochenende streben Millionen Menschen auf der Erde zu den Ereignissen des Fußballsports. Auch das „schwache" Geschlecht hat seine Liebe zum Fußball entdeckt, hat längst die Schußstiefel angezogen, will mit seinen mittlerweile bald 10 000 Mitgliedern nicht länger zurückstehen.
Regeln: Das Spiel wird von zwei Mannschaften durchgeführt, von denen jede nicht mehr als elf Spieler aufweisen darf; einer von ihnen ist der Torwart. Zwei Spieler dürfen während der 2 × 45 Minuten ausgewechselt werden. Das Spielfeld muß rechtwinklig sein. Seine Länge soll nicht mehr als 120 m und nicht weniger als 90 m, seine Breite nicht mehr als 90 m und nicht weniger als 45 m betragen. An jeder Ecke des Feldes ist eine mindestens 1,50 m hohe Fahne anzubringen. Eine Mittellinie trennt die beiden Spielhälften. Um den Mittelpunkt wird ein Kreis von 9,15 m im Halbmesser gezogen. Der Torraum erstreckt sich im Abstand von 5,50 m parallel zur Torlinie von jedem Torpfosten und in das Spielfeld hinein. Der Strafraum umschließt den Torraum mit einem jeweiligen Abstand vom Tor von 16,50 m. Die Strafstoßmarke liegt mitten im Strafraum, 11 m vom Tor entfernt.
Das Tor ist 7,32 m breit und 2,44 m hoch. Der Ball muß kugelförmig sein; die äußere Hülle besteht aus Leder oder einem genehmigten Material. Der Umfang darf nicht mehr als 71 cm, nicht weniger als 68 cm betragen. Das Gewicht mindestens 396 g, nicht mehr als 453 g. Ein Spieler soll mit seiner Ausrüstung nichts tragen, was einen anderen Spieler gefährden kann. Dies gilt besonders für das Schuhwerk. Der Torwart muß sich durch die Farbe seiner Kleidung von den anderen Spielern unterscheiden.
In Zusammenarbeit mit zwei Linienrichtern leitet ein Schiedsrichter das Spiel, dessen Entscheidungen in jedem Fall gültig sind. Er kann Spieler verwarnen (gelbe Karte) oder wegen grober Unsportlichkeit des Feldes verweisen (rote Karte). Ein innerhalb der normalen Spielzeit ausgesprochener Strafstoß muß in jedem Fall ausgeführt werden. Der Ball ist beim Anstoß, der natürlich ausgelöst wird, und anderen Spieleröffnungen wie Freistoß, Eckball, Strafstoß, Abschlag usw. erst dann im Spiel, wenn er eine Strecke seines Umfanges zurückgelegt hat. Der Spieler, der eines der o. a. „Anspiele" ausführt, darf den Ball nicht ein zweites Mal spielen, bevor dieser nicht von einem anderen Spieler berührt worden ist.
Aus einem Anstoß kann nicht direkt ein Tor erzielt werden. Falls

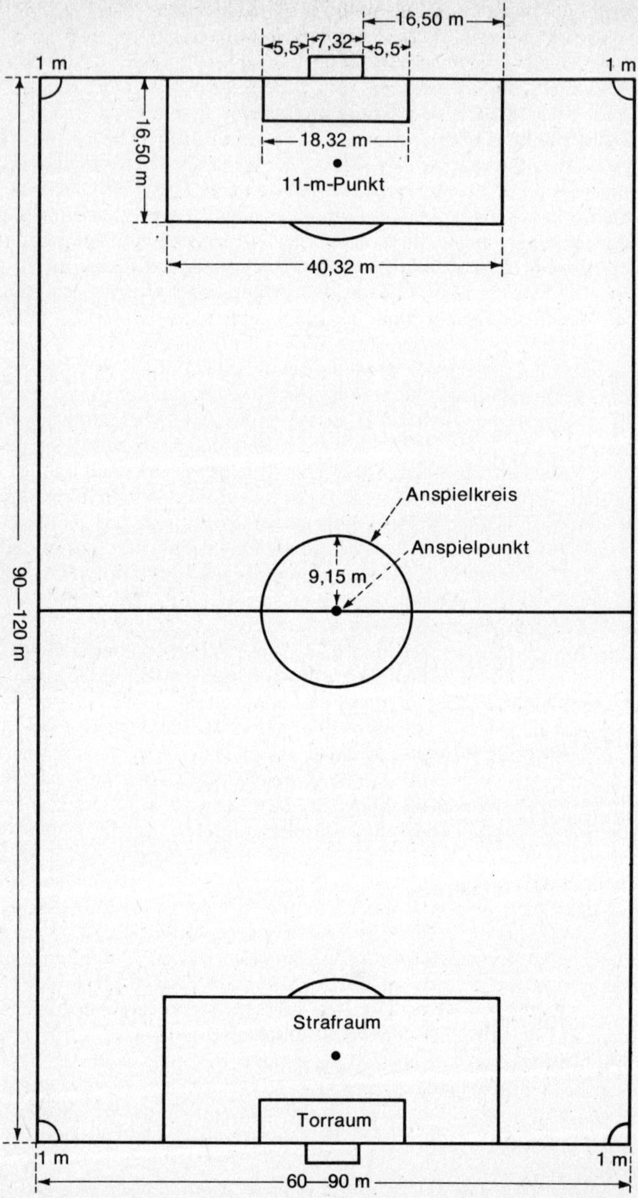
16,50 m
5,5
7,32
5,5
1 m
1 m
16,50 m
18,32 m
11-m-Punkt
40,32 m
Anspielkreis
Anspielpunkt
9,15 m
90—120 m
Strafraum
Torraum
1 m
1 m
60—90 m

das Spiel nach einer zeitweiligen Unterbrechung, die sich aus keinem Regelverstoß herleitet, wiederaufgenommen wird, muß der Schiedsrichter an der betreffenden Stelle einen „Schiedsrichterball“ geben, der beim Berühren des Bodens wieder im Spiel ist. Der Ball ist aus dem Spiel, wenn er die Grenzlinien in der Luft oder auf der Erde ganz überschreitet. In diesen Fällen wird auf Einwurf, auf Eckball oder Abschlag vom Tor entschieden. Der Ball ist nicht aus, wenn er vom Schiedsrichter oder vom auf der Linie stehenden Seitenrichter, von einer Torstange oder einer Eckfahne ins Feld zurückspringt. Ein Tor wurde erzielt, wenn der Ball vollständig die Torlinie in der ganzen Breite überschritten hat. Stößt ein Spieler der angreifenden Mannschaft einen indirekten Freistoß direkt ins Tor, erhält die abwehrende Mannschaft einen

Abseits

B befindet sich im Abseits, weil er im Augenblick, als der Ball von A gespielt wurde, vor dem Ball war und sich keine zwei Gegner mehr vor ihm befanden.

Nicht abseits

B ist nicht abseits. Im Moment, als A abspielte, war B 1 nicht näher der Torlinie, er war hinter dem Ball.

Abstoß. Aus einem Abstoß kann ebenfalls kein Treffer direkt zustande kommen. Ein Eckstoß allerdings darf direkt ins Tor treffen. Absichtliches Handspiel wird bestraft, im eigenen Strafraum mit einem Elfmeter. Alle Spieler dürfen „regelgerecht" rempeln, und zwar nur bei dem Versuch, das Leder zu spielen, Schulter an Schulter. Absichtliches Sperren, Beinstellen oder Anspringen des Gegners wird bestraft, ebenso Halten und Stoßen. Im Zweikampf um den Ball muß der Schiedsrichter genau erkennen, ob der Tritt dem Leder oder dem Gegenspieler gilt.

Abseits: Die Regel, die oft Aufregung hervorruft und doch ganz einfach erscheint: Ein Spieler ist abseits, wenn er im Augenblick der Ballabgabe näher der gegnerischen Torlinie ist als der Ball, ausgenommen:

a) er befindet sich in der eigenen Spielhälfte;

b) zwei Spieler der gegnerischen Mannschaft sind der Torlinie näher als er;

c) der Ball wurde zuletzt vom Gegner berührt oder gespielt;

d) er bekommt den Ball direkt von einem Abstoß, Eckstoß, Einwurf oder einem Schiedsrichterball. In diesen o. a. Fällen gibt es kein Abseits.

Technik: Wie bei allen Mannschaftsspielen mit dem Ball wird diesem Spielobjekt im Training besondere Aufmerksamkeit gewidmet. Die Qualität eines Spielers wird an seinen technischen Fertigkeiten gemessen. Den Ball mit dem Fuß in allen Situationen zu beherrschen, auch mit dem Körper, dem Kopf, ergibt erst den vollwertigen Akteur, der die Grundelemente des Fußballspiels beherrschen sollte: das Stoppen und das Stoßen der Bälle. Weiches Nachfedern beim Annehmen bildet die Voraussetzung, die Haltung des jeweiligen Körperteils im rechten Winkel zum Ball die Bedingung des Stoppens. Innen- und Außenseite des Fußes, Sohle, Spann, Unter- und Oberschenkel, Bauch, Brust und Kopf nehmen den Ball so geschickt an, daß er gleich im Spiel zum Mitspieler weitergelenkt werden kann.

Schüsse entscheiden über Siege und Meisterschaften. Kein gutes, erfolgreiches Spiel ohne genaue Pässe und Vorlagen zu den Freunden im gleichen Trikot, kein Treffer ohne präzise Schußtechnik. Passen mit der Innen- oder Außenseite, Stöße mit dem gestreckten Spann, Effetbälle oder harte Kopfschüsse (Ballpendel im Training benutzen!) gehören zum Übungsprogramm, wie das richtige Führen des Balles im schnellen Lauf, das Dribbeln oder das Zuspiel und Freilaufen in den verschiedensten Gruppenspielen.

Taktik: In jedem Spiel muß eine gewisse Ordnung – ein System – herrschen, bestimmen einfache Grundsätze den Erfolg. Sie lauten: Decken, den Gegner abschirmen, beim Ballbesitz stören, Freilaufen, wenn die eigene Mannschaft das Leder besitzt. Das Unterordnen im Gefüge einer „Elf", das Abgeben an den besser postierten Mitspieler erfordert eine rasche Entscheidung, eine gute Übersicht, auch den Verzicht auf eigene Sololeistungen. Die Anwendung einer bestimmten Taktik steht in engem Zusammenhang mit dem Spielniveau einer Mannschaft.

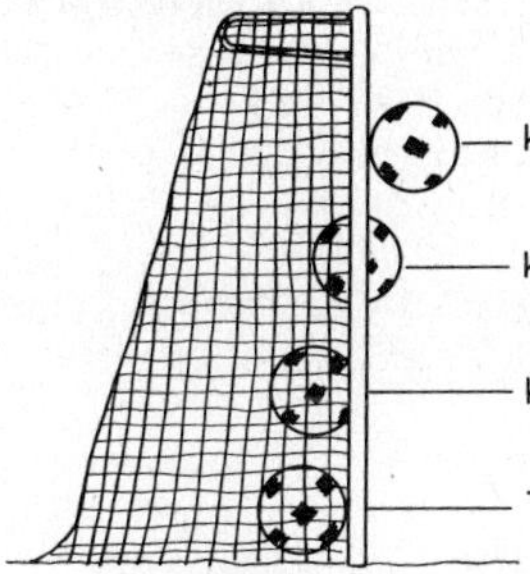

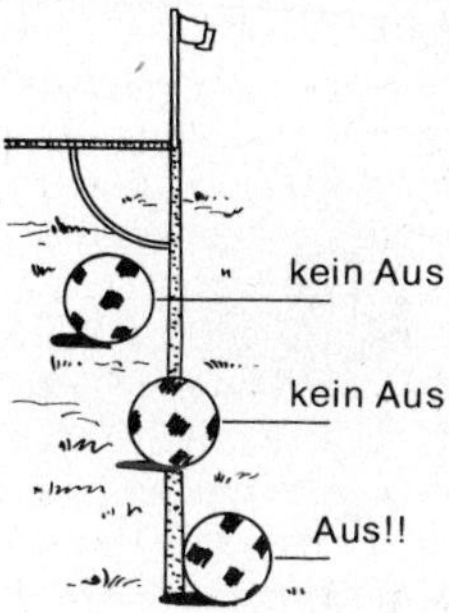

Stoppen mit der Brust

Stoppen mit dem Spann

Stoppen mit dem Kopf

„Safety first“ hieß ein Grundsatz der Briten, Sicherheit zuerst; sie führten Ende der 20er Jahre das sogenannte WM-System ein und nahmen den früher meist antreibenden Mittelläufer als „Stopper“ weit zurück, während der heutige „Libero“, der „freie Mann“, Abwehr- und Angriffsaufgaben zugleich erfüllt. Andere taktische Überlegungen folgten mit dem 4:2:4-System oder dem des 4:3:3 (vier Abwehrspieler, drei im Mittelfeld und drei als Sturmspitzen), bis die Mannschaft der Bundesrepublik 1972 beim Gewinn der Europameisterschaft und auch Hollands Superelf von Ajax Amsterdam in den Spielen des Europapokals den „totalen“ Fußball demonstrierten, bei dem alle Feldspieler je nach Spielsituation angriffen oder auch verteidigten. Die Erringung des Weltmeistertitels 1974 durch die deutsche Mannschaft wurde ausgerechnet durch die Niederländer erschwert, die mit diesen modernen Erkenntnissen das hohe Können der Beckenbauer, Gerd Müller und Co. bekämpften. Noch längst ist kein Ende der weiteren Entwicklung im Fußballsport abzusehen, denn immer werden voll austrainierte Mannschaften neue taktische Varianten versuchen.

Deutsche Erfolge bei Weltmeisterschaften: 1934: dritter Platz/ 1954: Weltmeister/1958: Vierter Rang/1966: zweiter Platz/1970: dritter Platz/1974: Weltmeister

Siege im Europacup: Bayern München 1967 – Pokalsieger/1974: Bayern München – Landesmeister

Deutscher Fußball-Bund, Geschäftsstelle: 6 Frankfurt/M. 90, Zeppelinallee 77; Tel.: (06 11) 77 05 68

Mitglieder: 3 400 000, davon 160 000 Frauen

Gewichtheben

Geschichte: Das Messen der Kräfte, das Zeigen besonderer Stärke finden wir schon in alten Zeiten, in Sagen, Märchen und Geschichten – von Atlas, der die ganze Welt auf seinen Schultern trug, vom biblischen Samson bis zu Siegfried, dem „Drachentöter“, und zu Herkules. Großbritannien erlebte im 18. Jahrhundert auf seinen Jahrmärkten die ersten „Kraftmenschen“. Im Deutschland des Mittelalters erprobten schon die Brauer das Stemmen ihrer Fässer, die Müller das Heben ihrer Mühlsteine.

Die reine sportliche Beschäftigung mit schweren Gewichten entwickelte sich um 1880. Mit der Einführung der Scheibenhantel 1910 begann eine breite Entwicklung. In vielen Städten und Gemeinden entstanden die ersten „Stemmclubs“, die sich auf die Übungen des einarmigen Reißens und Stoßens sowie des beidarmigen Drückens, Reißens und Stoßens spezialisierten und das damals übliche Kürstemmen nach einem Punktsystem entwickelten. 1891 entstand der Deutsche Athletik-Sportverband, und die Meisterschaften ließen nicht lange auf sich warten: 1893 erste „deutsche“, 1896 europäische und 1898 Weltmeisterschaften. 1904 erschienen die schweren Männer bei Olympischen Spielen, aber erst seit 1920 gab es Medaillen für alle Klassen.

Früher gehörten neben dem Gewichtheben noch Steinstoßen, Rundgewichtsstemmen, Hammer- und Gewichtewerfen sowie Dauerstemmen zum festen Programm der Schwerathletik. Heute gibt es neben dem sportlichen Heben noch den Rasen- und Kunstkraftsport.

Seit 1973 erfolgte eine einschneidende Änderung: Der olympische Dreikampf – Drücken, Stoßen, Reißen – wurde in einen Zweikampf umgewandelt, bei dem das Drücken wegfiel.

Neun Gewichtsklassen sorgen für einen echten Leistungsvergleich: Fliegengewicht bis 52 kg, Bantam bis 56, Feder bis 60, Leicht bis 67,5, Mittel bis 75, Leichtschwer bis 82,5, Mittelschwer bis 90, Schwer bis 110 und Superschwergewicht über 110 kg.

Bei internationalen Vergleichen sind neun Athleten pro Land zugelassen sowie zwei Ersatzleute. Das **Abwiegen** der unbekleideten Wettkämpfer hat 75 Minuten vor dem Beginn ihrer Disziplin stattzufinden. Bringt der Heber das Gewicht seiner Klasse nicht, so erhält er eine Stunde Zeit, das geforderte Limit auszugleichen. Nach dieser Zeit wird er ausgeschlossen.

Die Kleidung muß sportlich, das Hemd kragenlos sein. Die Höhe der Absätze an den Schuhen der Heber darf 4 cm nicht übersteigen. Ein Gürtel soll nicht breiter als 10 cm sein und muß sichtbar getragen werden. Handgelenk- und Kniebandagen bis zu einer Breite von 8 cm sind erlaubt.

Geräte: Alle Versuche werden auf einer 4 × 4 m großen hölzernen Plattform durchgeführt. Ein Versuch, bei dem der Heber die Plattform vorzeitig verläßt, ist ungültig. Bei allen Wettkämpfen sind nur Scheibenhanteln zugelassen, die folgende Abmessungen aufweisen: Die Länge – Griffweite – zwischen den Lagern mindestens 1,31 m, die Gesamtlänge der Hantelstange 2,20 m, Durchmesser 28 mm; Gewicht der Hantel und Verschlüsse: 25 kg. Die Scheiben müssen folgende Reihenfolge haben: 25 kg (Durchmesser 45 cm) und rot gefärbt, 20 kg (blau), 15, 10, 5, 2,5 und 1,25 kg.

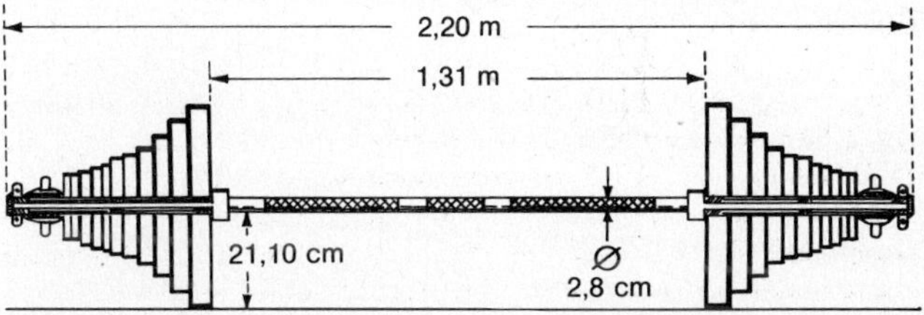

Das Aufladen der Scheiben beginnt mit dem schwersten Gewicht, kleinere folgen nach, so daß die drei Kampfrichter die Gewichtszahl auf jeder Scheibe gut lesen können. Für Rekordversuche können kleinere Scheiben aufgelegt werden, damit sich wenigstens 0,5 kg mehr als der bestehende Rekord ergeben.

Regeln: Ein Versuch – von drei möglichen – ist gültig, wenn zwei der Kampfrichter mit der weißen Lampe zustimmen. Das rote Licht zeigt ungültig an. Eine Zeitspanne von zwei Minuten steht dem Heber vom Aufruf bis zur Ausführung zur Verfügung.

Umsetzen

Stoßen

Reißen

Nach Überschreiten von drei Minuten wird der Versuch ungültig. Die Uhr wird abgestoppt, wenn der Sportler die Hantel über die Knie bringt.
Fordern mehrere Heber beim 1. Versuch das gleiche Gewicht, entscheidet das Los über die Reihenfolge. Jeder erste Versuch muß einem zweiten oder dritten Versuch eines anderen Hebers vorausgehen. Ein Beispiel: Heber A beginnt mit 100 kg und schafft es. Heber B fängt mit 102,5 kg an und scheitert. B bringt 102,5 km im 2. Versuch. A scheitert im 2. Versuch an 107,5 kg. Beide wünschen 107,5 kg, und B muß vor A beginnen.
Technik: *Beidarmiges Reißen:* Die Hantel liegt horizontal vor den Beinen des Hebers. Sie wird mit den Handflächen nach unten gefaßt und in einer einzigen Bewegung vom Boden zur Hochstrecke mit ausgestreckten und senkrecht stehenden Armen gebracht, entweder mit einem Ausfallschritt oder Beugen beider Beine. Die Hantel ist in einem einzigen Bewegungsablauf am Kör-

per entlang nach oben zu führen. Während des Versuchs darf außer den Füßen kein anderer Körperteil den Boden berühren. Das gehobene Gewicht muß in der endgültigen Position bei gestreckten Beinen und gestreckten Armen bewegungslos fixiert werden bis zum Zeichen des Kampfrichters zum Abnehmen des Gewichts.

Beidarmiges Umsetzen und Stoßen: Die Hantel wird mit einem einzigen Bewegungsablauf vom Boden zu den Schultern gebracht, entweder mit dem Ausfallschritt oder mit der Hocketechnik. Die Hantel darf die Brust nicht vor der endgültigen Position berühren; sie soll auf den Schlüsselbeinen, der Brust oder den vollständig gebeugten Armen ruhen. Dann Beugen und Strecken der Arme, um die Hantel zur Hochstrecke mit völlig gestreckten Armen zu bringen, dann Einnahme der Grundstellung, warten bis zum Signal des Kampfrichters zum Abnehmen der Hantel.

Drei Fehlversuche im Reißen lassen den Heber ausscheiden. Allerdings ist ihm erlaubt, im Stoßen einen Rekord aufzustellen oder dort eine Medaille zu gewinnen.

Weltrekorde im Gewichtheben (Stand: Ende 1974)

Zweikampf: Reißen und Stoßen

Klasse	Name	Land	Gewicht
bis 52,0 kg	M. Nassiri	Iran	240,0 kg
bis 56,0 kg	A. Kirov	Bulg.	260,0 kg
bis 60,0 kg	G. Todorov	Bulg.	280,0 kg
bis 67,5 kg	M. Kirshinov	UdSSR	312,5 kg
bis 75,0 kg	N. Kolev	Bulg.	340,0 kg
bis 82,5 kg	V. Rishenkov	UdSSR	362,5 kg
bis 90,0 kg	D. Rigert	UdSSR	387,5 kg
bis 110,0 kg	P. Perwuschin	UdSSR	400,0 kg
über 110,0 kg	W. Alexejev	UdSSR	425,0 kg

Bestleistungen von Rudolf Mang (Bellenberg)

Reißen: 183,0 kg; Stoßen: 227,5 kg; Zweikampf: 400,0 kg

Bundesverband Deutscher Gewichtheber, 6073 Engelsbach, Karl-Nahrgang-Str. 21.
Mitglieder: 12000

Golf

Geschichte: Das Golfspiel stammt aus Europa, genau aus Schottland, und nicht, wie oft fälschlich angenommen wird, aus den USA oder Japan, wo es sich allerdings später als Spiel für Millionen ausbreitete. Der Legende nach soll ein schottischer Schäfer der Erfinder sein, der mit seinem Stock versuchte, Steine in die Löcher seiner Weide zu schlagen. Erstmals tauchte 1457 die Bezeichnung Golf in den Akten des schottischen Parlaments auf, und 1608 gründete König Jakob VI. den ersten Golfklub im englischen Blackheath. 150 Jahre danach kam es zur Gründung

des „Royal and Ancient Golf Club of St. Andrews“ an der Ostküste von Schottland.
Bis heute werden in diesem Club strittige Regelfragen entschieden, die für alle Länder bindend sind. 1888 flogen die ersten Golfbälle in Nordamerika, wo sich weite Rasenflächen geradezu anboten, und schnell drang die Kunde vom Treibballspiel im Grünen um die ganze Welt. 1895 erlebten Berlin und Bremen die Gründungen der ersten Golfgemeinschaften in Deutschland. Nach dem 2. Weltkrieg entdeckten besonders die Japaner ihre Liebe zu diesem Sport. Die Spielerzahlen der größten Golfländer deuten die Vorzüge des Spiels an: 12 Millionen in den USA, 3 Millionen in Japan, 1,5 Millionen in Großbritannien und über 1 Million in Australien.
Das Gerät: Der **Golfschläger** bestand in der Anfangszeit ganz aus Holz. Ab 1930 traten Stahlrohre anstelle der Holzschäfte aus Hickory, und heute tragen eigentlich nur noch die weittragenden Schläger den Kopf aus Holz. Ein routinierter Golfer zählt in seinem vollständigen Satz 14 Schläger, die sich in erster Linie durch den Neigungswinkel der Schlagflächen unterscheiden. Auch verschiedene Gewichtsstufen sowie Stocklängen spielen eine wichtige Rolle. Der köcherartige Schlägerkoffer wird entweder selbst getragen, auf einem kleinen Karren gezogen oder von einem „Caddie“ (Träger) mitgeführt.
Der Golfspezialist greift nach kurzer Uberprüfung der Situation nach dem richtigen Schläger. Er nimmt „Eisen“, wenn Annäherungsschläge mit verschiedenen Flugbahnen nötig scheinen, und Holz, wenn lange, weite Schläge erforderlich sind. Bei besonderen Hindernissen und ganz in der Nähe des Lochs im Grünen zieht er Spezialschläger aus dem Köcher.
Der weiße **Golfball** wiegt 46 g, besteht aus einer gemusterten Hartgummischale und hat eine lange Entwicklung hinter sich. Zunächst als Lederball mit Federn ausgestopft, dann mit massivem Guttapercha umwickelt und schließlich mit einem Kern, der aus einem Gummiband bestand. Heute fliegt der Ball über 300 m weit und kann eine Anfangsgeschwindigkeit von 200 km/h erreichen.
Kein **Golfplatz** sieht wie ein anderer aus. Große Plätze mit 50 Hektar und mehr wechseln mit kleinen, reizvoll in die Natur eingebetteten Anlagen ab. Die enge Verbindung von Natur und Sport macht den größten Anreiz für jene Golfspieler aus, die ihre Freizeit entsprechend nützen möchten. Wer 18 Spielbahnen „durchschlagen“ und somit durchwandert hat, der wurde zu einem Spaziergang gezwungen, der mehrere Kilometer lang ist.
Die kurzgehaltenen Rasenflächen der reizvollen Parklandschaft führen von Bahn zu Bahn und enden jeweils in einem sorgfältig gepflegten Grün mit einem Loch von 10,8 cm Durchmesser, das durch eine weithin sichtbare Flagge angezeigt wird. Meist beginnt

der Golfmarsch beim Klubhaus und endet auch dort.

Beim **Spiel** kommt es darauf an, den Golfball mit möglichst wenigen Schlägen von einem Loch zum anderen zu schlagen. Der Ball wird stets aus der Ruhelage mit viel Schwung in die Richtung zum nächsten „Grün" getrieben. Dabei ergeben sich häufig Schwierigkeiten, denn einmal erschwert Sand, dann Gestrüpp oder Heide den genau zu berechnenden Schlag. Bei weiten Entfernungen ist viel Kraft erforderlich, bei kürzeren viel Ballgefühl und Augenmaß.

Der Rhythmus der **Schlagtechnik** hängt von der Witterung, dem Wind und der Beschaffenheit des Bodens ab. Häufig fordert die Technik der besten Golfer den Beifall heraus und die Konkurrenz bleibt bemüht, die Eleganz des Schwunges nachzuahmen. Die Summe der Schläge entscheidet am Ende über Sieger und Plazierte, während es die „Vorgabespiele" ermöglichen, zwischen Spielern unterschiedlicher Qualität einen gewissen Ausgleich herzustellen.

Internationale Deutsche Meisterschaften: *Damen:* 1970 und 1971: Mariette Gütermann (Gutach); 1972: Jeannette Weghmann (Köln); 1973: M. Gütermann; 1974: Dr. Barbara Böhm (Mannheim); *Herren:* Jan-Gerhard Müller (Krefeld).

Nationale Meisterschaften: *Damen:* 1970: Monika Steegmann (Köln); 1971 und 1972: Marion Petersen (Köln); 1973 und 1974: M. Gütermann; *Herren:* 1970 und 1971: Peter Jochum (München); 1972: J. G. Müller; 1973: P. Jochum; 1974: Veit Pagel (Hamburg).

Deutscher Golf-Verband e. V., 6202 Wiesbaden-Biebrich, Rheinblickstraße 24; Telefon: (06121) 85965
Mitglieder: 27300, davon 12000 weiblich

Hallenhandball

Geschichte: Bei der Entwicklung des Mannschaftsspieles mit der Hand hatten deutsche Sportler entscheidenden Anteil, wenn auch der eigentliche Ursprung in Skandinavien liegt. Bereits vor der Jahrhundertwende entwickelte der Däne Holger Nielsen ein „Haandbold"-Spiel, das allerdings mit 22 Spielern auf einer Seite mehr Ähnlichkeit mit Rugby als mit dem heutigen Handball aufwies. Ab 1915 begannen deutsche Mädchen in Turnvereinen mit dem Spiel, und erst nach dem Ersten Weltkrieg, nach gründlicher Verbesserung der Regeln durch Professor Karl Schelenz, bekamen auch die Männer Spaß am Handballspiel. 1925 trugen Deutschland und Österreich ihr erstes Länderspiel aus, und gerade in diesen beiden Ländern wuchs die Popularität des Handballsports, der in erster Linie von den Turnern, den Polizei- und Militärsportvereinen betrieben wurde.
1928 bildete sich in Amsterdam die Internationale Amateur-Handball-Federation (IAHF), in der Deutschland weitgehend den Ton angab. Deutschland gewann zahlreiche Weltmeisterschaften sowie die erste olympische Goldmedaille 1936 im Feldhandball. Daneben entwickelte sich vornehmlich in den skandinavischen Ländern das Spiel in der Halle, das nach dem Zweiten Weltkrieg auch rasch in der Bundesrepublik Verbreitung fand, da alle vorgenommenen Reformversuche auf dem Rasen vom Fortfall der Abseitsregeln bis zur Einführung des dreigeteilten Spielfeldes und der Ausdehnung des Wurfkreises auf 13 m dem ausgesprochenen Lauf- und Wurfspiel im Freien keine neuen Impulse zu geben vermochte. In der Halle ging es jedenfalls schneller, interessanter und artistischer zu, und so war es kein Wunder, daß sich der kleinere Bruder ständig mehr nach vorne schob und heute im Handballsport fast nur noch vom Hallenhandball die Rede ist. Die Länder des Ostblocks, Skandinavien und die Bundesrepublik sorgten dabei für einen ungewöhnlichen Auftrieb, dessen Ende noch nicht abzusehen ist. 1972 bei den Olympischen Spielen in München feierte der Hallenhandball Premiere.

Regeln: Eine Feststellung vorweg: In den letzten Jahren erhoben sich Stimmen, die dem Hallenhandball „brutale Härte" oder „Rowdytum" vorwarfen. Natürlich kommt es bei diesem Spiel auf engstem Raum, bei dauernder Berührung mit dem Gegenspieler, zu Unsportlichkeiten, die allerdings durch die enorme Rasanz des Kampfspiels, das blitzartige Kontern, die Technik der Würfe und des verwirrenden Zusammenspiels weitgehend aufgehoben werden. Hallenhandball zählt zu den interessantesten Sportarten überhaupt.
Das **Spielfeld** besitzt eine Größe in den Maßen 38 bis 44 m mal 18 bis 22 m. Die Tore sind 3 m breit und 2 m hoch. Vor den

Toren befinden sich in einem Radius von 6 m die geschützten Torräume und im Abstand von 9 m der Freiwurfkreis. Dazwischen befindet sich die Marke für den 7-m-Strafwurf.
Der Torraum darf von gegnerischen Spielern auch beim Wurf nicht betreten werden. Jeder Ball im Torraum gehört dem Torwart. Von der Mittellinie aus erfolgt der Anstoß, beim Anspiel oder nach erhaltenen Treffern. Von der 7-m-Marke aus erfolgt die Bestrafung schwerer Vergehen. Dabei steht der Ausführende allein dem Torwart gegenüber. Die Freiwürfe sind von der gestrichelten 9-m-Linie auszuführen.

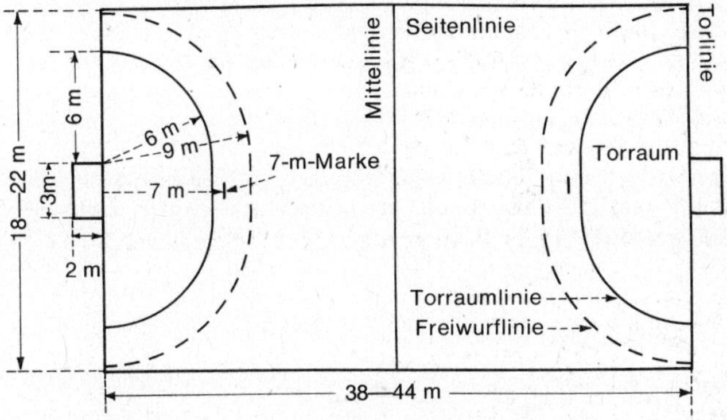

Die **Spielzeit** beträgt zweimal 30 Minuten mit 10 Minuten Pause bei den Männern, bei den Frauen zweimal 20 Minuten. Bei Turnieren wird oft zweimal 15 Minuten gespielt.
Jede **Mannschaft** besteht aus sieben Spielern, dem Torwart, drei Abwehrspielern und drei Stürmern. Auf der Reservebank dürfen sich weitere 5 Spieler aufhalten, die jederzeit ohne Voranmeldung beim Schiedsrichter austauschbar sind.
Der **Ball** weist einen Umfang von 58 bis 60 cm auf, 425 bis 475 Gramm schwer, und darf in jede beliebige Richtung geworfen, geschlagen, gefaustet oder gestoßen werden.
Der Spieler darf allerdings mit dem Leder nicht mehr als drei Schritte laufen, ohne den Ball auf der Erde aufzutippen. Außerdem darf der Ball nicht länger als drei Sekunden gehalten werden.
Verboten ist es, mit Armen, Händen und Beinen zu sperren, festzuhalten, das Leder mit Gewalt zu entreißen oder wegzuschlagen.
Bei kleineren Verstößen wird vom Schiedsrichter ein **Freiwurf** verhängt, gröbere Fouls werden mit einem **Strafwurf** (7 m) geahndet. Lenkt der Torwart der abwehrenden Mannschaft den Ball über die Torauslinie, gibt es keinen Eckball für den Angreifer, sondern Abwurf durch den Torhüter. Nur wenn ein Feldspieler ins

eigene Toraus lenkt, erfolgt ein Eckball. Nach dem Überschreiten der Seitenauslinie wird der Ball von einem Spieler der Mannschaft, die das Leder zuletzt nicht berührt hat, eingeworfen. Dabei muß der Ball mit einer Hand über den Kopf geführt werden. Absichtliches Berühren des Balles mit Fuß oder Unterschenkel bestraft der Unparteiische mit einem Freiwurf für den Gegner. Wird der Spieler allerdings von einem Gegner angeworfen, so geht das Spiel weiter. *Wirft sich ein Spieler in den Torkreis, so gilt ein Tor als erzielt, wenn der Torwurf erfolgte, bevor der Spieler den Boden berührte.* Betritt ein Spieler der verteidigenden Mannschaft zur Abwehr den eigenen Wurfkreis, erhält der Gegner einen 7-m-Wurf zugesprochen.
Begehen beide Mannschaften gleichzeitig einen Fehler, erfolgt ein Schiedsrichterball, bei dem alle Spieler mindestens 6 m entfernt sein müssen. Bei grober Unsportlichkeit können die beiden Schiedsrichter den Sünder für zwei, fünf, zehn Minuten oder die gesamte Spielzeit vom Platz stellen. Das Dribbeln, Prellen des Balles mit einer Hand ist erlaubt, ebenso Sprungwürfe, Fallwürfe und Rückhandwürfe. Sie erfordern allerdings ein hartes Spezialtraining.

Fallwurf

Sprungwurf

Die Abwehr kennt zwei Aufstellungen, die „Sechs-zu-null"-(alle am eigenen Kreis) oder die „Fünf-zu-eins"-Deckung, auch Schirmdeckung genannt, bei der sich ein Spieler vor der Dekkungsreihe aufstellt, der den ballführenden Spieler der Gegenpartei stören und bei raschen Gegenstößen als erster zum gegnerischen Tor laufen soll. Besonders auf die sich ständig bewegenden **Kreisläufer,** die sich häufig „blind" verstehen, muß geachtet werden. Bei „Bombern" mit kaum im Ansatz erkennbaren Schüssen muß man mit allem rechnen. Das Spiel wird von **zwei Schiedsrichtern,** zwei Torrichtern, einem Schreiber sowie einem Zeitnehmer geleitet.

Olympiasieger in der Halle 1972: Gold: Jugoslawien; Silber: CSSR; Bronze: Rumänien; 6. Platz: Bundesrepublik.

Europacupsieger (Vereine): 1960: Frischauf Göppingen; 1962: Frischauf Göppingen; 1967: VfL Gummersbach; 1970: VfL Gummersbach; 1971: VfL Gummersbach; 1974: VfL Gummersbach.

Deutscher Handball-Bund, Geschäftsstelle: 46 Dortmund, Westfalendamm 77; Telefon: (0231) 433673
Mitglieder: 450000, davon 45000 im Feldhandball

Hockey

Geschichte: Die Ursprünge des Treibballspiels liegen sehr weit zurück, können bis vor den Beginn unseres Zeitalters verfolgt werden. Im alten China, in Persien und Griechenland – ein Relief der Athener Stadtmauer aus dem 5. Jahrhundert v. Chr. stellt eine Gruppe von Jünglingen beim Spiel mit Stock und Ball dar – finden sich vielfältige Nachweise dieses Mannschaftssports, der auch bei den Ureinwohnern Nord- und Südamerikas beliebt war. Das moderne Hockey – der Name stammt entweder vom französischen „shoquet" (Hirtenkrummstab) oder vom englischen „hockie" (Haken) – begann mit dem über 1½ Jahrtausend alten irischen Nationalspiel Hurling. Aus dem einst wilden Stockspiel mit 30 Akteuren in einer Mannschaft entwickelten die Engländer in Anlehnung an Fußball und Rugby für Hockey bestimmte Regeln, die zum großen Teil noch heute Gültigkeit besitzen.

In der Mitte des 19. Jahrhunderts entstand das erste Regelwerk, das 1883 noch einmal verbessert wurde. Um diese Zeit brachten englische Soldaten ihre Hockeyschläger mit nach Deutschland, englische Soldaten spielten im Fernen Osten, und besonders in Indien verbreitete sich das Spiel mit Windeseile. 1909 erlebte Hamburg die Gründung des Deutschen Hockey-Bundes, der später seine Hochburgen besonders in den Universitätsstädten sah.

Schon bald nach dem Ersten Weltkrieg übernahmen die Inder

die Vorherrschaft vor den bis dahin führenden Engländern und gewannen von 1928 bis 1956 die Goldmedaillen, bis 1960 und 1968 ihre Nachbarn aus Pakistan diesen Siegeszug unterbrachen. Wo immer damals die Inder mit ihrem berühmten Mittelstürmer Dhyan Chand und seinem Bruder antraten, gab es zweistellige Ergebnisse. Die Besten von über zwei Millionen Hockeyspielern in Indien begeisterten mit ihrem Spielwitz, ihrer verblüffenden Stocksicherheit und der Schönheit ihrer nahtlosen Kombinationen. Die Inder demonstrierten vollendete Ballführung, liefen, den Ball vor sich hertreibend, schneller als die Gegner ohne die kleine Kugel. In Australien, in Holland und in der Bundesrepublik übernahm man den technischen Stil der Asiaten, mischte dann körperlichen Einsatz im Sinne von taktischem „teamwork" hinzu, und bald hatten die Schüler den Lehrmeister erreicht und überrundet.

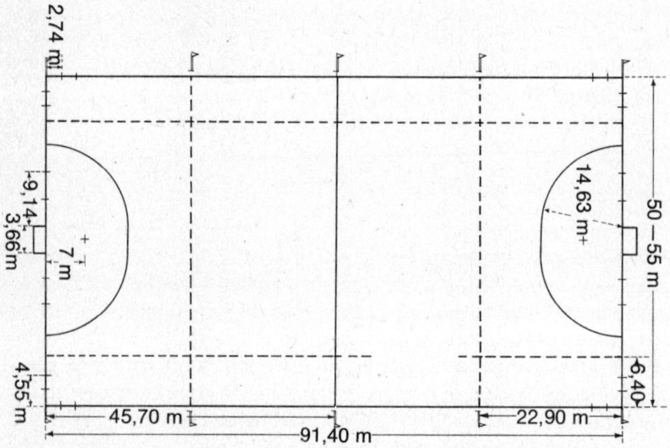

Das Spielfeld: Die Wettkampfanlage hat die Maße von 91,40 m Länge und 50 bis 55 m Breite. Parallel zur Torlinie wird das Feld durch die Mittellinie und zwei Viertellinien (jeweils 22,90 m von der Torlinie entfernt) in vier Feldabschnitte eingeteilt. Die Tore sind 3,66 m breit und 2,14 m hoch. Um jedes Tor, in einem Abstand von 14,63 m, ist der Schußkreis angebracht, der in seiner Mitte eine Gerade von 3,66 m Länge (entspricht der Torbreite!) aufweist. An den Längsseiten verläuft die Einrollinie, gestrichelt gezeichnet, 6,40 m von den Seitenlinien entfernt. Neben den Toren, mit dem Abstand von 9,14 m vom nächsten Torpfosten, sind die Markierungen für die Strafecken angegeben.

Spielausrüstung: Der Hockeystock besteht aus Holz, hat eine Länge von ca. 85 cm und darf zwischen 340 g und 794 g wiegen. Am unteren Ende des Schlägers krümmt sich der Stock, befindet sich der gebogene Teil, den die Spieler Kopf, Kufe oder Keule

Führen des Balles

Schlagen des Balles

Schlenzen des Balles

nennen. Der Ball wird nur mit der flachen linken Seite des Schlägerkopfes geschlagen, die keine Kanten und Metalleinlagen aufzuweisen hat. Der **Ball** mit einem Umfang von 22,4 bis 23,5 cm und einem Gewicht zwischen 156 und 163 g besteht aus einem festen Korkkern sowie einer weißen Lederumhüllung.

Der **Torwart** trägt zum Schutz gegen scharf geschossene Bälle eine spezielle Kleidung mit gepolsterten Lederbeinschützern, wattierter Hose, Handschuhen und Gesichtsmaske, während die übrigen Mitglieder einer Mannschaft mit normaler Spielkleidung für ein Ballspiel auskommen.

Regeln: Wie beim Fußball oder Feldhandball besteht die **Hockeyelf** aus einem Torwart und 10 Feldspielern. Die **Spielzeit** beträgt zweimal 35 Minuten mit 5 Minuten Halbzeitpause. Der Ball soll nur mit dem Stock, und zwar mit der flachen Seite geschlagen, geschlenzt oder geschoben werden. Bei Spielbeginn – natürlich auch nach jedem Tor – fängt das Spiel mit einem **Bully** (Abschlag) an. Dabei stehen sich am Mittelpunkt zwei Spieler seitlich gegenüber (rechte Seite zum eigenen Tor), und jeder berührt dreimal mit seinem Stock abwechselnd Boden und Schläger. Wer zuerst kommt, „mahlt“ zuerst, das heißt spielt den Ball.

Im Spiel darf der Ball mit der Hand in der Luft angenommen, gestoppt werden, muß dann aber sofort mit dem Stock weiter ins Spiel kommen. **Verboten** ist das Heben des Stockes über Schulterhöhe, Rempeln, Festhalten, Beinstellen, Sperren des Gegners.

Alle Regelverstöße im Feld sind mit einem **Freischlag** zu ahnden. Begeht ein Spieler im eigenen Schußkreis ein Foul, erfolgt ein **Strafschlag** vom 7-m-Punkt aus, bei dem der Schütze allein dem Torhüter gegenübersteht.
Lenkt ein Spieler den Ball ohne Absicht über die eigene Torauslinie, verhängt der Schiedsrichter einen **Eckschlag** („lange Ecke"), geschieht dies absichtlich, zeigt der Unparteiische zur **Strafecke** – 9,14 m vom Tor – („kurze Ecke"). Im letzteren Fall müssen alle verteidigenden Spieler hinter der eigenen Torlinie Aufstellung nehmen, die angreifenden außerhalb des Schußkreises. Durch Direktschlag kann hierbei kein Tor anerkannt werden, sondern der Ball muß erst von einem Spieler mit der Hand gestoppt und darf erst danach in Torrichtung geschlagen werden.
Dem **Tormann** ist es erlaubt, den Ball mit dem ganzen Körper und mit dem Stock abzuwehren. Ein Treffer findet nur dann Anerkennung, wenn mindestens ein Spieler der angreifenden Mannschaft den Ball mit seinem Stock innerhalb des gegenerischen Schußkreises berührt hat. *Schüsse, die von außerhalb des Kreises ins Tornetz gehen, zählen nicht.*
Geht der Ball über die Seitenauslinie, rollt ihn ein Spieler der Mannschaft, die den Ball nicht zuletzt berührt hat, ins Spielfeld zurück. Dabei müssen sich alle übrigen Spieler hinter der Einrolllinie befinden.
Das Spiel wird von **zwei Schiedsrichtern** (einer in jeder Hälfte) geleitet, die von zwei Torrichtern und einem Zeitnehmer unterstützt werden.
Hallenhockey – im Winterhalbjahr – und **Rollhockey** auf Rollschuhen haben sich aus dem Landhockey entwickelt. Auf kleineren Spielfeldern, mit kürzeren Spielzeiten und geringeren Mannschaftsstärken wird im wesentlichen nach Feldhockeyregeln gespielt.
Deutsche Olympiamedaillen: 1928 – Bronze; 1936 – Silber; 1956 – Bronze; 1972 – Gold.
Deutscher Hockey-Bund e. V., Geschäftsstelle: 5 Köln 41, Eschweiler Straße 24; Telefon: (0221) 491151
Mitglieder: 32800, davon 9000 Frauen

Judo

Geschichte: Die Wiege des Judosports (ju = sanft, do = Weg) stand in Indien. Von dort übernahmen zunächst die Chinesen, dann die Japaner im 17. Jahrhundert die Kunst der nachgebenden Verteidigung. Vor allem die japanischen Samurai-Ritter pflegten diese Kampfmethode, die man als eine Weiterentwicklung des Jiu-Jitsu bezeichnen kann. 1882 gründete Jigoro Kano in Tokio die berühmte Judoschule Kadokan, die zum Mittelpunkt dieser

Sportart wurde, zusammen mit dem deutschen Medizinprofessor Dr. Baelz, der vom Judo begeistert war.
Nach Europa kam dieser Sport durch Matrosen aus Japan, die 1906 in Kiel anlegten. Später sorgten Lehrer aus dem Fernen Osten für die weitere Ausbreitung. Der bedeutendste Schüler wurde Erich Rahn, der 1922 tatkräftig half, die ersten Judoklubs zu gründen und Judo als Sportart durchzusetzen. 1926 gab es bereits die ersten nationalen Meisterschaften. Nach dem Krieg war Judo zunächst in Deutschland verboten, dann gelang ab 1952 der Neuaufbau, der vier Jahre später zur Gründung des Deutschen Judo-Bundes führte. 1964 in Tokio stellten die Japaner erstmals Judo als olympische Disziplin vor.
Die **Kampffläche** bildet die 6 × 6 bis 10 × 10 m große Judomatte (Tatami) mit einer 2,50 m breiten Umrandung. Die **Kampfzeit** wird vorher vereinbart und darf nicht weniger als 3 und nicht mehr als 20 Minuten betragen. Bei internationalen Turnieren beträgt die Dauer zwischen 5 und 10 Minuten.
Die Kämpfer werden in sechs **Gewichtsklassen** eingeteilt: Leichtgewicht bis 63 kg; Welter bis 70 kg; Mittel bis 80 kg; Halbschwer bis 93 kg und Schwergewicht über 93 kg sowie eine „Allkategorie" ohne Gewichtsbeschränkung nach unten und oben.
Die Judoka tragen einen weißen **Anzug** aus festem Leinen (judogi) ohne Schnallen und Knöpfe, der durch einen Gürtel gehalten wird. Diese Gürtel sind in verschiedenen Farben gehalten und drücken den Schüler-(Kyu-) oder Meister-(Dan-)Grad aus. Der niedrigste „Kyu" ist der 6. Grad, der nach oben bis zum 1. Grad folgende Farben aufweist: weiß, gelb, orange, grün, blau und braun. Den hohen Leistungsstand der Meister zeigen die 10 Dangrade: 1 bis 5: schwarzer Gürtel, 6 bis 8: rot-weiß und 9 bis 10: rot. Die Judoka kämpfen barfuß.
Regeln: Für die regelgerechte Anwendung einer Technik (einer von etwa 60 Würfen oder einer von rund 70 Halte-, Arm- oder Würgegriffen) gibt es einen Punkt (Ippon), der zum vorzeitigen Sieg genügt. Einen halben Punkt (Waza Ari) erhält der Kämpfer für einen nicht formgerechten Wurf oder einen vor der Zeit (30 Sek.) beendeten Haltegriff. Auch zwei halbe Punkte genügen zum Erfolg.
Die Wurfgriffe (Naga-waza) sollen den Gegner aus dem Gleichgewicht bringen und ihn auf die Matte zwingen. Die Würfe sind unterteilt in Stand-, Sprung-, Knie- und Fußwürfe. Jede Gruppe wiederum besitzt ihre eigenen Variationen, so daß die verschiedenartigsten Würfe im Training erlernt werden. Bei den Sprungwürfen zum Beispiel springt der Judoka aus dem Stand seinen Gegner an und versucht ihn zu Fall zu bringen.
Die erfolgreichsten Würfe erfolgen natürlich aus der Bewegung mit schnellem Erfassen der gegnerischen Jacke, wobei der geschickte Gegenschwung zum Sieg führen kann.

Grundstellung

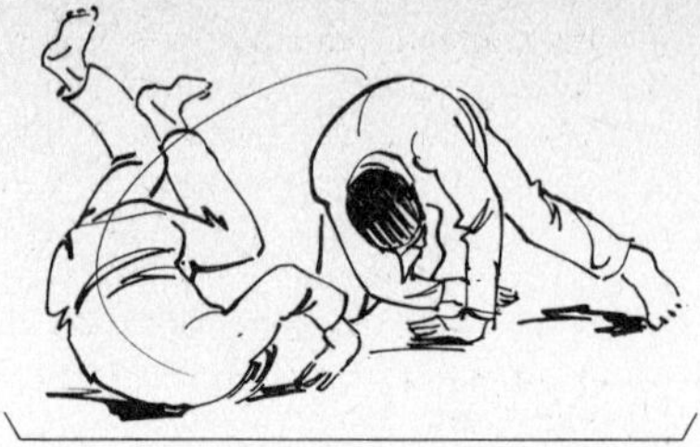

Judo-Rolle vorwärts

Hebezugfußhalte

Hüftschwung

Große
Außensichel

Würgegriff

Kopfwurf

Jiu-Jitsu gilt als Kampfsport und wird für den Ernstfall einer Bedrohung geübt. Mit täuschenden Bewegungen weicht man dem körperlich überlegenen Angreifer aus und setzt seinen Wurf- oder Würgegriff an. Diese nachgebende Verteidigungslehre, die wie Judo viele Möglichkeiten kennt, wird besonders beim Militär und in den Polizeischulen in aller Welt gelehrt. Die Harmonie der Bewegung, geschicktes Fallen und Werfen, gehört zum umfangreichen Programm.
Karate: Dieses Wort bedeutet „unbewaffnete Hand", die im Nahkampf angewandt und gebraucht wird. Karate gehört wie Judo, Kyudo (Bogenschießen) und Kendo (Schwertfechten) zu den japanischen „Budo"-Kampfarten, deren Ursprünge in ethischen und religiösen Bereichen zu finden sind. Dazu gehört auch eine gewisse Meditation, das heißt Konzentration im geistigen Üben.
Stellungen und Bewegungen im Karate beginnen stets von der Mitte des Körpers, der Hüfte, und erfolgen mit höchster Kraftentfaltung und schnellster Reaktion. Beim Wettkampf ist es verboten, lebenswichtige Punkte (Kehlkopf, Augen usw.) zu treffen, denn Handkantenschläge könnten tödlich wirken. In kurzer Kampfzeit, 2 bis 3 Minuten, müssen alle Angriffe kontrolliert sein und sind unmittelbar vor dem Ziel abzustoppen. Die beste Kampftechnik besteht im Ausweichen, im Antäuschen eines Angriffs sowie im plötzlichen, überraschenden Gegenangriff, bei dem auch die Beine und Füße eingesetzt werden.
Deutsche Europameister: 1960: Heiner Metzler; 1962: Niemann; 1963: Klaus Glahn und Nitz; 1964: Niemann, 1965: Wolfgang Hofmann, Niemann und Alfred Meier; 1967: Peter Herrmann; 1968: Wolfgang Hofmann, P. Herrmann und Klaus Glahn.
Europamannschaftsmeister: 1967 und 1969. Weltmeisterschaften 1971: Schwergewicht: Klaus Glahn (2.) und offene Kategorie 3. Platz. Olympische Spiele 1968 – Silber: Glahn; Bronze: Paul Barth.
Deutscher Judo-Bund e. V., 6 Frankfurt/M., Kaiserstraße 5a; Telefon: (0611) 282974
Mitglieder: einschließlich aller „Budo"-Sektionen 131000, davon 26000 weiblich

Kanusport

Geschichte: Die Vorläufer der heutigen Kajaks und Canadier finden wir in der Geschichte der Eskimos und der Indianer. In Grönland bauten sich die Bewohner für die Jagd und den Transport auf dem Wasser Bootsgerüste aus Tierknochen und deckten sie – bis auf eine offene Sitzlücke – vollkommen mit Tierfellen zu. Dieses **Eskimo-Ka-i-ak** war etwa 5 m lang und 80 cm breit, sehr

wendig, allerdings kenterte es wegen seiner geringen Breite recht leicht. Bald entwickelten die Fahrer eine besondere Technik, sie drehten sich einfach um die Längsachse des Bootes und brauchten bei dieser „Eskimo-Rolle" nicht auszusteigen.
Die Indianer Nord- und Südamerikas entwickelten mit dem **Kanu (Canoe)** ein anderes Gebrauchsfahrzeug. Ein völlig offenes Boot, 5 m lang, 70 cm breit, das Bootsgerippe aus Ästen, die Außenhaut aus Rinde. Die Steven (Begrenzungsstücke auf dem Kiel) vorne und hinten waren stark überhöht. Die Indianer lenkten das leichte Gefährt sicher durch gefährliche Stromschnellen und reißende Strudel. Sie fuhren kniend und bedienten ein Stechpaddel.
Bereits im Mittelalter berichteten heimkehrende Seefahrer von den Ka-i-aks und Canoes. *1864 baute sich der Schotte John McGregor ein Holzkajak.* Länge: 4 m; Breite: 75 cm; Gewicht: 30 kg. Damit unternahm der abenteuerlustige Brite Wanderfahrten nach Skandinavien, Deutschland und in einige Länder am Mittelmeer. 1866 gründete McGregor in England den ersten Kanuklub der Welt, der schnell Nachahmer fand. Von England aus breitete sich die neue Wasserportart auf Europa aus. Auch die Amerikaner entdeckten das sportliche Wildwasserfahren und schickten bereits um 1890 aus kanadischen Bootswerften die ersten Canoes nach Europa. 1905 schloß sich in Hamburg der „Alster-Canoe-Club" zusammen. *Die Engländer und Deutschen bauten bis dahin noch reine Holzboote, und erst die Schweden verbesserten den Bau mit einem Spantenboot, das mit Leinen bedeckt wurde.* Durch die Einführung des Faltbootes nahm der Kanusport einen stürmischen Aufschwung. Die deutschen Kanuvereine gründeten 1913 in der Hochburg Hamburg den Deutschen Kanu-Verband. Durch den Ersten Weltkrieg konnten die ersten Deutschen Meisterschaften erst 1919 ausgetragen werden. Seit 1936 steht der Kanusport im olympischen Programm, 1948 kamen die Frauen hinzu und 1972 die Wettbewerbe im Kanuslalom.
Bootstypen: Bei Olympischen Spielen und internationalen Konkurrenzen unterscheiden wir zwei Bootsarten: das **Kajak** und den **Canadier.** Beide wiederum teilt man in verschiedene Klassen ein. Das Kajak (Holz- oder Kunststoff) wird mit einem Fußsteuer gelenkt – Flossensteuerung mit Seilzug – und mit einem Doppelpaddel angetrieben. Der Canadier darf nur mit einem Stechpaddel bewegt werden, und zwar stets auf einer Bootsseite.
Kanurennen: Im Unterschied zum Kanuslalom, der in fließenden Gewässern gefahren wird, trägt man Kanurennen über festgelegte Distanzen auf stehenden Gewässern aus. Die Bootsklassen und ihre Abkürzungen (in Klammern):
Frauen über je 500 m: Kajak-Einer (K 1), Kajak-Zweier (K 2).
Männer über je 1000 m: Kajak-Einer (K 1), Kajak-Zweier (K 2),

Kajak-Vierer (K 4), Canadier-Einer (C 1), Canadier-Zweier (C 2).

Die Männerstrecke über 10000 m kommt bei Olympischen Spielen nicht mehr zur Austragung. Die 4 × 500-m-Staffel Männer-K 1 wurde nur 1960 in Rom gefahren.

Die Kajaks unterliegen bestimmten Maß- und Mindestgewichtsvorschriften:

Klasse	Länge/m	Breite/cm	Gewicht/kg
K 1	5,20	51	12
K 2	6,50	55	18
K 4	11,00	60	30

Der Kajakfahrer sitzt in Fahrtrichtung im Boot. Zum Antrieb verwendet er ein Doppelpaddel, dessen Blätter um 90 Grad verdreht sind und abwechselnd links und rechts durchs Wasser geführt werden.

Einer-Kajak

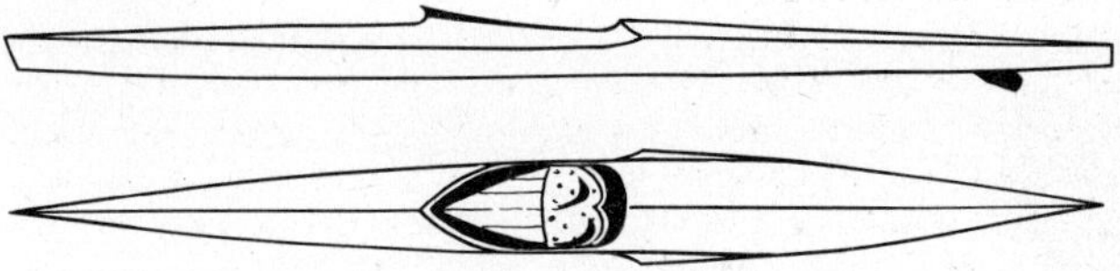

Canadier

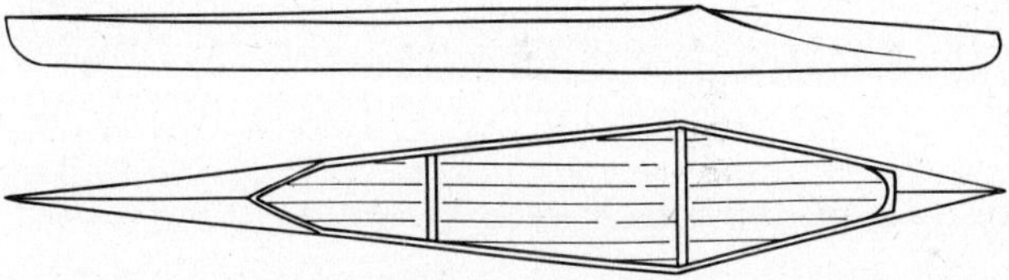

Bei den Zweier- und Vierer-Kajaks muß der Rhythmus der Paddelführung genau übereinstimmen. Um einen technisch optimalen Bewegungsablauf zu erreichen, müssen Körper-, Arm- und Wasserarbeit harmonisch zusammenfließen. Der Rennfahrer steigert seine Kondition systematisch durch Intervalltraining. Zur Erhöhung der Schlagzahl trainiert er viele kürzere Strecken von 50 bis 100 m. Bei sauberem Fahren gibt die Zahl der Paddelschläge in 1 Minute Aufschluß über die Leistung des Fahrers. Die Schlagzahl kann von 60 bis 100 reichen.

Die **Canadier-Boote** kennen folgende Arten und Abmessungen: Canadier-Einer (C 1), Canadier-Zweier (C 2) und Renngemeinschafts-Canadier (RMC).

Klasse	Länge/m	Breite/cm	Gewicht/kg
C 1	5,20	75	16
C 2	6,50	75	20
RMC	11,00	95	beliebig

Der RMC nimmt neun Paddler und einen Steuermann auf und zählt nicht zu den olympischen Disziplinen.
Die für Kajaks und Canadier gleich lange Strecke der Männer über 1000 m muß – wie beim Rudern – in Bahnen von mindestens 15 m Breite abgesteckt sein. Der Start erfolgt durch einen Schuß, beim Zieleinlauf ertönt ein Glockenzeichen. Die Zeit wird elektrisch genommen.
Der Canadierfahrer arbeitet mit dem Stechpaddel, ist also Backbord- oder Steuerbordfahrer. Kniet er zum Beispiel mit dem rechten Bein auf dem „Canadierkissen“, setzt er den linken Fuß unbelastet nach vorn. Die linke Hand faßt das Paddel am Knauf, die rechte darunter am Schaft. Das Paddel sticht dann rechts vom Boot ins Wasser.

Kajak

Canadier

Das Paddel soll nicht durchgerissen, eher „weich“ eingesetzt werden, damit die Bootslage nicht gestört wird. Das Paddel dient auch zur Steuerung, die durch entsprechende Drehung des Blattes („Drehschlag“) im Wasser erfolgt. Beim Zweier-Canadier arbeitet einer der Sportler rechts, der andere links. Das Einstechen sowie der Durchzug im Wasser müssen völlig übereinstimmen.
Kanuslalom: Die Wildwasserfahrer hatten sich durchgesetzt. Zum erstenmal erlebten Tausende während der Olympischen

Spiele 1972 am neuen Eiskanal von Augsburg den Kanuslalom, den Tanz der Boote im wildschäumenden Wasser. *Beim Kanuslalom kommt es nicht nur auf die schnellste Zeit, sondern auch auf fehlerfreies Passieren der natürlichen oder künstlichen Hindernisse an.* Die Strecke soll 800 m lang sein und eine starke Strömung (2 m/Sek.) aufweisen. Das Wasser muß mindestens 40 cm tief sein.

Viele Tücken erschweren dem Slalomspezialisten den Weg bis ins Ziel. *Kanuslalom wird in drei Bootsklassen gefahren: K 1, C 1, C 2. Frauen fahren nur den Kajak-Einer* und bei bestimmten Veranstaltungen im „gemischten“ Canadier-Zweier. K 1 und C 1 sind mindestens 4 m lang und 60 cm breit. Der C 2 hat eine Länge von 4,58 m und eine Breite von 80 cm.

Neben den Einzelwettbewerben gibt es Mannschaftswettbewerbe, bei denen ein Team – zum Beispiel von 3 Booten – ein Mannschaftstor innerhalb von 15 Sekunden durchfahren haben muß.

Beim Kanuslalom stehen jedem Starter 2 Läufe zu, der punktmäßig beste ist zu werten. Man kennt 3 Arten von künstlichen Hindernissen, die nach Vorschrift zu durchfahren oder zu umfahren sind.

1. Schlingen, das sind an Leinen aufgehängte rote, grüne oder weiße Stäbe, die einmal ganz nach rechts oder links umfahren werden müssen.

2. Tore, deren Stangen grün/weiß oder rot/weiß markiert sind. 15 bis 20 dieser 2 m hohen und bis 3,50 m breiten Tore enthält der Kurs, der mindestens 2 „Rückwärtstore“ enthalten muß, die nach rückwärts zu durchfahren sind.

3. Barrieren, die aus mehreren gelben Stäben bestehen, dürfen nicht durchfahren, sondern nur seitwärts passiert werden.

Wertung: *Beim Berühren der Stäbe, bei falschem Durchfahren oder Auslassen eines Tores gibt es Strafpunkte – von 20 bis 100 – pro Fehler, die der Gesamtzeit als Strafsekunden zugerechnet werden.*

Bei Kentern erfolgt Disqualifikation, eine Eskimorolle dagegen ist erlaubt. Nur wer aus dem Boot geht oder wer fremde Hilfe nach dem Kentern benutzt, wird aus dem Rennen genommen.

Das Slalomfahren stellt höchste Anforderungen an die Geschicklichkeit und Bootsbeherrschung des Paddlers. Mit Paddelstützen bei Schräglage des Bootes, mit Kajakschwüngen in bestimmten Situationen kommt der routinierte Fahrer gut zurecht, der stets die Übersicht behalten muß, auch wenn das Wasser noch so sehr drückt und schiebt.

Deutsche Olympiamedaillen: Kanu, Männer: *1000 m – Kajak-Einer:* Silber – 1936: Cämmerer, 1972: Gimpel (DDR); Gold – 1972: Horn (DDR); (über 10000 m) Gold – 1936: Krebs. *1000 m – Kajak-Zweier:* Gold – 1956: Scheuer/Miltenberger; Silber – 1936 (über 10000 m): Wevers/Landen; Bronze – 1964: Zander/

Bücher (1000 m). *1000 m – Kajak-Vierer:* Silber – 1964: Zander, Perleberg, Wentzke, Schulze. *1000 m – Canadier-Einer:* Gold – 1964: Eschert (DDR); Silber – 1968: Lewe; Bronze – 1936: Koschik; 1972 – Lewe. *1000 m – Canadier-Zweier:* Gold – 1972: Hofmann/Amend (DDR); Silber – 1972: Schuhmacher/Baues; Bronze – 1952: Drews/Soltau (auch über 10000 m). **Frauen:** *500 m – Kajak-Einer:* Silber – 1956 und 1960: Zens; 1968: Breuer. *500 m – Kajak-Zweier:* Gold – 1964 und 1968: Esser/Zimmermann; Silber – 1960: Zenz/Hartmann; 1972: Kaschube/Grabowsky.

Deutscher Kanu-Verband e. V., Geschäftsstelle: 41 Duisburg, Berta-Allee 8; Telefon: (0 21 31) 77 39 66
Mitglieder: 47000, davon 23000 Frauen

Kegeln und Bowling

Geschichte: Unabhängig voneinander haben sich die verschiedensten Kegelspiele entwickelt, so zum Beispiel in den Klöstern des Mittelalters oder auf Jahrmärkten. 1895 wurde der Deutsche Keglerbund gegründet, und von dieser Zeit an kam System und Ordnung in die vielfältigen Auffassungen über das Spiel, das in vielen Gemeinden mit Wettkämpfen begonnen hatte. Recht schnell wuchs der Kegelsport in Deutschland zu einem Volkssport im besten Sinne, zu einem Sport, den auch die Frauen fleißig ausüben. Heute regeln klare Bestimmungen eine einheitliche Durchführung, die sich aus alter Überlieferung landschaftlich bedingte Eigenarten bewahrt hat. So kennt Norddeutschland als Sportstätten vornehmlich die „Bohlenbahn", der Süden schätzt den „Asphalt", während im Westen die „Scherenbahn" bevorzugt wird. Daneben entwickelten sich in allen Regionen die „Bowlingbahnen".

Je besser die Bahn, um so besser der Sport. Dieser Grundsatz wurde seit den ersten Deutschen Meisterschaften 1922 eingehalten. Die ersten Weltmeisterschaften fanden 1936 statt.

Anlagen: *1. Die Asphaltbahn:* Die Aufsatzbohlen der Asphalt-, Bohlen- und Scherenbahnen erhalten einen Belag von 4 mm starkem braunen Linoleum. Die Asphaltbahn, 1,50 m breit, hat eine in der Waage liegende Länge von 19,50 m. Am Ende stehen in einem auf die Spitze gestellten Quadrat die neun Kegel. Auf der Aufsatzbohle (0,35 m breit, 5,50 m lang) wird die Kugel aufgesetzt. Der Kegelstand ist aus Holz mit Linoleumbelag, in den die Standplatten der Kegel eingelassen sind. Die Schlagwände gehen mindestens 1,10 m hoch und 1,70 m in die Tiefe.

2. Bohlenbahn: Der Aufsatz entspricht der Asphaltanlage. Die Laufbohle besitzt mit einer Steigung von 10 cm eine Länge von 23,50 m und ist nach genormten Maßen „gekehlt". Der Kegel-

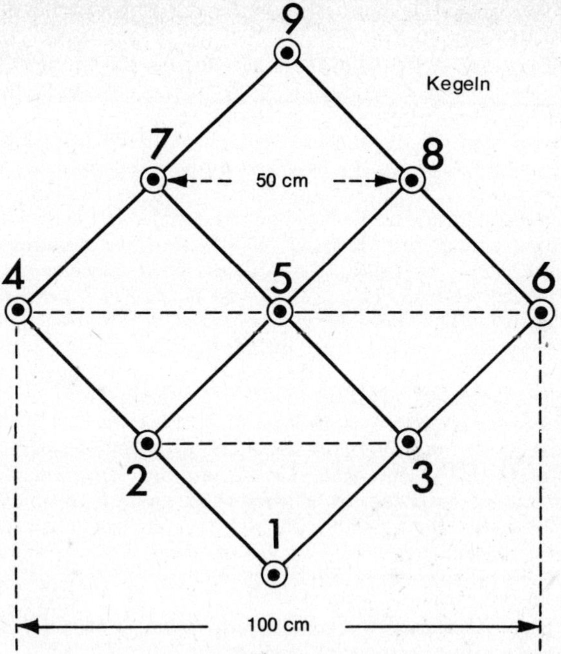
Kegeln
9
7
8
50 cm
4
5
6
2
3
1
100 cm

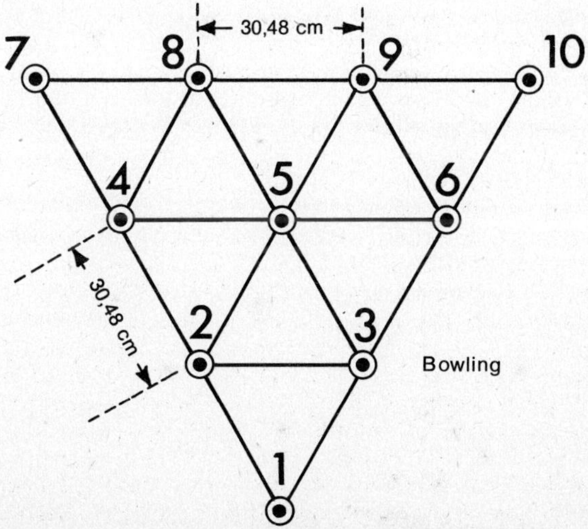
30,48 cm
7
8
9
10
4
5
6
30,48 cm
2
3
Bowling
1

stand liegt in Waage. Am Ende der Aufsatzbohle sind seitlich 5 cm breite weiße Striche.
3. Scherenbahn: Die 9,50 m lange gekehlte Lauffläche endet in einer ebenfalls gekehlten Schere. Gesamtlänge von Bohle und Schere 18 m mit einer Steigung um 10 cm.
4. Bowlingbahn: Die Anlauffläche besteht aus Hartholz und hat mit der 1,05 breiten Lauffläche (Parkett) für die Kugel eine Gesamtlänge von 22,85 m in Waage. In der Bundesrepublik finden wir heute große Bowling-Anlagen mit 40 Bahnen nebeneinander.
Die **Kegel** können aus Hartholz (Weißbuche) oder aus Kunststoff hergestellt sein. Acht Kegel der Asphalt-, Bohlen- und Scherenbahn sind 43 cm hoch und von Kegel Nr. 1 bis 3 bis 1750 g, von 6 bis 9 bis 1780 g schwer. Der neunte, der in der Mitte stehende „König", trägt die Nr. 5, überragt mit seiner Krone die anderen Kegel um 3 cm und wiegt etwa 50 g mehr. Die drei Vorderkegel sind mit Ring oder Punkt gekennzeichnet.
Beim **Bowling** stehen 10 einheitliche Kegel, 38,1 cm hoch, jeder etwa 1500 g schwer, in der Form eines gleichseitigen Dreiecks.
Die **Kugeln** müssen aus einer Kunststoffmasse hergestellt sein und haben für Asphalt- und Scherenbahnen einen Durchmesser von 16 cm – Gewicht 2800 bis 2900 g –, für Bohlenbahnen sind 16,5 cm Durchmesser – Gewicht 3050 bis 3150 g – vorgeschrieben. Die Bowlingkugel ist mit 3 Fingerlöchern versehen, die der Hand des Sportlers angepaßt sein können. Sie wiegt nicht mehr als 7257 g bei einem Durchmesser von 21,8 cm. Nur auf der Bowlingbahn darf die eigene Kugel benutzt werden.
Die **Wettkämpfe** und Meisterschaften des Sportkegelns finden in Einzel-, Tandem- (Schere) und Mannschaftsvergleichen sowie im Turniersport in Paar- und Mixedwettbewerben statt. Bei Mannschaften der Seniorenklasse A starten je 6 Männer oder Frauen. Bei den Männern werden 200 Kugeln nacheinander gespielt. Auf der Bohlen- und Bowlingbahn wird der Modus kombiniert. Die Hälfte der Kugeln geht in die „Vollen" (alle Kegel), die andere Hälfte „räumt ab", d. h. es wird so lange gespielt, bis das „Holz" verschwunden ist.
Ein Anreiz für alle Kegelfreunde bedeutet das Bundes-Kegel-Sportabzeichen, das in Bronze, Silber und Gold für bestimmte Leistungen verliehen wird.
Deutscher Keglerbund e. V., 1 Berlin 31, Wilhelmaue 23, Telefon: (0 30) 87 12 99. Mitglieder: 135 000, davon 31 000 weiblich.

Leichtathletik

Geschichte: Laufen, Springen und Werfen mußte der Mensch zu allen Zeiten, und so sieht man heute den Ausgangspunkt der Leichtathletik in der Entwicklung der körperlichen Anlagen, die in den verschiedensten Epochen als notwendige Voraussetzung für die Erhaltung des Lebens dienten. Aus dem antiken Griechenland finden wir seit Homer Hinweise und Darstellungen sportlicher Betätigungen, die der modernen Leichtathletik ihre Vorbilder lieferte. Aus der Vielzahl griechischer Kult-Festspiele ragten die olympischen heraus, die bis 708 v. Chr. nur Laufwettkämpfe kannten mit einer oder mehreren Stadionrunden (je 190 m). Später kam das Pentathlon, der antike Fünfkampf mit Lauf, Weitsprung, Diskus- und Speerwurf sowie Ringen hinzu.
Mit dem Ende der antiken Spiele ruhte die Leichtathletik für fast acht Jahrhunderte, bis England um 1300 diese Form des Sports wieder entdeckte, aber den ersten „modernen" Rekord viel später mit dem Briten Croydon melden konnte, der die Strecke St. Albans–London in 1:25 Stunden zurücklegte. Die sportbegeisterten Engländer trugen 1866 ihre ersten Meisterschaften aus und legten die zum Teil bis heute gültigen Regeln fest.
In Deutschland schlossen sich die Leichtathleten zunächst den Turnern an, ihre Sportart bezeichnete man als volkstümliches Turnen, und erst später, nach der Gründung des Verbandes 1898, entstanden eigene Vereine. Der Weltverband (IAAF) konstituierte sich erst 1912, also 16 Jahre nach dem Beginn der Spiele der Neuzeit, bei denen die Leichtathletik bereits den Höhe- und Mittelpunkt bildete. Mit der Olympiade 1928 von Amsterdam gelang in Deutschland der endgültige Durchbruch der Leichtathleten, die alle Übungen des Laufens, Gehens, des Springens, Werfens und Stoßens umfaßt.

Laufwettbewerbe

Der sportliche Lauf kommt heute auf Aschenbahnen oder Kunststoffbelag (Tartan, Rekortan, Elastan) zur Durchführung. Das Programm beinhaltet sämtliche Variationen, Kurz-, Mittel- und Langstreckenläufe, zu denen auch der Marathonlauf zählt. Weiterhin kennen wir Hürden-, Hindernis-, Staffel- und Waldläufe und auch das stilgerechte Gehen über die verschiedensten Distanzen.

„Auf die Plätze!" „Fertig!" „Schuß"

Kurzstreckenlauf – 100 m: „Wer ist der schnellste Mensch der Welt?“ Auf 100 m entlädt sich in wenigen Sekunden das ganze Talent des Sprinters, seine Kraft und Technik, und alles dreht sich um die magische Zahl von 10 Sekunden, die 1960 in Zürich der Deutsche Armin Hary als erster Läufer erreichte. Acht Jahre später unterboten drei Amerikaner – Hines, Smith und Greene – diese Traumgrenze um eine Zehntelsekunde. 1896 in Athen kreierte der US-Boy Ed Burke den Tiefstart, und wenn der überragende Sprinter der 30er Jahre, Jesse Owens (USA), der bereits 10,2 Sekunden erzielte, die moderne Technik der Startblöcke gekannt hätte, wäre er vielleicht heute noch Rekordhalter!
100-m-Männer-Weltrekord (WR): 9,9 Sek.: Jim Hines, Ronny Ray Smith, Charles Grenne (alle USA – 1968); Eddie Hart, Ray Robinson und Steve Williams (alle USA – 1972). **Europarekord** (ER) und zugleich **Deutscher Rekord** (DR): 10,0 Sek.: Armin Hary (1960), Gert Metz (1970), Manfred Ommer (1974) sowie weitere 11 Läufer Europas, unter ihnen der Olympiasieger von 1972 Waleri Borsow (UdSSR). **100-m-Frauen:** WR = 10,8 Sek. Renate Stecher (DDR). DR = 11,1 Sek. Inge Helten (1971).
Olympiamedaillen: *Männer:* Gold – 1960: Armin Hary. Silber – 1896: Fritz Hofmann. Bronze – 1928: Georg Lammers; 1932: Arthur Jonat; *Frauen:* Gold – 1972: Renate Stecher (DDR); Silber – 1956: Christa Stubnick; Bronze – 1936: Käthe Krauß.

200 m: Wenn das Startkommando „Auf die Plätze! Fertig!“ ertönt, sitzen die Sprinter mit dem besten Stehvermögen in den Startblöcken. Übrigens, nach zwei verursachten Fehlstarts wird ein Teilnehmer ausgeschlossen. Internationale Meisterschaften werden nur auf 400-m-Bahnen mit Kreisbogenkurven ausgetragen, also muß eine Kurve durchlaufen werden. Der Weltrekord über 200 m entspricht genau der doppelten Bestzeit über 100 m. Die längere Distanz kennt allerdings nur eine Startverzögerung. Die Läufer der äußeren Bahnen erhalten eine Kurvenvorgabe, zum Beispiel beträgt diese auf der 3. Bahn 3,33 m. Eine Laufbahn hat die Mindestbreite von 1,22 m, und international sollten mindestens acht Bahnen vorhanden sein. Bei allen Läufen bis 200 m sowie beim Weit- und Dreisprung ist die Windstärke (Rükkenwind) durch geeignete Geräte – Windmesser – zu messen. Übersteigt der Rückenwind 2 m/sek, wird ein evtl. Rekord nicht anerkannt.
200-m-Männer: WR = 19,8 Sek. Tommie Smith (USA – 1968), Donald Quarie (Jamaika – 1971). DR = Jochen Eigenherr (1968). **200-m-Frauen:** WR = 22,0 Sek. Irena Szewinska (Polen – 1974); DR = 22,9 Sek. Annegret Kroniger (1972). **Olympiamedaillen:** *Männer:* Bronze – 1928: Helmut Körnig; *Frauen:* Gold – 1972: Renate Stecher (DDR); Silber – 1956: Christa Stubnick; 1960: Jutta Heine.

400 m: Diese Distanz zählt heute eindeutig zu den Kurzstrecken. Die Bestzeiten weisen es deutlich nach. Entscheidend bleibt, die Höchstgeschwindigkeit möglichst lange durchzustehen. Sämtliche Laufwettbewerbe werden mit elektrischer Zeitnahme gemessen. Die Startpistole löst durch den Kontakt einen Zeitzähler aus, der von den Lichtschranken im Ziel gestoppt wird. Außerdem bleibt die Zielfotografie ein unbestechlicher Kontrolleur für die Läufer, die bis zum Ziel in ihren Bahnen bleiben.
400-m-Männer: WR = 43,8 Sek. Lee Evans (USA – 1968); DR = 44,7 Sek. Karl Honz (1972). **400-m-Frauen:** WR = 49,9 Sek. Irena Szewinska (Polen – 1974); DR = 51,2 Sek. Rita Wilden (1972).
Olympiamedaillen: *Männer:* Silber – 1912: Hanns Braun, 1956 Karl Friedrich Haas, 1960: Carl Kaufmann; Bronze – 1896: Fritz Hofmann, 1928: Joachim Büchner. *Frauen:* Gold – 1972: Monika Zehrt (DDR).

800 m: Diese Mittelstreckler müssen die ersten 200 m in ihren Bahnen bleiben, aber dann zeigt sich bald ein anderer Laufstil, geprägt vom aufgerichteten Körper und dem weiten, federnden Schritt, den schon Mitte der 30er Jahre der alles überragende Dresdner Rudolf Harbig zeigte, dessen Weltrekord von 1:46,6 Min. 16 Jahre bestand. Eine meisterliche Taktik gehört bei den zwei Runden dazu, die der Neuseeländer Peter Snell klug beherrschte, während der hochbegabte Deutsche Franz Josef Kemper meist in der entscheidenden Phase an zu frühem oder zu spätem Spurt nahezu verzweifelte.
800-m-Männer: WR = 1:43,7 Min. Marcello Fiasconaro (Italien – 1973). DR = 1:44,9 Min. Franz Josef Kemper (1966) und Walter Adams (1970). **800-m-Frauen:** WR = 1:57,5 Min. Swetla Slatewa (Bulgarien – 1973); DR = 1:58,5 Min. Hildegard Falck (1971).
Olympiamedaillen: *Männer:* Bronze – 1908: Hanns Braun, 1928: Hermann Engelhardt, 1952: Heinz Ulzheimer. *Frauen:* Gold – 1928: Lina Radke-Batschauer; 1972: Hildegard Falck; Bronze – 1960: Ursula Donath; 1972: Gunhild Hoffmeister (DDR).

1500 m: Diese Laufdistanz tendiert bereits ein wenig über die Mittelstrecke hinaus, obwohl typisches Verhalten von Mittelstrecklern fast in jedem Lauf gefordert wird. Mit aufrechter Rumpfhaltung, mit leicht schwingenden Schultern bleibt der Idealtyp ein Läufer, der Steherqualitäten mit Spurtvermögen verbinden kann. Für alle Läufe ab 1500 m führt ein Rundenzähler aus dem Kampfgericht eine genaue Liste über die von jedem Läufer zurückgelegten Runden.
Die geschickte Planung und Taktik spielt eine ähnliche Rolle wie bei den 800 m, da „Tempoläufer“ und ausgesprochene „Spurter“

aus dem Hinterhalt aufeinandertreffen. Als beliebte Strecke galt früher der Lauf über eine Meile (1609,34 m), die 1954 der Engländer Roger Bannister in Oxford mit 3:59,4 Min. unter der Traumgrenze von vier Minuten lief. Auch der 1000-m-Lauf-Weltrekord in 2:16,0 Min. durch den Südafrikaner Daniel Malan (1973) – (Frauen: Gunhild Hoffmeister in 2:35,9 Min.) – zählt zu den beliebten Strecken zwischen der mittleren Länge und den langen Strecken.
Für die Zielrichter am Einlauf gelten für alle Läufe folgende Bestimmungen: Sie entscheiden über die Reihenfolge der über die Zillinie kommenden Läufer. Kommt kein Mehrheitsbeschluß zustande, entscheidet der Schiedsrichter. Wenn möglich, sollte ein Zielfoto oder eine Zielfilm-Anlage benutzt werden, um alle Irrtümer auszuschließen. Drei Zeitnehmer müssen die Zeit des Siegers in jedem Lauf feststellen. Zeigen von drei Stoppuhren zwei die gleiche Zeit an, ist diese maßgebend. Zeigen alle drei Uhren verschiedene Zeiten, gilt die mittlere Zeit.
1500-m-Männer: WR = 3:32,2 Min. Filbert Bayi (Tansania – 1974). DR = 3:36,5 Min. Bodo Tümmler (1968). **1500-m-Frauen:** WR = 4:01,4 Min. Ludmilla Bragina (UdSSR – 1972); DR = 4:06,7 Min. Ellen Tittel (1972).
Olympiamedaillen: *Männer:* Silber – 1956: Klaus Richtzenhain; Bronze – 1952: Werner Lueg; 1968: Bodo Tümmler. *Frauen:* Silber – 1972: Gunhild Hoffmeister (DDR).

5000 und 10 000 m: Die Langstrecken wurden lange Zeit von außergewöhnlichen Läufern wie dem Finnen Paovo Nurmi, dem Schweden Gunder Hägg, dem Prager Emil Zatopek oder dem Sowjetrussen Vladimir Kuz beherrscht. Die Voraussetzung für gehobene Leistungen in sämtlichen Laufwettbewerben bildet das tägliche Training mit **Intervall-Methoden,** mit Steigerungs- und Waldläufen. Auch das **Circuittraining** (Kraft- und Organschulung) spielt eine wichtige Rolle.
Beim Langlauf kommt es besonders auf eine gute Einteilung der Kräfte an sowie auf das Wissen um die eigene Leistungsfähigkeit. 5000 m erfordern 12½ und 10 000 m 25 Runden. Frauen nehmen nicht an diesen Läufen teil.
5000 m: WR = 13:13,0 Min. Emiel Püttemans (Belgien – 1972); DR = 13:20,6 Min. Harald Norpoth (1973).
10000 m: WR = 27:30,8 Min. Dave Bedford (Großbrit. – 1973); DR = 28:14,4 Min. Manfred Letzerich (1972).
Olympiamedaillen: 5000 m Silber – 1960: Hans Grodotzki; 1964: Harald Norpoth; Bronze – 1952: Herbert Schade. – **10000 m** Silber – 1960: Hans Grodotzki.

3000-m-Hindernislauf (nur Männer)**:** Die englischen Querfeldeinläufe (Cross-Country) standen Pate für diesen Lauf über 4

Hürden und den Wassergraben in jeder Runde. **Maße der Hindernisse:** Hürden 91,5 cm hoch; 3,96 m breit; Balkenstärke: 12,7 cm. Wassergraben: Balken 91,5 cm hoch, Graben 3,66 × 3,66 m, am Hindernis 76 cm tief. Jede Runde ist 390 m lang (7 × 390 m = 2730 m). Hinzu kommt die hindernislose Startstrecke von 270 m. **Die Abstände:** Start bis zum Beginn der 1. Runde: 270 m; Beginn der 1. Runde bis zum 1. Hindernis: 10 m; Abstand zwischen 1., 2. und 3. Hindernis je 78 m. Abstand vom 3. Hindernis zum Wassergraben: 78 oder 84 m; vom Wassergraben zum 5. Hindernis: 78 oder 72 m. Abstand bis zum Ziel: 68 m.
Ein Läufer wird disqualifiziert, wenn er ein Hindernis ausläßt oder einen anderen Teilnehmer behindert. Jedes Hindernis darf mit Hilfe der Hände überquert werden. Die meisten Läufer springen mit einem Fuß auf den Balken und überwinden das Hindernis im rhythmischen Sprungstil. Jugend und Junioren laufen 1500-m- und 2000-m-Hindernisstrecken.
3000-m-Hindernis: WR = 8:14,0 Min. Ben Jipcho (Kenia – 1972); DR = 8:18,4 Min. Michael Karst (1974). – **Olympiamedaillen:** Bronze – 1936: Alfred Dompert.

Marathonlauf: Die Länge dieser Strecke mit 42,195 km entspricht der Entfernung von Marathon bis Athen und wird auf den Lauf eines Soldaten 490 v. Chr. im antiken Griechenland zurückgeführt, der den Sieg von Miltiades über die Perser meldete und am Rand der Hauptstadt tot zusammenbrach. Schon bei den ersten Spielen 1896 kam der Marathonlauf ins Programm und wurde von dem griechischen Hirten Spiridon Louis gewonnen. Später trugen sich berühmte Läufer wie der Finne Kolehmainen, der Tscheche Zatopek, der zweimalige Gewinner Abebe Bikila aus Äthiopien in die Siegerlisten ein.
Der Marathonlauf soll auf ausgebauten Straßen und Wegen zur Durchführung kommen mit Start und Ziel im Stadion. Jeder Teilnehmer wird vor dem Start ärztlich untersucht, der Lauf vom Sanitätsdienst überwacht. Der Veranstalter hat nach 10 km und von da ab alle weiteren 5 km Verpflegungsstationen einzurichten. An zusätzlichen Erfrischungsstellen wird nur Wasser gereicht. Wegen der unterschiedlichen Beschaffenheit der Strecken werden keine offiziellen Rekordlisten geführt. Die besten Zeiten liegen bei 2 Stunden.

Gehen: 1908 bei den Spielen gab es erstmals Geherwettbewerbe. Seit 1932 sind die 50 km und seit 1956 die 20 km fest im Programm. Die Organisation der langen Distanz entspricht der des Marathonlaufes mit Start und Ziel im Stadion, mit Verpflegungsstellen usw. Die 20 km dagegen werden als Bahngehen im Stadion ausgetragen.
Sportliches Gehen ist die Fortbewegung durch Schritte, die so

auszuführen sind, daß die ununterbrochene Berührung mit dem Boden aufrechterhalten bleibt. Die einzusetzenden Geh-Richter achten darauf, ob die Gangart und das Verhalten der Geher während des Wettkampfes den Bestimmungen entspricht. Da ein Fuß ständig den Boden berühren muß, ergibt sich die eigentümliche Technik des Gehens mit einer ausgeprägten Drehung des Oberkörpers, die von der Hüfte eingeleitet wird. Ein Geher kann verwarnt und disqualifiziert werden.
Die besten Geher vollbringen erstaunliche Leistungen, legen die 50 km zum Beispiel in etwas über 4 Stunden zurück, was einer Stundenleistung von 12 km und 1 km in nur 5 Minuten entspricht.
Olympiamedaillen: 20 km – Gold – 1972: Peter Frenkel (DDR); Silber – 1964: Dieter Lindner. **50 km** – Gold – 1968: Christoph Höhne (DDR); 1972: Bernd Kannenberg.

Hürdenläufe: Alle Hürdendisziplinen sind in Einzelbahnen zu laufen. Die Wettkämpfer haben ihre Bahnen während des ganzen Laufes einzuhalten. Führt ein Starter ein Bein an einer Hürde vorbei, überläuft eine Hürde nicht oder stößt sie absichtlich um, so wird er ausgeschlossen. Das Reißen von Hürden bedingt keine Disqualifikation und verhindert nicht die Anerkennung von Rekorden.

Das Gerät: Die Hürde ist zweiteilig und besteht aus dem Stahlrohrunterteil und den durch ein Querstück verbundenen Hürdenfüßen, die in Richtung Start zeigen, dem verstellbaren U-förmigen Oberteil aus zwei Stahlrohren sowie der schwarz-weiß gestreiften Querlatte aus Holz, die einen Druck von 3,6 kg benötigt, um umzukippen.
Maße: 110 m Hürden – Männer: 10 Hürden mit einer Höhe von je 1,067 m, aufgebaut im Abstand von 9,14 m. Anlauf vom Start zur 1. Hürde: 13.72 m; Auslauf bis zum Ziel: 14,02 m.
100 m Hürden – Frauen (bis 1971: 80 m Hürden): 10 Hürden; Höhe: 0,840 m; Abstand: 8,50 m; Anlauf: 13 m; Auslauf: 10,50 m.
400 m Hürden – Männer: 10 Hürden; Höhe: 0,914 m; Abstand: 35 m; Anlauf: 45 m; Auslauf: 40 m.
Bei allen Laufwettbewerben sollen Vor- und Zwischenläufe angesetzt werden, wenn eine zu große Teilnahmerzahl die Ermitt-

lung des Siegers nicht in einem Lauf gestattet. Bei der Einteilung sind die Läufer möglichst so zu berücksichtigen, daß die besten Läufer in das Finale kommen.
110 m Hürden – Männer: WR = 13,1 Sek. Rod Milburn (USA – 1973); DR = 13,3 Sek. Martin Lauer (1959!). **100 m Hürden – Frauen:** WR = 12,3 Sek. Annelie Ehrhardt (DDR – 1973); DR = 13,1 Sek. Heide Rosendahl (1970), Margit Bach (1970), Heidi Schüller (1972). **400 m Hürden – Männer:** WR = 47,8 Sek. John Aki-bua (Uganda – 1972); DR = 49,00 Sek. Gerhard Hennige (1968).
Olympiamedaillen: 80 m Hürden – Frauen: Gold – 1964: Karin Balzer; **100 m Hürden:** Gold – 1972: Annelie Ehrhardt (DDR). Silber – 1936 (80 m): Anny Steuer; 1956 (80 m): Gisela Köhler; Bronze – 1952 (80 m): Maria Sander; 1960 (80 m): Gisela Birkemeyer; 1972 (100 m): Karin Balzer (DDR). **400 m Hürden – Männer:** Silber – 1968: Gerhard Hennige.

Staffeln: Männer und Frauen führen seit den Spielen 1972 gemeinsame Staffeln über je 4×100 m und 4×400 m durch. Daneben gibt es eine ganze Anzahl der verschiedensten Staffelläufe. Für alle gilt: Der **Stabwechsel** muß innerhalb einer bestimmten Wechselzone von 20 m Länge – 10 m vorher und 10 m nachher –, die auf der Bahn markiert ist, durchgeführt werden. Ein Überlaufen oder Übertreten dieser Marken führt zum Ausschluß der betreffenden Mannschaft.
Der Staffelstab, eine aus Holz oder Kunststoff hergestellte Röhre, 30 cm lang, mit einem Umfang von 12 cm und einem Mindestgewicht von 50 g, muß während des ganzen Rennens in der Hand getragen werden. Läßt ein Läufer den Stab fallen, darf nur er selbst ihn wieder aufnehmen. Bei der 4×400-m-Staffel wird die 1. Runde in Bahnen gelaufen, auch noch die 1. Kurve (100 m) nach der Übergabe an den 2. Läufer, ehe völlige Bahnfreiheit für jeden Läufer besteht. Nur ein für die Veranstaltung bestimmter Arzt darf das Auswechseln für einen verletzten oder erkrankten Läufer für die weitere Staffelentscheidung bestimmen.
4×100-m-Staffel – Männer: WR = 38,2 Sek. USA (Nationalstaffel – 1968); DR = 38,7 Sek. – DLV-Nationalstaffel (1968). **4×400-m-Staffel – Männer:** WR = 2:56,1 Min. USA (1968); DR = 3:00,5 Min. Nationalstaffel (1968). **4×100-m-Staffel – Frauen:** WR = 42,6 Sek. DDR-Staffel (1973); DR = 42,8 Sek. DLV-Staffel (1972). **4×400-m-Staffel – Frauen:** WR = 3:23,0 Min. DDR-Staffel (1972); DR = 3:26,5 Min. DLV-Staffel (1972).
Olympiamedaillen: 4×100 m Männer – Gold – 1960: Cullmann, Hary, Mahlendorf, Lauer; Silber – 1928: Lammers, Courts, Houben, Körnig; 1932: Körnig, Hendrix, Jonat, Borchmeyer; Bronze – 1936: Leichum, Borchmeyer, Gillmeister, Hornberger;

1956: Knörzer, Fütterer, Pohl, Germar; 1972: Hirscht, Klotz, Wucherer, Ehl; **4 × 400 m Männer** – Silber – 1908: Hoffmann, Eicke, Dr. Trieloff, Braun; 1928: Neumann, Krebs, Storz, Engelhardt; 1960: Kinder, Reske, Kaufmann, Kaiser; Bronze – 1936: Hamann, v. Stülpnagel, Voigt, Harbig; 1952: Steines, Ulzheimer, Haas, Geister; **4 × 100 m Frauen** – Gold – 1972: Richter, Mickler-Becker, Krause, Rosendahl; Silber – 1952: Knab, Sander, Klein, Petersen; 1960: Langbein, Biechl, Hendrix, Heine; 1972: DDR: Käufer, Heinich, Struppert, Stecher; Bronze – 1928: Kellner, Schmidt, Holdmann, Junker; **4 × 400 m Frauen** – Gold – 1972: DDR: Käsling, Kühne, Seidler, Zehrt; Bronze – 1972: Rückes, Bödding, Falck, Wilden.

Sprung, Stoß und Wurf

Bei allen Sprung-, Wurf- und Stoßwettbewerben können die Teilnehmer am eigentlichen Wettkampf durch Qualifikationskämpfe ermittelt werden. Die Reihenfolge, in der die Starter ihre Versuche ausführen, wird durch Los bestimmt. Beim Weit- und Dreisprung (auch Werfen und Stoßen) hat jeder Wettkämpfer 3 Versuche (Vorkampf). Danach stehen den acht Besten und den auf dem 8. Platz mit gleichen Leistungen stehenden Bewerbern 3 weitere Versuche (Endkampf) zu. Jeder Teilnehmer wird mit dem besten seiner Versuche gewertet.

In Mehrkämpfen sind (mit Ausnahme von Hoch- und Stabhochsprung) nur je 3 Versuche gestattet. Ein Versuch darf ohne berechtigten Grund nicht verzögert werden. Beim Stabhochsprung sollen 3 Minuten, in allen übrigen Disziplinen 2 Minuten nicht überschritten werden. Bei den Wettkämpfen müssen die verwendeten Geräte den vom Weltverband erlassenen Bestimmungen entsprechen. Die Gewichte sämtlicher Geräte sind auf einer geeichten Waage nachzuprüfen.

Weitsprung

Bei **gleichen Leistungen** ist wie folgt zu verfahren: Mit Ausnahme des Hoch- und Stabhochspringens wird die Rangfolge durch die zweitbeste Leistung bestimmt, evtl. auch durch die drittbeste Leistung usw. Beim Hoch- und Stabhochsprung hat der Teilnehmer mit der geringsten Anzahl der Versuche den Vorrang.

Ein Beispiel: A, B, C und D übersprangen sämtlich die Höhe von 1,92 m und verfehlten die Höhe von 1,94 m. Da „D“ beim 2. Versuch 1,92 m übersprang, die anderen jedoch erst beim 3. Versuch, ist „D“ der Sieger. Bei den drei anderen Springern entscheidet die Gesamtzahl der Fehlsprünge für die weitere Plazierung bzw. alle drei werden auf den 2. Rang gesetzt. Befinden sich allerdings zwei oder mehrere Starter gleichwertig auf dem 1. Rang, muß der Sieger durch einen „Stichkampf“ mit je einem Sprung bis zur Entscheidung über festgelegte Höhen ermittelt werden.

Weit- und Dreisprung: Die Sprunganlagen sind identisch. Sie bestehen aus einer Anlaufbahn von mindestens 45 m Länge und einer mit Sand gefüllten Sprunggrube von mindestens 2,75 m Breite. Der Absprungbalken ist aus Holz (Länge: 1,22 m; Breite: 34 cm; Dicke: 10 cm) mit einer eingefrästen Vertiefung für eine Plastilinauflage, bei der ein Fußdruck genau zu sehen ist.
Der Absprungbalken für den Weitsprung muß mindestens 1 m vom vorderen und 9 m vom hinteren Grubenrand entfernt sein. Beim Dreisprung befindet sich der Balken mindestens 11 m vor der Grube. Ein Sprung ist ungültig, wenn ein Teilnehmer die hintere Kante des Absprungbalkens übertritt oder durchläuft. Vor dem Balken kann in jeder Entfernung abgesprungen werden. Gemessen allerdings wird stets von der Absprunglinie (vordere Balkenkante zur Grube hin).
Die Messungen erfolgen entweder durch eine genehmigte technische Anlage oder durch Meßbänder, deren 0-Punkt an dem letzten Eindruck des Körpers – zum Balken hin – beginnt, während an der Absprunglinie im rechten Winkel zur Weite die Leistung abgelesen wird. Die Leistung im Weitsprung wird bestimmt durch die Anlaufgeschwindigkeit, durch den Absprung

Dreisprung

und das Umsetzen des Anlaufes in den Sprung, durch die Flugphase und eine möglichst raumgreifende Landung. Der Weltrekord von 8,90 m gilt als vorläufig einmalig, als „Sprung des Jahrhunderts“.
Der Dreisprung wird so ausgeführt, daß der Springer den Boden

das erste Mal mit dem Fuß berührt, mit dem er abgesprungen ist, das zweite Mal landet er mit dem anderen Fuß, mit dem er dann den 3. Sprung ausführt. Die Reihenfolge lautet: Links, links, rechts oder rechts, rechts, links. Wird eine solche Folge nicht eingehalten, gilt der Versuch als Fehlsprung. Der Dreisprung wird nur von Männern ausgeführt.
Weitsprung – Männer: WR = 8,90 m Bob Beamon (USA – 1968); DR = 8,35 m Josef Schwarz (1970); **Weitsprung – Frauen** – WR und DR = 6,84 m Heide Rosendahl (1970). **Olympiamedaillen:** *Männer* – Silber – 1936: Lutz Long; 1968: Klaus Beer (DDR); 1972: Hans Baumgartner; *Frauen:* Gold – 1972: Heide Rosendahl; Bronze – 1960: Hildrun Claus; **Dreisprung:** WR = 17,44 m Viktor Sanejew (UdSSR – 1972); DR = 16,65 m Michael Sauer (1967).

Hochsprung: Die Anlaufbahn ist halbkreisförmig angelegt und muß an ihrer äußersten Stelle mindestens 18 m von der Sprunglatte entfernt sein. Sie wird heute meist mit einer Kunststoffauflage versehen. Der Sprunghügel hinter der Latte – ca. 1 m hoch – besteht aus weichem Schaumstoffmaterial auf einer Fläche von 7 × 4 m.
Die **Sprunglatte** (Holz oder Metall) mit einem dreieckigen Querschnitt von je 3 cm hat eine Länge von 4 m und ein Höchstgewicht von 2 kg. Sie wird auf je eine Auflegeplatte (4 cm breit, 6 cm lang) gelegt, die an den beiden Sprungständern – Abstand 4,02 m – verstellbar angebracht sind.
Die **Messung** der Sprunghöhe erfolgt vom Boden bis zum tiefsten Punkt der Oberkante der Sprunglatte mit einer geeichten Meßlatte. Ein Springer darf den Wettkampf mit jeder beliebigen Höhe über der festgesetzten Mindesthöhe beginnen und nach seinem Ermessen die weiteren Höhen angeben. Nach drei aufeinanderfolgenden Fehlsprüngen, gleich in welcher Höhe, scheidet der Springer aus. Der Teilnehmer muß jeweils mit einem Fuß abspringen. Das Abwerfen der Latte oder das Berühren des Bodens jenseits der Sprungständer mit irgendeinem Teil des Körpers, ohne die Latte zu überqueren, zählt als Fehlsprung. Früher übliche Stilarten wie Kreuzschnepper oder Scherensprung sind nur noch selten zu sehen. Die Spitzenathleten bevorzugen entweder den Rollsprung (Anlauf im Winkel von 45 Grad), den Wälzsprung – oder „Straddle“ – und natürlich den von Richard Fosbury 1968 entwickelten und nach ihm benannten Flop, der mit dem Rücken zur Latte beginnt.
Hochsprung – Männer: WR = 2,30 m Dwight Stones (USA – 1973); DR = 2,24 m Hermann Magerl (1972); **Frauen:** WR = 1,95 m Rosemarie Witschas (DDR – 1974); DR = 1,92 m Ulrike Meyfarth (1972).
Olympiamedaillen: *Männer:* Silber – 1912: Hans Lieschke;

Fosbury-Flop

1972: Stefan Junge (DDR); Bronze – 1904: Paul Weinstein. *Frauen:* Gold – 1972: Ulrike Meyfarth; Bronze – 1936: Elfriede Kaun.

Stabhochsprung: Die Anlage besteht aus einer **Anlaufbahn** (45 m lang, 2 m breit), den **Sprungständern** mit **Latte** (5,05 m voneinander entfernt, in Betonplatten 0,50 × 1,50 m neben dem Sprunghügel verankert), der **Sprunglatte** – Maße wie beim Hochsprung – entweder auf 7,5 cm langen Zapfen oder auf 55 cm langen Auslegern, die an den Ständern angebracht sind, dem **Einstichkasten** für den Stab (1 m lang, 60 cm breit, 20 cm tief) und dem **Sprunghügel** (5 × 5 m, 1 m hoch). Die **Sprungstäbe** können aus beliebigem Material bestehen. Stäbe aus Bambusrohr oder Leichtmetall machten 1961 dem Glasfiber Platz, das mit seiner enormen Biegsamkeit die Springer förmlich über 5 m katapultiert. Für die

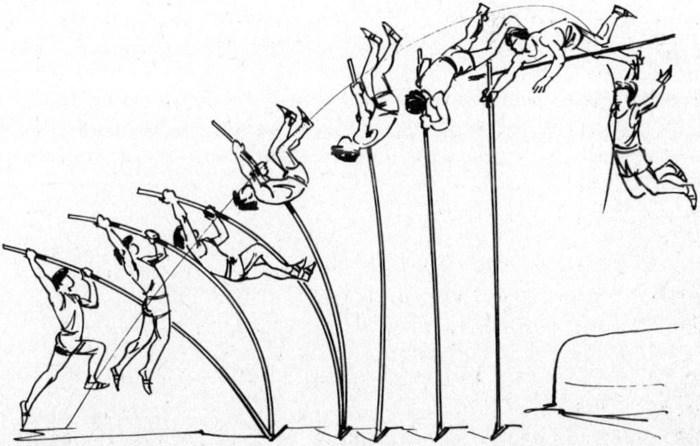

Stablänge – meist 4 bis 5 m – die Stärke und das Gewicht bestehen keine Vorschriften. Die Wettkampfregeln entsprechen denen des Hochsprunges.

Stabhochsprung: WR = 5,65 m Dave Roberts (USA – 1975); DR = 5,40 m Claus Schiprowski (1972).

Olympiamedaillen: Gold – 1972: Wolfgang Nordwig (DDR). Silber – 1964: Wolfgang Reinhardt; 1968: Claus Schiprowski. Bronze – 1964: Klaus Lehnertz; 1968: Wolfgang Nordwig (DDR).

Speerwerfen: Die Anlaufbahn muß 30 bis 36 m lang und 4 m breit sein. Der Abwurf soll vor dem Abwurfbogen (8 m Radius) erfolgen. Der Speer muß mindestens 800 g (Frauen 600 g) schwer und zwischen 2,60 und 2,70 m (Frauen 2,20 bis 2,30 m) lang sein. Der Durchmesser an der dicksten Stelle des Schaftes darf 25 bis 30 mm (Frauen 20 bis 25 mm) betragen. Der Speer muß beim Auftreffen mit der Spitze zuerst den Boden berühren und innerhalb des vorgezeichneten Wurffeldes landen.

Der Speer wird meist mit Daumen und Zeigefinger geführt. In der letzten Phase des Anlaufes wird durch den sogenannten „Fünferschritt“ die Umsetzung zum Abwurf vorgenommen. Das Wurfgerät muß über die Schulter oder den oberen Teil des Armes geworfen werden. Dabei darf der Werfer den Abwurfbogen oder dessen Verlängerung nicht berühren oder übertreten. Die guten Werfer tragen Spezialschuhe, die den Knöcheln genügend Halt geben.

Speerwurf: *Männer* – WR (zugleich DR) = 94,00 m Klaus Wolfermann (1973); *Frauen* – WR = 67,22 m Ruth Fuchs (DDR – 1974); DR = 61,02 m Annelie Koloska (1972).

Olympiamedaillen: *Männer* – Gold – 1936: Gerhard Stöck; 1972: Klaus Wolfermann; Silber – 1960: Walter Krüger; *Frauen* – Gold – 1936: Tilly Fleischer; 1972: Ruth Fuchs (DDR); Silber – 1932: Ellen Braumüller; 1936: Luise Krüger; 1972: Jaqueline Todten (DDR); Bronze – 1932: Tilly Fleischer.

Diskuswerfen: Der Diskus, ein mit einem Metallreifen eingefaßter Holzkörper mit festem Kern, wiegt mindestens 2 kg (Frauen 1 kg) und hat einen Durchmesser von 219 bis 221 mm (Frauen 180

bis 182 mm). Der Abwurf erfolgt aus einem Wurfkreis (2,5 m Durchmesser), den der Werfer erst dann und nach hinten verlassen darf, wenn der Diskus die Erde wieder berührt hat. Ein Versuch ist ungültig, wenn der Werfer beim Wurf aus dem Kreis tritt, nach dem Abwurf nach vorne übertritt oder wenn die Scheibe außerhalb des Wurfsektors (Fläche zwischen den Schenkeln eines 45-Grad-Winkels) landet.

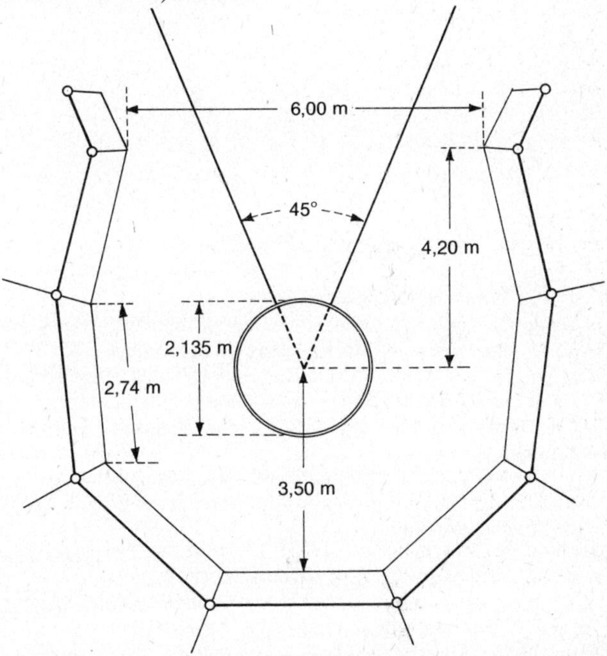

Zum Schutz der Wettkämpfer, Kampfrichter und Zuschauer wird dringend empfohlen, alle Würfe in einem nach vorne geöffneten 6 m breiten und 2 m hohen Schutzgitter ausführen zu lassen. Fast alle Starter werfen mit $1\frac{1}{4}$ bis $1\frac{1}{2}$ Drehungen, um der Scheibe einen möglichst langen Beschleunigungsvorgang zu geben.

Diskuswerfen: *Männer* – WR = 68,40 m Jay Silvester (USA – 1968); DR = 65,88 m Dirk Wippermann (1971); *Frauen* – WR = 69,90 m Faina Melnik (UdSSR – 1974); DR = 64,96 m Liesel Westermann (1972).

Olympiamedaillen: *Männer* – Silber – 1968: Lothar Milde; *Frauen* – Gold – 1936: Gisela Mauermeyer; Silber – 1964: Ingrid Lotz; 1968: Liesel Westermann; Bronze – 1936: Paula Mollenhauer.

Kugelstoßen: Die Kugel muß aus Metall sein, das härter als Messing ist und ihr Gewicht muß mindestens 7,257 kg (Frauen 4 kg) betragen. Durchmesser 110 bis 130 mm (Frauen 95 bis 110 mm). Gestoßen wird aus einem Stoßkreis von 2,135 m Durchmesser. Der begrenzende Eisenring wird in den Boden eingelassen, so daß die Innenseite 2 cm tiefer liegt als die umgebende Fläche.

Am vorderen Rand des Kreises wird ein Stoßbalken von 1,22 m Länge, 10 cm Höhe und 11,4 cm Breite angebracht. Der Stoßsektor hat vom Mittelpunkt des Kreises gerechnet eine Öffnung von 65 Grad. Beim Übertreten des Kreises oder Landung der Kugel außerhalb des Sektors ist der Stoß ungültig. Seit 1952 übernahmen die besten Athleten die vom Amerikaner Parry O'Brien entwickelte Technik mit weitem Schwungholen eines Beines und schnellkräftigem Herausstoßen der Kugel in einem einzigen Bewegungsablauf.
Kugelstoßen: *Männer* – WR = 21,82 m Al Feuerbach (USA – 1973); DR = 20.51 m Ralf Reichenbach (1973).
Olympiamedaillen: Männer – Gold – 1936: Hans Woelke; Bronze – 1928: Emil Hirschfeld; 1936: Gerhard Stöck; 1972: Hartmut Briesenick (DDR); **Frauen** – Gold – 1968: Margitta Gummel; Silber – 1952: Marianne Werner; 1960: Johanna Lüttge; 1964: Renate Garisch; 1968: Maritta Lange (DDR); 1972: Maritta Gummel; Bronze – 1956: Marianne Werner.
Hammerwurf: Das Gerät, der Hammer, besteht aus einem festen Griff, dem Verbindungsdraht aus Stahl – mindestens 3 mm stark – sowie dem Hammerkopf. Der Hammer muß kompakt und mindestens 7,257 kg schwer sein und eine Länge von insgesamt 117,5 bis 121,5 cm aufweisen. Der Hammerkopf muß mit seinem Durchmesser von 10,2 bis 12,0 cm einem Metall entsprechen, das nicht weicher als Messing ist.
Geworfen wird bei den 3 bis 4 Umdrehungen aus einem Wurfkreis mit 2,135 m Durchmesser und einem Schutzgitter (mindestens 3,35 m hoch), das eine Öffnung nach der Wurfrichtung von 6 m aufweist. Der Wurf ist gültig, wenn der Hammer innerhalb

des Wurfsektors (45 Grad) aufschlägt und der Werfer den Kreis erst nach der Hammerlandung nach hinten verläßt.
Der Hammer wird am Griff mit beiden Händen gefaßt. Durch schnelle Umdrehungen um die eigene Körperachse verleiht der Werfer dem Gerät eine hohe Fliehkraft. Zur Weitenmessung bei allen Wurf- und Stoßübungen vom Auftreffpunkt bis zur Vorderkante des Balkens oder Ringes können außer dem Bandmaß auch optisch-elektronische Geräte eingesetzt werden.
Männer – WR = 76,66 m Alexij Spiridonow (UdSSR – 1974); DR = 76,40 m Walter Schmidt (1971); **Olympiamedaillen:** Gold – 1936: Karl Hein; Silber – 1936: Erwin Blask; 1952: Karl Storch; 1972: Jochen Sachse (DDR); Bronze – 1964: Uwe Beyer.

Mehrkämpfe: Der **Fünfkampf** ist der leichtathletische Mehrkampf der Frauen. Er wird an zwei Tagen in folgender Reihenfolge ausgetragen: **1. Tag:** 100 m Hürden; Kugelstoßen; Hochsprung. **2. Tag:** Weitsprung; 200-m-Lauf. Die Wertung erfolgt nach einer Punktetabelle. Bei gleicher Punktzahl gewinnt die Teilnehmerin, die in der Mehrzahl der Wettbewerbe die höhere Punktzahl erreicht hat.
Fünfkampf – Frauen – WR = 4932 Punkte Burglinde Pollak (DDR – 1973); DR = 4791 Punkte Heide Rosendahl (1972). **Olympiamedaillen:** Gold – 1968: Ingrid Becker; Silber – 1972: Heide Rosendahl; Bronze – 1972: Burglinde Pollak (DDR).
Der **Zehnkampf** – nur für Männer – gilt als die Krone der Leichtathletik. Die 10 verschiedenen Disziplinen werden an zwei Tagen ausgetragen. Reihenfolge: **1. Tag:** 100-m-Lauf; Weitsprung; Kugelstoßen; Hochsprung; 400-m-Lauf. **2. Tag:** 110 m Hürden, Diskuswurf, Stabhochsprung, Speerwurf und 1500-m-Lauf. Die erreichten Zeiten, Weiten oder Höhen werden nach der Tabelle in Punkte umgesetzt. Die Reihenfolge der Teilnehmer soll vor jedem Wettbewerb durch Los bestimmt werden. In den Laufdisziplinen erfolgt nur ein Start, beim Weitsprung sowie allen Stoß- und Wurfwettbewerben sind nur je 3 Versuche gestattet, beim Hoch- und Stabhochsprung je 3 Versuche über jede Höhe. Der abschließende 1500-m-Lauf beendet das „Abenteuer“ eines Zehnkampfes mit den bis dahin sechs Besten der Gesamtwertung.
Wird ein Teilnehmer in einem Wettbewerb disqualifiziert, zum Beispiel durch 2 Fehlstarts beim Lauf, so erhält er zwar für die betreffende Disziplin keinen Punkt, darf aber den Mehrkampf fortsetzen. Läßt er allerdings einen Wettkampf aus, so wird er von der weiteren Teilnahme ausgeschlossen.
Die Punktwertung, mit der man den Vergleichsmaßstab finden muß, ist mehrfach geändert, dem Leistungsstand angepaßt worden. So sind zum Beispiel aus nachstehender Tabelle die Leistungen zu ersehen, die jeweils 1000 Punkte bringen würden:

Disziplin:	**je 1000 Punkte:**
100-m-Lauf	10,2 sek
Weitsprung	7,90 m
Kugelstoßen	18,75 m
Hochsprung	2,17 m
400-m-Lauf	46,0 sek
110 m Hürden	13,7 sek
Diskuswerfen	57,50 m
Stabhochsprung	4,78 m
Speerwerfen	81,00 m
1500-m-Lauf	3:40,2 min

Zehnkampf – WR = 8454 Punkte Nikolai Awilow (UdSSR – 1972); DR = 8319 Punkte Kurt Bendlin (1967). **Olympiamedaillen:** Gold – 1964: Willi Holdorf; Silber – 1968: Hans Joachim Walde; Bronze – 1932: Wolrath Eberle; 1964: Hans Joachim Walde; 1968: Kurt Bendlin.

Deutscher Leichtathletikverband, 61 Darmstadt, Rheinstraße 20 a; Tel.: (0 61 51) 2 61 47/48

Mitglieder: 650000, davon 250000 weiblich.

Moderner Fünfkampf

Geschichte: Eine Legende, volkstümlich ausgeschmückt, berichtet von der Tat eines Soldaten, eines Kuriers, der seinem Feldherrn eine wichtige Botschaft überbringen und dabei viele Hindernisse überwinden muß. Er reitet durchs Feindesland, verteidigt sich mit Degen und Pistole, durchschwimmt einen breiten Fluß und legt schließlich das letzte Stück laufend zurück.

Baron de Coubertin, Begründer der modernen Spiele, setzte sich selbst für die Aufnahme des Fünfkampfes seit 1912 ins olympische Programm ein, da er in diesem Mehrkampf eine Fortsetzung des klassischen Pentathlons sah, vielleicht wollte er damit auch die Militärs der Welt zum friedlichen Wettkampf zusammenbringen?

Den modernen Fünfkämpfer zeichnet sportliche Vielseitigkeit aus, denn die fünf Disziplinen Reiten, Fechten, Schießen, Schwimmen und Laufen erfordern völlig verschiedene Begabungen. Mit einer einzigen Ausnahme siegten bisher bei Olympischen Spielen Schweden, Ungarn und Russen in den Einzel- und Mannschaftswettbewerben.

Die Wettkampfregeln: Die fünf verschiedenen Wettkämpfe kommen nacheinander an fünf Tagen zur Durchführung.

1. Tag: Es beginnt mit dem **Reiten**, das seit 1964 als Parcoursspringen über eine Geländestrecke bis 1500 m veranstaltet wird. Dieser Weg führt über 19 bis 23 Hindernisse, die nicht über 1,10 m hoch und 3,50 m breit sein dürfen. Der Veranstalter

– die einladende Nation – stellt die Pferde, um die erst 20 Minuten vor Beginn der Konkurrenz gelost wird. In dieser knappen Zeit muß sich der Reiter mit dem Pferd vertraut machen. Bewältigt der Wettkämpfer die Strecke ohne Springfehler in der vorgeschriebenen Zeit, erhält er 1100 Punkte. 5 Minuspunkte gibt es pro Sekunde bei Überschreitung der Zeit. Reitfehler bringen bis 100 Punkte Abzug.
2. Tag: Wieder eine schwere Prüfung. Jeder Teilnehmer muß beim **Degenfechten** gegen jeden antreten. Schon der erste Treffer entscheidet über den Sieg. Bei Doppeltreffern geht es bis zum nächsten Berühren weiter. Ein Gefecht darf allerdings nicht 3 Minuten überschreiten. Ein Unentschieden zu diesem Zeitpunkt zählt für jeden Sportler als Niederlage. Wer 70 Prozent seiner Gefechte gewinnt, bekommt eine Gutschrift von 1000 Punkten. Ein zusätzlicher Sieg oder eine Niederlage bringen 22 Plus- oder Minuspunkte.
3. Tag: Das **Schießen** erfolgt mit Schnellfeuerpistolen, die im Rahmen der Regeln individuell präpariert werden können. Aus 25 m Abstand zur Figurenscheibe (1 bis 10 Ringe) – nur je 3 Sekunden sichtbar – feuern die Athleten vier Serien zu je fünf Schuß in insgesamt 20 Sekunden ab. Für 194 Ringe erhält der Schütze 1000 Punkte, jeder Ring mehr oder weniger zählt 22 Plus- bzw. Minuspunkte.
4. Tag: Die Distanz beim **Schwimmen** beträgt 300 m, der Schwimmstil ist beliebig. Für eine Zeit von 3:54,0 Min. werden 1000 Punkte gutgeschrieben, für jede halbe Sekunde mehr oder weniger rechnet man 3 Punkte hinzu oder ab.
5. Tag: Den Abschluß bildet ein **4000-m-Geländelauf.** Der Start erfolgt in Abständen von je einer Minute. Für eine Laufzeit von 14:15,0 Minuten winken wieder 1000 Pluspunkte, für jede Sekunde darunter 3 zusätzliche Punkte. Meist wird der Wettbewerb erst am letzten Tag entschieden. Die besten Fünfkämpfer der Welt kommen auf die erstaunliche Gesamtpunktzahl von 5000 Punkten.
Für die Mannschaftswertung werden die Punkte der drei Besten einer Mannschaft addiert. Deutschland gewann 1936 mit Gotthardt Handrick olympisches Gold in der Einzelwertung.
Deutscher Verband für Modernen Fünfkampf, Geschäftsstelle 441 Warendorf, von-Ketteler-Straße 32; Tel.: (0 25 81) 83 39
Mitglieder: 800

Motorbootsport

Geschichte: Fast gleichzeitig mit der Entwicklung des Motors für Kraftwagen setzte auch das Interesse an motorgetriebenen Wasserfahrzeugen ein. Der Weg allerdings von den verspotteten „Lustbooten“, die nur reiche Leute auf Seen und Flüssen spazierenfuhren, bis zu den Motorsportrennen von heute war recht weit. 1907 entstand der Deutsche Motoryachtverband, der auch die Belange des Motorbootsports vertritt und dem Weltverband, der „Union Internationale Motonautique“ (UIM) angehört.

Die Mehrzahl der Besitzer von Motorbooten üben ihren Sport auf dem Wasser zum reinen Vergnügen aus, verbringen oft ihren Urlaub mit der Familie „an Bord“. Jeder „Kapitän“ muß dabei seinen eigenen Motorbootführerschein besitzen, also ausgestattet sein mit den notwendigen Kenntnissen der Binnenschiffahrt, des Bootsbaues, der Motorenkunde und der Arbeitsweise der Propeller, der Notsignale, der „ersten Hilfe“, der Flaggenführung oder der Fahrwasserkunde. Nur so besitzt der Yachtmann seine Visitenkarte, kann mit seinem „Familienkreuzer“ auf große Fahrt gehen.

Im **Motorbootsport** drängen sich zwei Prüfungen auf: 1. Rennsport wegen der Bruchfestigkeit und 2. Langstreckenregatten zur Erprobung der Dauerfestigkeit und Feststellung des Verschleißes. Erst sportliche Vergleiche lassen Nachteile und Mängel in der Boots- und Motorenherstellung deutlich hervortreten. Was die Techniker mit Logarithmen an den Reißbretten errechnet haben und was dann mit sorgsamer Präzision in den Werkstätten gebaut wurde, das wird dann zur Zerreißprobe, zum Prüfstein und damit auch zum Nutzen der Rennfahrer auf dem Wasser.

Bootsklassen: Erst seit 1970 schuf die UIM Klarheit über die Aufteilung nach Klassen für Außen- und Inbord-Boote. Dabei erfolgte auch die endgültige Trennung der Renn- von den Sportbooten.

Die Motoren der **Außenbord-Rennboote** unterliegen keinen Bauvorschriften, nehmen beliebigen Treibstoff auf. Die Sperrholz-Rümpfe wiegen etwa 60 kg. Viele Boote, wie die flachen, kurzen **„Dreipunkter“,** werden vom Piloten kniend gefahren. Die längeren **„Proprider“**, ebenfalls mit zwei seitlichen „Tatzen“, heben sich bei voller Fahrt auf einem Luftkissen vom Wasser ab und „reiten“ nur auf dem Propeller. Hierbei liegt der Fahrer, um keinen Luftwiderstand zu erzeugen, auf dem Bauch. Als Zwischentyp gilt der **„Hydrogleiter“**, der besonders aufgewühltes, rauhes Wasser liebt. Bei allen Außenbord-Typen erfolgt die Lenkung mit der rechten Hand durch das Rad über Lenkseile, während die linke Hand den Gashebel bedient.

Die einzige Beschränkung der neun Klassen für Rennmotore liegt beim Zylinder-Hubraum:

Kl	**Hubraum**	**Kl**	**Hubraum**
OJ	bis 175 ccm	OF	701–1000 ccm
OA	176–250 ccm	OI	1001–1500 ccm

OB	251–350 ccm	ON	1501–2000 ccm
OC	351–500 ccm	OZ	über 2000 ccm
OD	501–700 ccm		

In Deutschland werden bevorzugt die Klassen OA, OB und OC gefahren. Die Boote von 351 bis 500 ccm, um nur ein Beispiel herauszugreifen, haben folgende Mindestmaße: Länge 3,75 m, Breite 1,30 m, Gewicht 100 kg. Dieser Zweitakter mit 4 Zylindern bringt bei ca. 9000 U/min. 80 PS und erreicht Geschwindigkeiten über 150 km/h.

Außenbord-Sportboote: Schnelle Gleitboote, mit freigestellter Unterwasserform, aber vorgeschriebenen Abmessungen des Rumpfes und der Tiefe des Cockpits. Die Einteilung der Sportboote entspricht dem Hubraum der Rennboote. Dabei handelt es sich um serienmäßige Tourenmotoren mit einer Produktion von 150 Stück.

Inbord-Rennboote: Nur in wenigen Ländern Europas, vor allem in Italien und Schweden, starten Boote mit eingebautem Motor, deren Bauweise von Rumpf und Kiel nicht vorgeschrieben sind. Zugelassen sind Spezial-Bootsmotore (Serie von mindestens 30 Stück) oder Automotoren der Tourenwagen (Mindestserie 1000 Stück). Vorgeschrieben wird Normalkraftstoff. Inbord-Rennboote starten in folgenden Klassen:

Kl	**Hubraum**	**Kl**	**Hubraum**
R 1	bis 1000 ccm	R 5	2501–5000 ccm
R 2	1001–1500 ccm	R 6	5001–7000 ccm
R 3	1501–2000 ccm	R 00	über 7000 ccm
R 4	2001–2500 ccm		

In den Klassen ROO finden auch Kompressoren und Auflader Verwendung.

Für **Inbord-Sportboote** gilt sinngemäß das gleiche wie für Boote mit Außenbordmotor. Auch hier sind Mindestlängen – insgesamt Von 4,25 bis 6,25 m – vorgesehen. Die Größe des einzelnen Hubraumes entspricht in jeder Klasse den Rennbooten.

Wettbewerbe: Auf Binnengewässern, an der Küste sowie über See führt der Verband Langfahrwettbewerbe und Geschicklichkeitsfahrten für Anfänger und Fortgeschrittene durch. Der Motorrennsport auf dem Wasser kennt reine Seerennen bis 500 Seemeilen oder Offshore-Rennen mit Spezialbooten vor den Küsten.

Motorbootrennen: In Deutschland kommen auf Binnengewässern ausschließlich Rennen mit Außenbordmotoren zur Durchführung. Inbordmotore beteiligen sich fast nur an Geschwindigkeitskonkurrenzen.

In der Bundesrepublik starten die reinen Rennboot-Klassen mit Außenbordmotor ihre Rundstreckenkurse über verhältnismäßig kurze Bahnen wie in Hamburg auf der Dove-Elbe, im Erzhafen von Salzgitter, in Heilbronn und in Lauffen am Neckar, in Berlin auf dem Wannsee, in Hannover auf dem Maschsee, auf dem

Baldeneysee in Essen, in Traben-Trarbach auf der Mosel. Alle Rennstrecken richten sich nach dem Gewässer, werden im „Linkskurs" gefahren, wobei eine Runde mindestens 1500 m lang sein muß. Oft teilt eine Wendeboje die Strecke in zwei gleichlange Geraden oder der Veranstalter fordert einen Dreiecks- bzw. Viereckskurs.

Bei Europa- und Weltmeisterschaften muß jeder Lauf 12 bis 17 km lang sein. Zwischen den vier Läufen stehen jeweils zwei Stunden Pause zur Verfügung. Der Start erfolgt fliegend gegen den Strom. Fünf Minuten vor Beginn des Laufes fällt der Vorbereitungsschuß mit einer roten Leuchtkugel. In dieser Zeit kreisen die Boote im Vorbereitungsfeld und dürfen sich erst mit dem Ablauf der letzten Minute der Start- und Ziellinie nähern. Hier heißt es aufgepaßt, denn wer vor der grünen Leuchtkugel den Start passiert, wird von diesem Lauf ausgeschlossen. Die Wertung erfolgt nach jeder Plazierung und wird nach allen Läufen addiert. Alle teilnehmenden Rennboote müssen vor dem Rennen von einer technischen Kommission im Fahrerlager abgenommen werden. Die Fahrer weisen dabei ihre Versicherung nach und müssen vorschriftsmäßige Rennbekleidung tragen (Schwimmweste und Sturzhelm).

Deutsche Weltmeister: 1956 – Jürgen Baginski (Kl. E 2); 1957 – Dieter König (Kl. OB); 1964 – Dieter König (Kl. OC); 1966 – Joachim Conrad (Kl. OA); 1966 – Jörg Steinwascher (Kl. DU); 1967 – Jörg Steinwascher (Kl. OB); 1968 – Kurt Mischke (Kl. OB); 1969 – Volker Steinwascher (Kl. OC); 1970 – Volker Steinwascher (Kl. OC); 1971 – Karl Bartel (Kl. OA); 1971 – Jörg Steinwascher (Kl. OB); 1972 – Karl Bartel (Kl. OA); 1972 Volker Steinwascher (Kl. OC); 1973 – Edward Paul (Kl. OC); 1973 – Ernst Rainer Bisterfeld (Kl. OB); 1974 – Karl Bartel (Kl. OA).

Deutscher Motoryachtverband e. V., 2 Hamburg 76, Stormweg 3; Telefon: (0 40) 22 47 27

Mitglieder: 18 500, davon 80 weiblich.

Geschichte: Als 1876 in Köln der Teehändler August Nicolaus Otto den ersten Verbrennungsmotor baute, schlug auch die Geburtsstunde des Motorsports. Zehn Jahre später trieb das Prinzip des Viertaktmotors die ersten Fahrzeuge an, die unabhängig voneinander von Gottlieb Daimler und Carl Benz gebaut wurden. 1888 erfand der schottische Tierarzt John Boyd Dunlop den Luftreifen, und von da an schien die Entwicklung der Rennwagen nicht mehr anzuhalten. 1894 erlebten Tausende das erste Automobilrennen von Paris nach Rouen.

Im Jahr 1913 verzeichnete man bereits Spitzengeschwindigkeiten von 175 km/h. Nur 25 Jahre später erreichten die Spitzenfahrer Rudolf Caracciola auf Mercedes und Bernd Rosemeyer (Auto-Union) bei Rekordversuchen auf der Autobahn 430 km/h. Nach und nach luden Spezialstrecken in der ganzen Welt zu „Großen Preisen“ ein. Ständig neue Wettbewerbe kamen hinzu wie Bergrennen, Rundstreckenfahrten, Zuverlässigkeitsprüfungen und Fernfahrten.

Die Industrienationen wetteiferten förmlich um die führende Position im Motorsport. Bald wurden Automobilclubs gegründet, der erste in Frankreich 1895. Von diesen Vereinigungen gingen die Initiativen zu den verschiedensten Konkurrenzen im eigenen Lande aus, die bald von den Nachbarn übernommen wurden. Seit 1904 besteht der internationale Dachverband des Automobilsports, die Féderation Internationale de l'Automobile (FIA) mit Sitz in Paris.

Rennklassen: Sehr früh schon teilte man die Automobile in Rennklassen ein, um Fahrzeuge durch Hubraum- und Gewichtsbeschränkungen mit annähernd gleichwertigen Chancen an den Start zu lassen. Heute kennen wir 13 Klassen von 500 bis 5000 ccm, die sich wiederum in verschiedene Kategorien aufteilen.

Die Kategorie A umfaßt homologierte (einheitliche) Typen, von denen innerhalb eines Jahres eine bestimmte Stückzahl serienmäßig hergestellt sein muß. Diese Zahlen in Klammern:

Kategorie A:	**homolog. Wagen:**
Gruppe 1	Serientourenwagen (5000)
Gruppe 2	Tourenwagen (1000)
Gruppe 3	Grand-Tourisme-Wagen (1000)
Gruppe 4	Spezial-Gr.-Tourisme-Wagen (500)

Die nächste Stufe umfaßt jene Wagen, die nicht mehr mit Serienfahrzeugen übereinstimmen müssen. Sie können verändert oder mit neuen Bauteilen ausgerüstet werden, so daß sie die Eigenschaften als Serienwagen verlieren.

Kategorie B:	**Prototypen:**
Gruppe 5	Sportwagen

(ab 1975 heißt die Gruppe „Produktionswagen“, homologiert

mit Herstellerzahl 100, und eine neue Gruppe 6 nimmt die Sportwagen auf.)
Es folgen die Wagen, die nur für ausgesprochene Geschwindigkeitsrennen hergestellt werden. Diese Wagen müssen grundsätzlich den internationalen Rennformeln entsprechen, während die „formelfreien" keine Beschränkungen bei Gewicht und Motorleistung berücksichtigen müssen.

Kategorie C:	**Rennwagen:**
Gruppe 7	Zweisitzige Wagen
Gruppe 8	Formelrennwagen
Gruppe 9	Formelfreie Wagen

Die wichtigste Klasse für den internationalen Rennsport bildet die der Formelrennwagen, die seit 1950 ihren eigenen Weltmeister auf nachstehenden Rennkursen ermitteln. „Große Preise" von Argentinien, Brasilien, Spanien, Belgien, Monaco, Schweden, Niederlande, Frankreich, Großbritannien, Europa (Nürburgring), Österreich, Italien, Kanada und der USA. Diese Grand-Prix-Rennen führen über 400 km, die höchsten Geschwindigkeiten liegen – wie in Monza/It. – über 250 km/st. Jede Rennstrecke muß bestimmte Bedingungen erfüllen, um den Schutz für Fahrer und Zuschauer zu gewährleisten. Viele Unfälle der letzten Jahre führten zu erhöhten Sicherheitsmaßnahmen. So müssen auf beiden Seiten der Strecke in Abständen von höchstens 300 m Brandschutzmänner postiert sein, die binnen 30 Sekunden mit tragbaren Feuerlöschern eingreifen können.
Die Plazierung in einem Rennen bringt 9 Punkte für den Sieger, 6 für den Zweiten, dann 4, 3, 2, 1 Punkte. Seit 1950 kennen wir folgende Weltmeister:
1950: N. Farina (It.); 1951: J. M. Fangio (Arg.); 1952/1953: A. Ascari (It.); von 1954–1957: Fangio (Arg.); 1958: M. Hawthorn (Gr. Br.); 1959/1960: J. Brabham (Austr.); 1961: Phil Hill (USA); 1962: Graham Hill (Gr. Br.); 1963: Jim Clark (Gr. Br.); 1964: J. Surtees (Gr. Br.); 1965: J. Clark (Gr. Br.); 1966: J. Brabham (Austr.); 1967: D. Hulme (Neuseeld.); 1968: Gr. Hill (Gr. Br.); 1969: J. Stewart (Gr. Br.); 1970: J. Rindt (Österr.); 1971: J. Stewart (Gr. Br.); 1972: Fittipaldi (Bras.); 1973: J. Stewart (Gr. Br.); 1974: E. Fittipaldi (Bras.).
Neben der Weltmeisterschaft der Formel I kommen nachstehende Wettbewerbe zur Austragung: Die Markenweltmeisterschaft für Grand-Tourisme-Wagen, der Sportwagen und der Prototypen. Für Grand-Tourisme stehen die bekannten Strecken wie 24 Stunden von Daytona/Beach, 1000 km von Monza, die „Targa Florio", 24 Stunden von Le Mans oder 1000 km vom Nürburgring. Weiterhin verzeichnet das umfangreiche Rennprogramm u. a. die Europatrophäe für Formel-II-Wagen, die Europabergmeisterschaft und den Europacup für Tourenwagen.
Zu den traditionellen Rallye-Marken-Fahrten mit Serienwagen

zählen die Rallye Monte Carlo, die Prüfung in Afrika und die „Tour d'Europe". Die meisten renommierten Rennpiloten begannen als Rallye-Fahrer, um sich vom „Ausweis"- bis zum Lizenzfahrer in harter Konkurrenz hochzuarbeiten.
Die „Miniatur-Rennwagen" betreiben den Go-Kart-Sport, der ebenfalls der FIA untersteht und im Bereich der Bundesrepublik 6 verschiedene Klassen kennt. Von der Klasse A mit einem homologierten 100-ccm-Serienmotor ohne Getriebe, einem Mindestgewicht von 120 kg bis zur Klasse E mit 200-ccm-Serienmotor mit Getriebe und einem Gewicht von 160 kg. Die Streckenführung soll sehr kurvenreich sein, muß jedoch bei einer Gesamtlänge bis 1200 m mindestens zwei Gerade mit 50 bis 100 m Länge aufweisen. Neben den internationalen Wertungen stehen eine große Zahl von Go-Kart-Wettbewerben auf dem deutschen Programm.

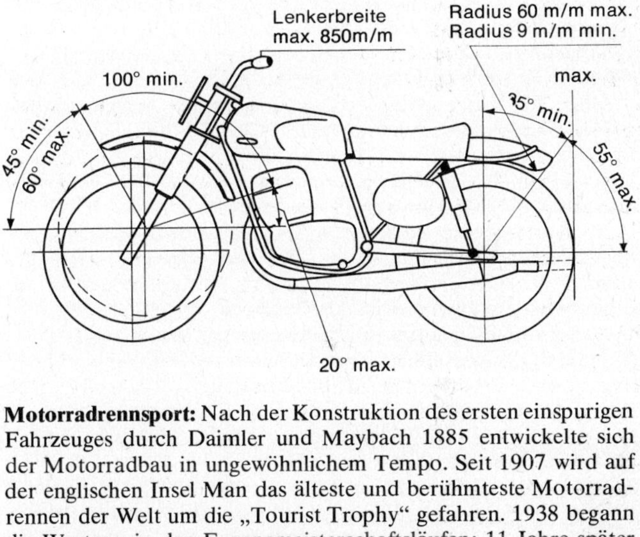

Motorradrennsport: Nach der Konstruktion des ersten einspurigen Fahrzeuges durch Daimler und Maybach 1885 entwickelte sich der Motorradbau in ungewöhnlichem Tempo. Seit 1907 wird auf der englischen Insel Man das älteste und berühmteste Motorradrennen der Welt um die „Tourist Trophy" gefahren. 1938 begann die Wertung in den Europameisterschaftsläufen; 11 Jahre später vergab der Internationale Motorsportverband (FIM) für Fahrer und Marken die Titel auf inzwischen klassischen Rundstrecken. Heute verzeichnet der Straßenrennsport folgende Abgrenzungen: Solomaschinen bis 50, 125, 250, 350 und 500 ccm, Seitenwagenmaschinen bis 500 ccm.
Der Start erfolgt im allgemeinen als Massenstart. Es ist üblich, daß die Fahrzeit für jede Runde gemessen und daraus die Gesamtzeit errechnet wird. Die Streckenlänge beträgt bis 60 km. Auch Pisten in festen Rennbahnen (Motodrome) sind als Rennstrecken zugelassen.

Bergrennen: Die Starter gehen einzeln auf die Strecke und müssen die Distanz zwischen dem Startpunkt im Tal und dem Zielpunkt auf der Höhe eines Berges oder Passes einmal oder mehrmals durchfahren.
Spezielle **Bahnrennen** mit Bahnrennmaschinen werden auf Zement, Asche, Sand, Gras oder Eis durchgeführt. Auf Aschenbahnen erlebte der **Speedway-Sport** eine enorme Aufwärtsentwicklung. Diese Spezialisten benutzen einen Stahlschuh am linken Fuß als Brems-, Stütz- und Drehpunkt zur Erde.
Auch auf Sand oder Gras ist der Fahrerstil dem des Aschenfahrens ähnlich mit dem gesteuerten Wegrutschen (Hinterraddriften). Auf dem Eis haben die schmalen Hinterreifen bis 140, die Vorderreifen mindestens 100 Spikes von 3 cm Länge.
Moto-Cross-Rennen führen auf einem Straßenkurs durch das Gelände. Dabei benötigen die stabilen Maschinen eine gut gedämpfte Federung. Einen großen Teil der Strecke durchfährt der Fahrer stehend in den Fußstapfen.
Geländesportprüfungen sind keine Geschwindigkeitsrennen, sondern von Etappe zu Etappe muß die vorgeschriebene Zeit eingehalten werden, sonst gibt es Strafpunkte. Die Schwierigkeiten im Gelände verlangen hohes fahrerisches Können. Schäden an den Maschinen müssen selbst an Ort und Stelle behoben werden. Den Höhepunkt des Geländesports bildet die seit 1913 veranstaltete internationale Motorrad-Sechstagefahrt, die auch als Weltmeisterschaft für Nationalmannschaften angesehen wird.
Die **Trial**-Geländeprüfung führt über eine schwierige Geländestrecke, die meist in mehreren Runden zu durchfahren ist. In bestimmten Sektionen zählt das Berühren des Bodens mit dem Fuß als Fahrfehler, ebenso das Umwerfen der Maschine usw.
Wie die Kraftwagen führen auch die Motorräder **Rallyes** auf nicht abgesperrten Straßen durch. Sonderprüfungen wie Rund- oder Bergkurse erschweren diese Langstreckenprüfung, bei der die Orientierung bei Tag und Nacht besonderes Gewicht erhält.
Motoball: Ein Spiel auf Motorrädern, durchgeführt auf einem Fußballplatz mit den dort vorhandenen Toren. Eine **Mannschaft** besteht aus 6 Spielern, 1 Torwart (mit einer Moped-ähnlichen Maschine von 45 kg), 1 Verteidiger, 3 Stürmern und 1 Auswechselspieler. Die Feldmaschinen haben höchstens 250 ccm Hubraum – bis 34 PS –, Geschwindigkeit bis 80 km/h. Der Ball – eine Gummiblase mit Lederbezug – hat einen Durchmesser von 38 bis 40 cm, ein Gewicht von 900 bis 1000 g und wird bei laufendem Motor mit dem Fuß gestoßen, möglichst in das gegnerische Tor gebracht. Die Spieldauer: 4 × 20 Minuten mit je 10 Minuten Pause.
Die Entwicklung des absoluten Weltrekords auf Motorrädern: 1936: Henne (D) BMW – 272 km/h; 1937: Fernihough (GB) Jap – 273 km/h; 1937: Taruffi (It) Gilera – 274 km/h; 1937: Henne

(D) BMW – 280 km/h; 1951: Herz (D) NSU – 290 km/h; 1955: Wright (GB) Vincent 298 km/h; 1956: Herz (D) NSU – 339 km/h; 1962: Allan (USA) Triumph – 361 km/h; 1974: Vesco (USA) Yamaha – 462 km/h.

Deutsche Motorradweltmeister: 50 ccm – 1962: Degner; 1966/1967 und 1968: Anscheidt. **125 ccm** – 1953: Haas; 1970: D. Braun. **250 ccm** – 1953: Haas; 1954: Haas; 1973: Braun. **Seitenwagen** – 1954: Noll/Crohn; 1955: Faust/Rennert; 1956: Noll/Crohn; 1957: Hildebrand/Grunwald; 1958 und 1959: W. Schneider/ Strauß; 1960: Fath/Wohlgemut; 1961, 1962, 1963 und 1964: Deubel/Hörner; 1965: Scheidegger/Camaphias; 1966: Scheidegger/Robinson; 1967: Enders/Engelhardt; 1968: Fath/Kalauch; 1969: Enders/Engelhardt; 1970: Enders/Kalauch; 1971: Owesle/ Rutterford; 1972, 1973 und 1974: Enders/Engelhardt.

Pelota

Das „baskische Nationalspiel“, mittlerweile in ganz Spanien, Südfrankreich, Mexiko und Argentinien heimisch geworden, entstand um 1750 und kann in verschiedenen Variationen gespielt werden.

Grundregeln: Gewöhnlich treten je zwei Spieler gegeneinander an und schlagen wechselweise mit keulenförmigen, am Arm befestigten Schlägern einen kleinen Hartgummiball gegen eine Wand. Verfehlt eine Partei den zurückspringenden Ball, so erhält die Gegenpartei einen Gutpunkt. Der Ball darf nur einmal auf dem Boden aufspringen. Seiten- und Rückwand werden in das Spiel einbezogen. Alle Spieler befinden sich in derselben Spielfeldhälfte. Jeder Spieler bemüht sich, den Ball so gegen die Vorderwand zu schlagen, daß ihn der Gegner nach dem Rückprall weder aus der Luft noch nach dem ersten Aufspringen im „guten“ Feld fangen und zurückwerfen oder -schleudern kann. Sieger wird die Partei, die beim Spiel mit der Hand zuerst 22 Punkte oder 45 Punkte mit dem Schläger erzielt.

Wettbewerbe: 1. Fronton largo (großer Spielplatz): 50 bis 70 m lang, 10 bis 12 m breit. Die Spielfläche (cancha) wird eingegrenzt von einer 10 bis 12 m hohen Seitenwand (pared izquierda), der wichtigen Vorderwand (frontis) sowie der Rückwand (rebote). Die Längsseite wird am unteren Teil durch 2 m hohe senkrechte Linien in Felder eingeteilt, die bei 0 beginnen und im Abstand von etwa 4 m bis 15 reichen. Das 4. Feld wird als schlecht (mala), das 7. als gut (pasa) bezeichnet. Man spielt mit der **Remonte** (ein schutenartiges Korbgeflecht mit einer inneren Laufrinne für den Ball, der nahe am Griff aufgefangen und nach dem Durchlauf am Ende herausgeschleudert wird), mit der **Cesta punta** (ähnlich der remonte, nur stärker gewölbt, mit größerer Ballrinne)

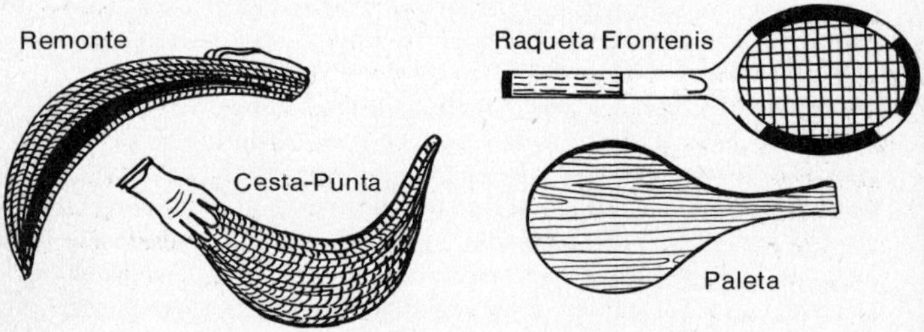

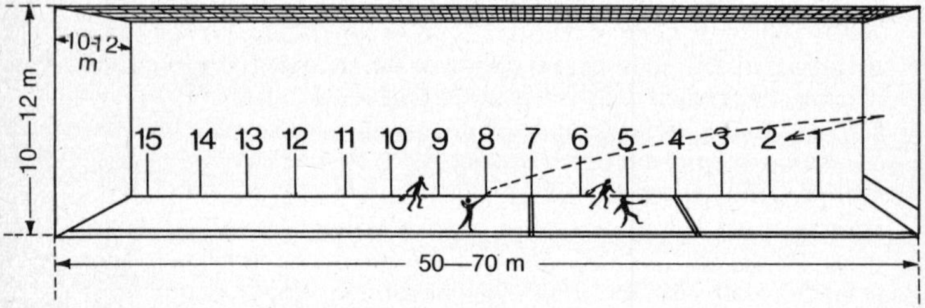

oder der **Pala** (hölzerner Schläger mit breiter Fläche).

2. Fronton corto (kleiner Platz) mit 30 bis 40 m Länge, 10 m Breite und Wandhöhe. Spiele mit der bloßen Hand, mit der **Paleta** (kleiner Holzschläger) oder Tennisschläger mit verstärkter Bespannung (raqueta frontenis).

3. Trinquete: Spielfeld mit zwei Seitenwänden (geschlossen).

4. Plaza libre: Freier Spielplatz.

Pferdesport

Geschichte: Das Pferd hat die Entwicklung unserer Welt in Krieg und Frieden seit undenklichen Zeiten mitbestimmt. Erst wurde das Tier nur gejagt, bis es in der Bronzezeit (um 1500 v. Chr.) als Haustier erschien und als Last- oder Reittier Verwendung fand. Als erste zähmten die Perser eingefangene Wildpferde. Um 1000 v. Chr. kam das Pferd nach Mittel- und Südeuropa. Von den Wagenrennen der Griechen und Römer über die Ritterturniere im Mittelalter bis zum heutigen Pferdesport fand eine systematische sportliche Förderung des Tieres statt, die bereits 1600 mit den ersten Rennen in England begann und 1830 in Paris mit Dressur- und Hindernissprüngen fortgesetzt wurde.
Der erste deutsche Rennverein in Berlin führte 1828 auf dem Tempelhofer Feld Rennen mit Wetten durch. 1912 kamen in Stockholm erstmals Olympische Reiterspiele mit Turniersport, Dressur und Military ins Programm. Davor scheiterten diese Wettbewerbe an den schwierigen Transporten.
Die Pferderassen: Die Einteilung geschieht hauptsächlich nach Temperament, Gebäude und Abstammung. Unter einem **Vollblutpferd** versteht man ein edles, elegantes und dennoch hartes Pferd, das wir in erster Linie auf den Galopprennbahnen finden. Auch als Dressurpferd ist der Vollblüter wertvoll, da ihn sein stets hellwaches Temperament für Höchstleistungen auf diesem Spezialgebiet prädestiniert. Wir kennen die Araber, die englischen Vollblüter sowie die anglo-arabische Kreuzung.
Die **Warmblutpferde** stehen durch Einkreuzungen von Vollblütern hoch im Blut, bringen häufig reingezüchtete Rassen hervor. Die bekanntesten sind die Hannoveraner – hervorragende Reitpferde –, die Westfalen, Ostpreußen und Holsteiner. Dazu kommen die Oldenburger, Württemberger, Brandenburger und Mecklenburger.
Die **Kaltblutrassen** sind von massivem Bau und dienen hauptsächlich als Wagenpferde.

Die Dressur: Diese Prüfung ist ein Spiegelbild der übernommenen klassischen Reitkunst. Hier zeigt sich das Pferd auf der Höhe seiner gymnastischen Ausbildung, während es der Reiter auf Grund seiner geistigen Überlegenheit beherrscht. Befreit von allen „Zügeln und Sporen" führt das Pferd die verschiedenen Lektionen mit größter Anmut und gesteigerter Energie nach dem Willen des Reiters aus. Das Ziel bleibt die harmonische Entwicklung der natürlichen Anlagen und Fähigkeiten des Pferdes.
In einem **Dressur-Rechteck** von 20 × 60 m Größe muß der Reiter innerhalb von 12½ Minuten 33 festgelegte Lektionen im „Grand Prix de Dressage" ausführen. Diese Vorführungen enthalten Kombinationen und Figuren, die im Stand oder in bestimmten Gangarten zur Ausführung gelangen, wie die **Piaffe** (eine Art Trab auf

der Stelle), die **Pirouette** (eine galoppähnliche Bewegung im Kreis), die **Traversale** (ein diagonaler Trab im Zweiertakt von einer Ecke in die andere) oder die **Passage** (erhabene Form des Trabes).
Fünf **Richter** beurteilen die sportliche Darbietung. Sie achten vor allem auf Freiheit und Harmonie der Bewegung, auf präzises, korrektes Ausführen der verschiedenen Aufgaben. Sie geben für jeden Starter Noten von 0 bis 10, wobei 0 „nicht ausgeführt" und die Höchstnote 10 „ausgezeichnet" bedeutet.
Hinzu kommt die Bewertung des Gesamteindruckes. Nach dem ersten Durchgang führen die acht besten Pferde ein Stechen durch.
Eine **Mannschaft** wird von drei Reitern oder Reiterinnen gebildet. Die Wertung ergibt sich durch Addition der Punkte aus dem ersten Umlauf, kann aber je nach Reglement nach anderen Richtlinien festgelegt werden.
Deutsche Olympiamedaillen-Dressur: Einzel: Gold – 1928: Frh. von Langen; 1936: Pollay; 1972: L. Linsenhoff; Silber – 1936: Friedrich Gerhard; 1964: Boldt; 1968: Neckermann; Bronze – 1956: Linsenhoff; 1960: Neckermann; 1968: Dr. Klimke; 1972: Neckermann. **Mannschaft:** Gold – 1928: v. Langen; Linkenbach, v. Lotzbeck; 1936: Pollay, Gerhard v. Oppeln; Silber – 1956: Liselott Linsenhoff, Hannelore Weigand, Anneliese Küppers; 1972: Linsenhoff, Neckermann, Schlüter; Bronze – 1952: Thiedemann, Pollay, Ida v. Nagel.

Springreiten: Die Prüfungen des Turnierreitsports sind in Leistungsklassen eingeteilt, in leichte, mittlere und schwere. Die beiden S(schwer)-Springen nennt man auch „Mächtigkeits"- oder „Kanonenspringen", wenn Höhen über 2 m im „Stechen" erreicht werden. Bei Olympischen Spielen baut man den Parcours als Sa-Springen auf, der nach internationalen Regeln eine Länge von 800 bis 1000 m aufweist und 17 Sprünge über 14 Hindernisse enthält (mit Doppelsprung und Dreifachkombination). Einzel- und Mannschaftswertung werden getrennt entschieden. Der Parcours des Einzelspringens – 2 bis 3 Reiter pro Land – besteht aus 3 Teilen: 1. der **Wendigkeitsprüfung,** 250 m lang mit Hindernissen bis 1,60 m hoch; 2. der **„Mächtigkeitsstrecke",** 200 m, Hindernisse 1,50 × 2,20 m, und 3. einem Weg nach Art des Nationenpreises mit Hindernissen bis 1,50 m mit den Sprungkombinationen und dem 4,50 m breiten Wassergraben.
Im 2. Umlauf sind nur noch 25 Prozent der Teilnehmer startberechtigt. Die Mächtigkeitsstrecke entfällt. Bei Punkt- und Zeitgleichheit findet ein Stechen über 6 Hindernisse des 2. Umlaufes statt. Fällt auch hierbei keine Entscheidung, erfolgt ein 2. Stechen.
Die **Mannschaftswertung,** der „Preis der Nationen", kommt ebenfalls in 2 Umläufen zur Durchführung. Der Parcours entspricht – von geringen Ausnahmen abgesehen – dem des Einzelspringens.

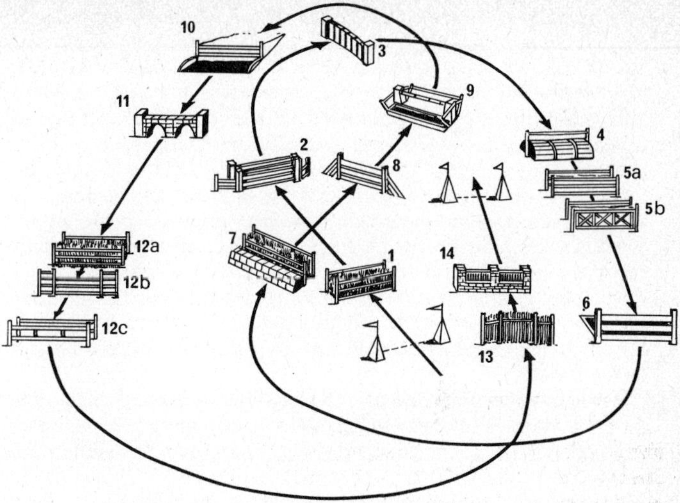

Beispiel für einen Parcours eines Großen Jagdspringens der Klasse S a: Bei den Olympischen Reiterspielen 1956 in Stockholm waren 14 Hindernisse auf 775 Meter aufgebaut, die 17 Sprünge verlangten. Die einzelnen Hindernisse:

1. Hecke mit Barriere
2. Schwedischer Doppelzaun
3. Gutstor
4. Südamerikanischer Schweinestall (Hochweitsprung)
5. a Birkenstangen
   b Birkengatter
6. Wassergraben mit Stationata
7. Niedrige Mauer mit Doppelstangen
8. Palisade
9. Wassertrog mit Stangen
10. Wassergraben
11. Rote irländische Gartenmauer
12. a Oxer
    b Tivoli-Barrieren
    c Offener Oxer
13. Riviera-Gartenzaun
14. Parkmauer

Bei Punktgleichheit entscheidet ein Stechen, bei dem ein notwendiges 2. Stechen mit Zeit zur Durchführung kommt. Eine Mannschaft besteht aus 4 Reitern, deren Fehlerpunkte addiert werden. Die niedrigste Gesamtziffer bringt den Sieg.

Die **Strafpunktwertung:** Überschreiten der Mindestzeit, die festgelegt wird, um 1 Sekunde = ¼ Punkt; Erster Ungehorsam des Pferdes, Verweigern oder Vorbeireiten am Hindernis = 3 Punkte; Abwerfen oder Umreißen eines Hindernisses = 4 Punkte; Zweiter Ungehorsam = 6 Punkte; Sturz von Pferd oder Reiter = 8 Punkte: Dritter Ungehorsam, Auslassen eines Hindernisses, Verlassen des Parcours, Annehmen fremder Hilfe, Überschreiten der festgelegten Höchstzeit führen zum Ausschluß des Reiters. Ein fehlerfreier Umlauf innerhalb der Zeit ergibt 0 Fehlerpunkte. Auch reine Zeitspringen, bei denen die schnellste Zeit unter Beachtung der Hindernisfehler entscheidet, sind möglich.
Die zum Abwurf vorgesehenen Hindernisteile wie Stangen oder Balken von einem Rick, einem Oxer, Zaun, einer Mauer oder Triplebarre sollen nicht schwerer als 25 kg und nicht länger als 6 m sein.
Deutsche Olympiamedaillen – Springreiten: Einzel: Gold – 1936: Hasse, 1956: Winkler mit „Halla" bei einem unvergeßlichen Ritt; Silber – 1964: Schridde; Bronze – 1952: Thiedemann mit „Meteor".
Mannschaft: Gold – 1936: v. Barnekow, Brandt, Hasse; 1956: Thiedemann, Winkler, Lütke-Westhus; 1960: Schockemöhle, Winkler, Thiedemann; 1964: Winkler, Schridde, Jarasinski; 1972: Ligges, Wiltfang, Steenken, Winkler – nur die drei Bestplazierten kamen in die Wertung.

Military: Die schwierigste aller Leistungsprüfungen im Pferdesport stellt die Military dar, die früher fast ausschließlich von Offizieren geritten wurde . . . und seit 1912 von den Tierschutzverbänden in aller Welt bekämpft wird. Diese Vielseitigkeitsprüfung stellt hohe Anforderungen an das Pferd, das gründlich abgehärtet und geschult sein muß. Die Military ist ein Dreikampf für Einzelreiter und Mannschaften. An drei aufeinanderfolgenden Tagen müssen die drei Disziplinen Dressur, Geländeritt und Jagdspringen absolviert werden. Ein Wechsel des Pferdes ist nicht erlaubt.
1. Tag – Dressur: Ein festgelegtes Programm mittlerer Schwierigkeit ist in 7 bis 8 Minuten mit 19 Aufgaben zu absolvieren. Die Ausführung wird nach den gleichen Richtlinien wie bei der Spezialdressur mit Punkten von 0 bis 6 benotet. Die Differenz der erreichten Punkte zu der festgesetzten Höchstbewertung gilt als „Strafpunktzahl".
2. Tag – Geländeritt: Bei dieser schwierigen Wegstrecke mit vorgeschriebenen Geschwindigkeiten und einer Länge bis 35 km kam es oft zu Zwischenfällen, denn einmal war der Parcours zu schwer gebaut, zum anderen der Ehrgeiz des Reiters größer als das Format des Pferdes.
Der Weg besteht aus 4 Teilen: Die ersten 7 bis 8 km führen über Straßen und Wege ohne Hindernisse (Geschwindigkeit 240 m pro

Minute), die zweite Etappe bildet ein Galopp auf einer Rennbahn über 4 km mit 12 Jagdhindernissen – bis 1,40 m hoch – (600 m/min) und eine Strecke von 10 bis 12 km (240 m/min), darauf folgt eine Querfeldeinstrecke von 8 km Länge bis 33 festen, schweren Hindernissen (450 m/min). Den Schluß bildet ein Jagdgalopp auf ebener Strecke über ca. 2 km (330 m/min). Es gibt auf diesem Weg Gut- und Strafpunkte, wie z. B. für Verweigern und Stürze.
3. Tag – Springprüfung: Ein Parcours von etwa 900 m Länge mit mittelschweren Sprüngen über 10 bis 12 Hindernisse (1,20 m hoch), der mit einem Durchschnitt von 400 m/min durchritten werden muß. Die Minusbewertung liegt hier recht hoch; für Springfehler = 10 Minuspunkte und für den 3. Ungehorsam = 40 Minuspunkte, und natürlich werden auch für Zeitüberschreitungen entsprechende Zahlen angekreidet.
Alle Punktzahlen der drei Prüfungen kommen in die Addition, und die niedrigste Wertung führt zum Erfolg. Jede Nation darf vier Reiter melden, von denen der schwächste gestrichen wird. Das Mindestgewicht des Reiters muß 75 kg betragen.
Rennreiten: Der Galopp- und Trabrennsport wird in erster Linie von professionellen Züchtern, Trainern und Jockeys betrieben.
Galopprennen: Der Rennsport dient vor allem als Leistungsprüfung des Vollblüters, das nur dann in der Zucht Verwendung findet, wenn es auf der Bahn hervorragende Leistungen geboten hat. Die jungen Vollblüter kommen nach behutsamem, vorsichtigem Einreiten als Zweijährige zum Turfsport. Dabei wird die Distanz langsam gesteigert. Die klassischen Galopprennen (Zuchtprüfungen) gehen über Strecken von 1600 bis 2400 m (Deutsches Derby in Hamburg) und sehen jeweils Dreijährige am Start.
Bei diesen Prüfungen laufen alle Pferde unter gleichen Gewichten, d. h. Jockey, Rennkleidung, Sattel und Gurte müssen bei allen das gleiche Gesamtgewicht aufweisen. Nur Stuten erhalten gegenüber den Hengsten eine Erleichterung von 2 kg. Durch entsprechende Bleigewichte im Sattel kann bei den verschiedenen Körpergewichten der Jockeys ein Ausgleich erfolgen.
Bestimmungen: Jedes Gestüt, jeder „Stall" läuft in bestimmten Rennfarben, die im Farbenbuch einzutragen sind und sich deutlich voneinander unterscheiden müssen. Nach dem Abwiegen und Satteln kommen die Pferde zum Führring, auf dem die Reiter aufsitzen. Anschließend muß jeder Starter an der Parade, dem Aufgalopp vor der Tribüne teilnehmen. Die Startnummern wurden ausgelost. Ein Rennen wird entweder von einer Startmaschine – mit Ständen – oder mit der Flagge gestartet. Die Pferde stehen alle unter Aufsicht des Starters, der allein zu entscheiden hat. Ein Start ist ungültig, wenn der „Rückrufer" die weiße Flagge zeigt.
Die Jockeys müssen Sturzkappen tragen; Scheuklappen an den Augen der Pferde sind nur zulässig, die das Seit- und Rückwärts-

blicken verhindern. Während des Rennens darf keine Behinderung erfolgen. Ein anderes Pferd soll nur bei einem Vorsprung von mindestens zwei Pferdelängen gekreuzt werden. Das Pferd, dessen Kopf zuerst die gerade Linie zwischen den Zielpfosten erreicht hat, ist Sieger. Die genaue Reihenfolge der im Ziel eingekommenen Galopper stellt der Richter fest. In Zweifelsfällen bestimmt die Zielfotografie die Reihenfolge des Einlaufes. Kommen mehrere Pferde ohne erkennbaren Unterschied – kurzer Kopf oder Hals – über die Zielmarke, entscheidet der Richter auf „totes" Rennen. Zum Zurückwiegen muß jeder Reiter, der Anspruch auf einen Preis erhebt, unverzüglich zur Waage.
Neben diesen Rennen kennt man Altersgewichtsrennen, bei denen sich das vom Pferd zu tragende Gewicht nach dem Alter richtet. Dabei bedeutet 1 kg zusätzliches Gewicht etwa eine Pferdelänge. Der Ausgleich (Handicap) erfolgt durch Gewichte.
In Deutschland ritt der Berliner Otto Schmidt über 2 × 200 „Siegpferde". Den Weltrekord hält der Amerikaner William Bill Shoemaker, der sich der 7000-„Erfolgsgrenze" nähert.
Trabrennen: Die Traber, deren Gangart darin besteht, daß das Pferd gleichzeitig mit seinen diagonal entgegengesetzten Beinen auftritt, ziehen den zweirädrigen „Einspänner", den Sulky, der mit Fahrer ein Mindestgewicht von 70 kg aufweisen muß. Das Pferd darf nur im Trab laufen, wird sonst disqualifiziert. Bei den klassischen Trabrennen gehen ebenfalls die Dreijährigen an den Start. Die Rekordlisten beschränken sich auf die erzielten Kilometerzeiten im Flieger- (1000 bis 1400 m), Meilen- (1600 m) und Steherrennen (über 2000 m).
Ausgleichsrennen werden in 4 Klassen eingeteilt, bei denen der „Handicaper" (= Ausgleicher) nach bestimmten Grundsätzen einen theoretischen Ausgleich der Erfolgschancen nach Vorgaben festlegt.
Der erfolgreichste deutsche „Traber" ist Hans Frömming mit über 5000 Siegen.
Hindernisrennen führen über Strecken von 2400 m bis 7000 m und werden als Hürden- oder Jagdrennen bezeichnet. Die Hindernisse erheben sich in einem Abstand von 300 m. Die Klasseneinteilung geschieht nach G (Gute Klasse), M (Mittel-) und U (Untere Klasse).
Pferdetoto: Seit Jahrhunderten wetten die Briten bei Pferderennen, und heute sind es Millionen in den USA, Frankreich und der Bundesrepublik, die an jedem Renntag ihr Glück versuchen. Die „Außenseiter" bringen natürlich die besten Quoten.
Siegwette = richtiger Tip des Siegers; **Platzwette** = das bezeichnete Pferd muß einen bestimmten Rang unter den ersten drei einnehmen; **Einlaufwette** = die richtige Reihenfolge der ersten beiden; **Dreierwette** = richtige Voraussage der ersten drei Pferde. Wettumsätze und Ergebnisse bestimmen den Gewinn.

Polospiel: Dieses Mannschaftsspiel entstand vor Jahrtausenden bei Reitervölkern in China und Persien. Von diesen übernahmen die Inder das Spiel zu Pferde, gaben es an die Engländer weiter, und von dort ging es als „Pferdehockey“ um die Welt bis nach Südamerika. Das Spielfeld mißt 275 × 150 m, die Torstangen stehen 6,40 m auseinander. Jede Mannschaft besteht aus 4 Spielern, die mit einem 1,10 m langen Schläger – mit Hammerende – einen Hartball von 8 cm Durchmesser treiben und schlagen. Die Spieldauer besteht aus 7 Abschnitten zu je 8 Minuten.
Deutsche Reiterliche Vereinigung, Hauptverband für Zucht und Prüfung deutscher Pferde e. V., Geschäftsstelle: 441 Warendorf/ Westf., Lönsstr. 13; Tel.: (02581) 8041.
Mitglieder: 260000, davon 112000 weiblich.

Radsport

Geschichte: Es begann mit einem Rad ohne Steuerung, mit der Laufmaschine des Franzosen Sivrac (1790). 26 Jahre später gelang es dem Freiherrn von Drais, ein „Velociped“ zu konstruieren, das, mit den Füßen auf der Erde angestoßen, eine beträchtliche Geschwindigkeit entwickelte. Erst 1853 erfand der Schweinfurter P. M. Fischer die Pedale für das Vorderrad, die der Franzose Michaux mit einem Tretkurbelantrieb über Ketten an die Hinterachse verbesserte. Zunächst fanden die Hochräder allgemein Gefallen, aber nach der Erfindung der Luftreifen durch den Schotten Dunlop (1888) begann die eigentliche Geschichte des Radrennsports.
Schon 1861 war der Altonaer Bicycle-Club gegründet worden, 1884 in Leipzig der Bund Deutscher Radfahrer. Die ersten Rundbahnen entstanden, und der Radsport nahm mit den großen Etappenfahrten durch ganze Länder – wie, seit 1903, der „Tour de France“ – sowie den Sechstagerennen in überfüllten Hallen einen ungeahnten Aufschwung und brachte bald in vielen Ländern Berufsfahrer an den Start.

Straßenrennen:
Einzelstraßenfahren: Die Fahrer starten gemeinsam und legen eine Strecke von 150 bis 200 km zurück. Längere Distanzen bezeichnet man als Fernfahrten, die auch in Etappen zurückgelegt werden. Dazu zählen die großen „Schleifen“, besonders in Frankreich, Italien (Giro d'Italia), Spanien und der Schweiz. *Das Straßenrennrad wiegt 8 bis 10 kg und ist mit 2 Felgenbremsen (Vorder- und Hinterrad) sowie einer Gangschaltung bis zu 10 Gängen ausgerüstet.*
Beim **Zeitfahren** auf der Straße starten die Rennfahrer einzeln in gleichen Zeitabschnitten. Jeder Teilnehmer fährt allein gegen

„die Uhr“. Das strenge Reglement bestimmt u. a., daß ein überholter Fahrer seinen neuen Vordermann nicht als Windschatten benutzen darf. In der Regel beträgt die Strecke nicht mehr als 100 km. Häufig werden Zeitrennen in Etappenfahrten eingebaut. Das Bergzeitfahren erfolgt nach den gleichen Bestimmungen. In den letzten Jahren wurden auch die Frauen für Straßenrennen bei internationalen Vergleichen zugelassen.

Straßenrennrad

Bahnrennrad

Das **Vierer-Mannschaftsfahren** ist wie das Einzelrennen olympische Disziplin. Es wird jeweils von einem Team mit 4 Fahrern bestritten, ebenfalls über 100 km. Jede Mannschaft startet gemeinsam in Abständen von 3 bis 5 Minuten zu den anderen Teams. Bei der Zielankunft entscheidet die Zeit des dritten Fahrers einer Mannschaft.

Das **Kriterium** auf der Straße wird nach den Bestimmungen von Bahnrennen ausgetragen. Die Länge eines solchen Rundkurses, der oft durch die Straßen einer Stadt führt, beträgt meist nur

wenige Kilometer, die mehrmals durchfahren werden müssen. In bestimmten Runden erfolgen Wertungsspurts, die den besten Fahrern Punkte bringen. Sieger ist der Sportler, der die meisten Punkte sammelt oder aber das übrige Feld überrundet.
Das **Querfeldeinrennen** führt über eine Strecke von ca. 20 km mit natürlichen Hindernissen wie steile Hänge, Gräben, Treppen oder schwierige Abfahrten. Berufsfahrer und Amateure starten gemeinsam als „Ausgleich" in den Wintermonaten.
Deutsche olympische Medaillen:
Einzelstraßenfahren: Silber – 1896: August Goedrich; Bronze – 1936: Ziegler. – Mannschaftsfahren: Silber – 1960: Schur, Lörke, Adler, Hagen; Bronze – 1956; Tüller, Schur, Pommer, Lücker, Nonn.

Bahnrennen: Als olympische Disziplinen gelten: Malfahren, Zeitfahren, Verfolgungsrennen und Tandemfahren. Der Bahnrennsport unterscheidet die Wettbewerbe auf Sommer- oder Winterbahnen. Dabei führen die offenen Zementbahnen über ein Oval von 200 bis 500 m mit stark überhöhten Kurven, während die Hallenbahn meist einen festen Holzbelag besitzt. Bei 200-m-Bahnen (4 bis 6 m breit) beträgt die Kurvenneigung bis 45 Grad.
Beim **1000-m-Malfahren,** auch Fliegerrennen oder Sprint genannt, starten 2 Fahrer gegeneinander. Fast stets entscheidet erst der Endspurt das Rennen (ca. 70 km/h für die letzten 200 m, die gestoppt werden), das von taktischen Überlegungen bestimmt wird. Auf den ersten 700 m versucht jeder Fahrer die günstige 2. Position im „Windschatten" zu erringen, um dann überraschend zum Finish anzusetzen. Der Sieger wird im K.-o.-System ermittelt.
1000-m-Zeitfahren, das in gleicher Form auch über 500 m oder über eine Stunde geht. Die Fahrer starten in 5-Min.-Abständen. Die schnellste Zeit bestimmt den Sieger.
Den Stundenweltrekord hält der Belgier Eddy Merckx seit 1972 mit 49,408 km.
Verfolgungsrennen: Beim **Einzelfahren** über 4 km starten 2 Fahrer gleichzeitig von den gegenüberliegenden Geraden im gleichen Abstand voneinander. Sieger wird, wer seinen Gegner einholt oder als erster seine Ziellinie überfährt. Dieses schwere Rennen wird auch von je 2 Mannschaften mit je 4 Fahrern nach gleichen Bedingungen über 4000 m durchgeführt. Die Fahrer eines Teams wechseln sich ständig in der Führung ab. Die Mannschaft, deren 3. Fahrer vor dem dritten des Gegners im Ziel ist oder die andere Mannschaft eingeholt hat, gewinnt. *Ein Bahnrennrad hat übrigens im Gegensatz zum Straßenrad keinen Freilauf, keine Bremsen und keine Gangschaltung. Das Gewicht beträgt 5 bis 7 kg.*
Tandem: Zwei Fahrer bilden auf einem Spezialrad eine Einheit, versuchen nach der Art des Fliegerrennens über 2 km im Spurt gegen ein anderes Team zu gewinnen.

Ein **Mannschaftsrennen** zählt zu den populärsten Wettbewerben auf der Bahn. Jeweils 2 Fahrer bilden eine Mannschaft, die sich ständig ablösen. Bei Sturz oder Defekt kann ein Fahrer so lange im Rennen bleiben, bis der Partner wieder starten kann. Der Wertungsmodus entspricht dem des Kriteriums im Freien.

Ein **Sechstagerennen** bildet die Krönung der Bahnrennen und gilt nur für Berufsfahrer, die paarweise ein Team bilden, das 6 Tage und Nächte unterwegs ist. Dabei wechseln sich die Fahrer beliebig untereinander ab. Am frühen Morgen erfolgt die „Neutralisation", in der sich beide Fahrer gleichzeitig erholen können. Das 1. Rennen wurde schon 1891 in New York gestartet.

Das **Omnium** bringt den Mehrkampf der Bahnfahrer und kann z. B. mit Zeit- und Punktefahren sowie einem Fliegerrennen beliebig aufgestellt werden. Die Wertung jeder Disziplin erfolgt nach Punkten, so daß auch gute Durchschnittsfahrer im Kampf mit den Spezialisten bei der Endabrechnung Chancen besitzen.

Steherrennen kommen hinter Motoren zur Durchführung. Dabei bildet ein Schrittmacher mit seinem kleinen „Derny"-Motor oder auch stärkeren Maschinen sowie dem Rennfahrer, „Steher" genannt, auf seinem Spezialrad eine Einheit. Durch Zeichen muß das vorgelegte Tempo so reguliert werden, daß der Radrennfahrer nicht „von der Rolle" der Maschine abkommt.

Deutsche olympische Medaillen:

1000-m-Zeitfahren: Silber – 1960: Dieter Gieseler; Bronze – 1936: Rudolf Karsch. 1000-m-Malfahren: Gold – 1936: Toni Merkens; Bronze – 1952: Werner Potzernheim. 2000-m-Tandem: Gold – 1936: Ernst Ihbe/Carly Lorenz; Silber – 1960: Jürgen Simon/Lothar Stäber; 1972: Geschke/Otto (DDR); Bronze – 1928: Karl Köther/Hans Bernhardt; 1964: Willy Fuggerer/Klaus Kobusch; 4000-m-Einer-Verfolgung: Bronze – 1972: Hans Lutz; 4000-m-Mannschafts-Verfolgungsrennen: Gold – 1964: Glaesges/Link/Henrichs/Streng; 1972: Colombo/Haritz/Hempel/Schumacher; Silber – 1908: Martens/Götze/Neumer/Katzer; 1960: Gröning/Klieme/Barleben/Köhler; 1972: Huschke, Heinz und Herbert Richter, Unterwalder (DDR).

Deutsche Weltmeister (BRD): *Amateursteher:* 1901: Sievers; 1902: Görnemann; 1971/1972/1973: Gnas; 1974: Breuer. *Profisteher:* 1900/1901: Rolb; 1911: Günther; 1928/1931: Sawall; 1930: Möller; 1934/1938: Metze; 1937: Lohmann; 1961: Marsell; 1970: Rudolph. – *Bahnvierer:* 1962/1964/1970/1973/1974. – *Straße-Profis:* 1952: Heinz Müller; 1966: Rudi Altig. – Sprinter (Amat.): 1898: P. Albert; 1903: Engelmann; 1911: Rhode; 1927: Engel; 1932: Richter; 1935: Merkens. – *Sprinter (Profi)*: 1897: Arend; 1911: O. Meyer; 1913: Rütt. – *Einer-Verfolgung:* 1959/1960/1961: Rudi Altig; 1974: Hans Lutz. – *Tandem*: 1970: Barth/Müller. – *Querfeldein-Profis:* 1960/1961/1963: Rolf Wolfshohl; *Amateure:* 1973: Kl. Peter Thaler.

Der Saalradsport
Hier gilt das Kunstradfahren als die Hohe Schule, als ein Sport, mit dem sich ausschließlich Amateure befassen. Für alle Wettbewerbe ist die Dauer von 6 Minuten vorgesehen. Die schwierigen Gleichgewichtsübungen und turnerischen Einlagen auf dem rollenden Rad durch Einzelfahrer oder Gruppen werden ihrer Ausführung und Schwierigkeit entsprechend durch Punkte bewertet.

Im **Einer-, Vierer- und Sechserkunstfahren** zeigen die Starter bis zu 25 verschiedene Übungen, im „Zweier“ 22, die eine Hälfte auf zwei Rädern, die andere auf einem Rad. Jede Übung soll eine volle Runde um den Mittelkreis herum gezeigt werden mit der

Steigerung einer Wechselrunde mit 2 Kreisen. Das Wertungssystem entspringt dem Internationalen Reglement, das den jeweiligen Grad der Schwierigkeit zwischen 0,5 und 12,5 Punkten anzeigt. Jeder Starter oder jede Gruppe übergibt vor dem Wettkampf das Fahrprogramm dem Kampfgericht (3 bis 5 Richter). Diese Übungsfolge muß eingehalten werden und wird nach einer entsprechenden Tabelle bewertet.

Weltmeister-Kunstfahren Männer: 1958: Heinz Pfeifer; 1964/1965: Thissen; 1966/1970: Willi Eichin; 1968/1971/1972: Manfred Maute; 1973: Gerh. Obert. **Frauen:** 1970/1971/1972: Annemarie Flaig; 1973: Elisabeth Binanzer.

Der **Radball** ist besonders in der Bundesrepublik bekannt. 2 Fahrer bilden eine Mannschaft, die den Ball mit dem Rad oder dem Körper (ausgenommen Hände und Füße) in das gegnerische Tor bringen möchte. Das rechteckige **Spielfeld** mit den Maßen 11 × 14 m sieht Tore in Höhe und Breite von 2 m vor. An den Längsseiten verhindern 30 cm hohe Barrieren das Ausrollen des **Balles,** der aus hartem Stoff besteht, einen Durchmesser von 16 bis 18 cm hat und zwischen 500 und 600 g wiegt.

Regeln: Während des Spiels darf sich stets nur ein Spieler einer Partei im Strafraum aufhalten. Dieser Spieler kann einen Schuß,

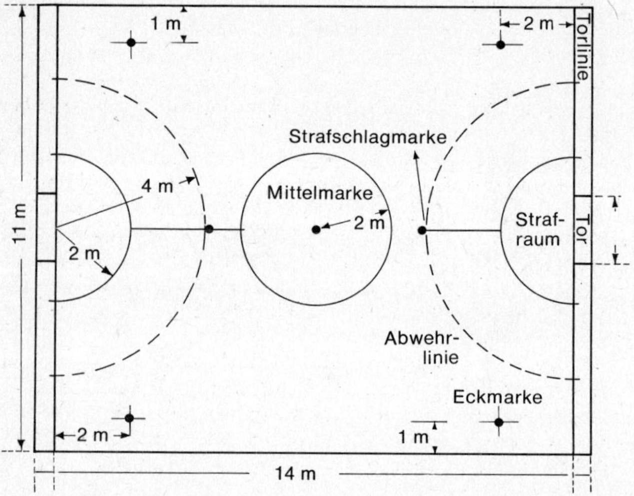

meist mit dem Vorderrad ausgeführt, auch mit den Händen aufhalten. Regelverstöße im eigenen Strafraum ahndet der Spielleiter mit einem Strafball (Viermeter). Freischlag und Eckball können direkt oder indirekt geschlagen werden, dabei muß der Gegner

4 m entfernt sein. Stürzt ein Spieler oder berührt er den Boden, muß er erst hinter die eigene Torlinie zurückfahren, um wieder spielberechtigt zu sein.
Die **Spielzeit** beträgt 2 × 7 Minuten. Benutzt werden Spezialräder (12 kg) mit kleinen 1:1-Übersetzungen. Radball wird auch mit Sechsermannschaften auf einem Spielplatz von 50 × 70 m gespielt. Spieldauer: 2 × 30 Minuten, sonst die gleichen Regeln wie beim Zweierradball.
Beim **Radpolo** besteht eine Mannschaft aus 2 Spielern. Das Feld entspricht dem des Radballs in der Halle. Der Holzball (10 cm Durchmesser) hat einen Filzüberzug und wird von 1 m langen Schlägern getrieben, die am unteren Ende einen „Hammer“ mit 15 cm Holzdicke besitzen.
Weltmeister im Radball: 1929/1931/1932/1933/1935/1937: Schreiber/Blersch; 1938: Koeping/Schäfter; 1955/1957: Gebr. Penzel; 1961/1962/1963/1964: Gebr. Buchholz; 1974: Wenzel/Rittendorf.
Bund Deutscher Radfahrer, 63 Gießen, Karl-Glöckner-Str. 2; Tel.: (0641) 77792.
Mitglieder: 40000.

Ringen

Geschichte: Es bestehen wohl kaum Zweifel, daß Ringen die wohl älteste Form des Zweikampfes darstellt, den die Griechen bereits von den Ägyptern übernommen hatten. Im olympischen Programm der Antike gehörte Ringen als fester Bestandteil zum „Pentathlon“, dem damaligen Fünfkampf. Nach den griechischen Regeln galt als besiegt, wer dreimal mit einem anderen Körperteil als mit den Füßen den Boden berührte. Später geriet der faire Ringkampf – wie bei den römischen Gladiatoren – auf Abwege, und erst gegen Ende des 19. Jahrhunderts kamen Schaukämpfe von Berufsringern auf, wie von dem Hamburger Karl Abs, die besonders in Deutschland dem modernen Ringsport viele Anhänger zuführten.
1891 kam es zur Gründung des Deutschen Athletenbundes, und 1896 gewann der Deutsche Carl Schuhmann in Athen eine Goldmedaille im griechisch-römischen Stil, der auf dem Kontinent bevorzugt wurde. In Großbritannien bildete sich mehr das Freistilringen heraus, und erst 1904 standen beide Arten gemeinsam auf dem Turnierplan.

Griechisch-römisch: Bei diesem Stil sind nur Griffe von der Hüfte bis zum Scheitel erlaubt, die nicht schmerzhaft sein oder Verletzungen hervorrufen dürfen. Das Fassen an den Beinen oder Beinstellen ist verboten. Vor einem Niederwurf muß der Gegner mindestens auf einem Bein niedergehen, um die Wirkung des Wurfes zu mildern. Fällt der Angreifer selbst mit, ist dies nicht erforderlich. Man unterscheidet den **Stand-** und den **Bodenkampf.**

Doppelarmhüftschwung

Untergriff von hinten

Beinausheber

Brücke

Halbnelson

Der Standkampf kennt 3 Griffgruppen: 1. **Schwünge** – ausgeführt durch Hebelwirkung des Körpers (Hüfte oder Schultern), bei denen dem Gegner der Rücken zugewendet wird. **2. Würfe**, d. h. Griffe, bei denen der Partner Brust an Brust durch Ausheben oder Schleudern geworfen wird. **3. Wendegriffe,** die den Gegner von hinten fassen, werfen oder in die Unterlage bringen.
Der Bodenkampf teilt sich in Ober- und Unterlage. Schwunggriffe mit Hebelwirkung an Armen und Kopf werden bevorzugt. Im Bodenkampf kommt der Beinstellung erhöhte Bedeutung zu.
Die **Wettkampfanlage** besteht aus einer 10 cm dick gepolsterten Matte von 8 × 8 m Größe mit einem Kreis von 1 m Durchmesser in der Mitte. Die gegenüberliegenden Mattenecken sind rot und grün markiert. Neuerdings soll eine „gefährliche“ oder passive Zone (1 m um das Zentrum von 7 × 7 m) der Mattenflucht entgegenwirken. Eine Zusatzmatte (1–1½ m) ergänzt die Anlage.
Die Wettbewerbe werden in 10 verschiedenen **Gewichtsklassen** ausgetragen: Papiergewicht (bis 48 kg); Fliegen- (bis 52); Bantam- (bis 57); Feder- (bis 62); Leicht- (bis 68); Welter- (bis 74); Mittel- (bis 82); Halbschwer- (bis 90); Schwer- (bis 100) und Superschwergewicht über 100 kg. Bei Olympischen Spielen darf nur ein Ringer eines Verbandes in jeder Gewichtsklasse starten.
Deutsche Olympiamedaillen – griechisch-römisch: Gold – 1896: Schuhmann (Schwer); 1928: Leucht (Bantam); 1932: Brendel (Bantam); 1968: Vesper (Welter, DDR); 1968: Metz (Mittel, DDR). Silber – 1912: Gerstacker (Feder); 1928: Sperling (Leicht); 1928: Rieger (Mittel); 1932: Földeak (Mittel); 1936: Schäfer (Welter); 1936: Schweikert (Mittel); 1956: Dietrich (Schwer) 1956: Metz (Mittel); 1960: Dietrich (Schwer); 1972: Veil (Bantam); 1972: Wehling (Feder, DDR). Bronze – 1928: Gehring (Schwer); 1932: Sperling (Leicht); 1936: Brendel (Bantam); 1936: Hornfischer (Schwer); 1964: Metz (Mittel); 1964: Kiehl (Halbschwer); 1964: Dietrich (Schwer).

Freistil: Erlaubt sind Griffe von der Hüfte bis zum Scheitel, Beingriffe und Beinstellen. Der Freistilkampf ist wegen der Vielzahl der Griffmöglichkeiten sehr abwechslungsreich, da Schwünge und Würfe mit Beinstellern und -streckern kombiniert werden können. Im Bodenkampf zählen Scheren und Beinschrauben zu beliebten Kampfmethoden.
Die reine **Kampfzeit** – Unterbrechungen werden nicht gemessen – beträgt in beiden Stilarten 3 × 3 Minuten mit je 1 Minute Pause.
Wertung: Ein Schultersieg wird gegeben, wenn der Gegner deutlich sichtbar 2 Sekunden auf beiden Schultern liegt, der Mattenleiter mit der flachen Hand auf die Matte geklopft und die Punktrichter zugestimmt haben.
Punktewertung: Nach jeder gelungenen Angriffsaktion werden 1–3 Punkte vergeben. Die bessere Punktzahl ermittelt den Sieger.

Bei **internationalen Turnieren** kämpft jeder gegen jeden; Sieger ist der Ringer mit den wenigsten Fehlpunkten. Schultersieg: 0 Punkte, Schulterniederlage: 4 Punkte. Punktsieg: 1 Punkt ($\frac{1}{2}$ bei hohem Sieg), Punktniederlage: 3 ($3\frac{1}{2}$) Punkte. Das bisher mögliche Unentschieden ist abgeschafft: Sieger ist der Ringer mit der größeren Anzahl technischer Punkte – bei Gleichstand derjenige mit der **ersten** technischen Wertung. Dabei werden Griffe höher als bisher bewertet (Förderung aktiven Verhaltens). Unentschieden ohne technische Wertung: beide Ringer 4 Fehlpunkte. Wird der Kampf ohne technische Punkte durch **Disqualifikation** nach der 3. Verwarnung entschieden, wird der Verlierer mit 4, der Sieger mit 3 Fehlpunkten belastet. Bei **Mattenflucht** wird sofort Ermahnung oder Verwarnung ausgesprochen (techn. Wertungspunkt für den Gegner).
Bei **Mannschaftskämpfen** (Ländervergleich oder Bundesliga) siegt das Team mit der **höchsten** Punktzahl (4 Punkte für Schultersieg usw.).
Deutsche Olympiamedaillen – Freistil: Gold – 1960: Dietrich (Schwer). Silber – 1936: Ehrl (Leicht); 1964: Rost (Leicht). Bronze – 1936 Herbert (Bantam); 1936: Siebert (Halbschwer); 1968: Dietrich (Schwer); 1972: Seger (Welter).
Deutscher Ringer-Bund, Geschäftsstelle: 6 Frankfurt/M., Stegstr. 43; Tel.: (0611) 689188. Mitglieder: 58000.

Rollsport

Geschichte: Belgier, Franzosen, Engländer und Deutsche entwickelten von 1760 an den „Rollenschuh", der bereits vor 100 Jahren zu Wettbewerben aufforderte. In den USA entstanden 1867 die ersten Rollschuhbahnen, in Berlin 1876, und schließlich baute Frankfurt ein Jahr später im Palmengarten das vielbestaunte „Rollodrom". Aber erst die Erfindung des Kugellagers schuf die eigentlichen Voraussetzungen für den sportlichen Wettkampf auf Rollen in den verschiedensten Disziplinen.
Es begann mit dem Rollschnellauf, der sich besonders in den romanischen Ländern großer Beliebtheit erfreut. In Deutschland wurden 1909 in Berlin und Köln die ersten Schnellauf-Clubs gebildet, denen 1911 die ersten Titelkämpfe folgten. Der Bund Deutscher Rollschuhvereine besaß um diese Zeit sehr viele Mitglieder. 1924 schlossen sich die Rollsportverbände in der „Fédération Internationale de Roller Skating" (FIRS) zusammen.

Rollkunstlauf: Die besten Bedingungen bietet ein 25 × 50 m großer Hartholzboden, der allerdings im Gegensatz zu den USA, Japan, Spanien oder Portugal nur selten in der Bundesrepublik anzutreffen ist. Hier liegen die meisten Flächen im Freien, ihr Bo-

den besteht aus Asphalt, Beton oder Terrazzo.
Die **Schuhe** im Rollkunstlauf – aus Stahl oder Leichtmetall – sind fest durch Schrauben mit den über die Knöchel reichenden Kunstlaufstiefeln verbunden. An der Vorderseite des Rollschuhs sind Gummipuffer zum Bremsen angebracht. Mit diesen modernen Rollschuhen können praktisch alle Figuren, die beim Eiskunstlauf vorkommen, ausgeführt werden. Der Unterschied zum Eis besteht in der Haftung, die beim Rollkunstlauf nur bei der Berührung des Bodens mit den 4 Rollen gleichzeitig sicher erscheint. Verkantetes Aufsetzen vermag den Drehschwung nicht abzubremsen.
Das Lenken der Rollen geschieht durch die Gewichtsverlagerungen, oft mit Hilfe der Arme, bei allen Drehbewegungen wie Sprüngen und Pirouetten. Beim Laufen auf einem Bein liegt das Gewicht entweder auf den beiden vorderen oder hinteren Rollen.
Die Leistungsklassen sehen drei Wettbewerbe vor:
1. Einzellaufen (Pflicht und Kür); 2. Paarlaufen (nur Kür).
Einzellaufen: Bei der **Pflicht** warten 41 Pflichtfiguren, von denen pro Teilnehmer 6 ausgelost und dreimal gelaufen werden. Farbige Kreise und Schlingen auf der Bahn deuten die „Spuren" an, deren Bezeichnungen den Figuren des Eiskunstlaufens entsprechen.
Die **Kür** besteht aus einer frei zusammengestellten Folge von Sprüngen, Schrittkombinationen, Figuren oder Pirouetten. Die Musik wird selbst ausgewählt; die **Wertung** erfolgt nach der A-Note (Schwierigkeiten) sowie der B-Note (Ausführung). Die Wertung, auch für das Paarlaufen und Rolltanzen, führt ein Schiedsgericht (5 bis 9 Richter) unter der Leitung eines Obmannes durch, der die Aufsicht übernimmt und zu große Unterschiede in der Benotung untersucht. Das Punktsystem reicht von 0 bis 6 Punkte (ganze Punkte = schwarze Tafeln, Zehntel = rote Tafeln) und sieht folgende Beurteilung vor: 0 = nicht gelaufen; 1 = schlecht; 2 = mangelhaft; 3 = genügend; 4 = gut; 5 = sehr gut; 6 = ohne Tadel.
Ab Note 4 beginnt die Meisterklasse. Das Verhältnis von Pflicht zur Kür liegt bei 50:50, d. h. jeder Wettkampfteil besitzt den gleichen Anspruch bei der Gesamtnote.
Der **Paarlauf** entspricht in der Grundkonzeption der Einzelkür. Die Betonung liegt natürlich auf der Harmonie, dem Gleichklang der Bewegungen beider Partner, die neben den Figuren des Einzellaufs auch Hebesprünge und Paarlaufpirouetten erlaubt.
Beim **Rolltanzen** muß neben der Kür auch ein Pflichttanz absolviert werden. Hierbei ziehen die Tanzpaare vor dem Wettbewerb aus dem Angebot der Pflichttänze verschiedene Figuren. Beim Tanzen sind – wie beim Eissport – Hebefiguren, Sprünge und Pirouetten verboten. Diese Disziplin verlangt in erster Linie gekonnte Schrittverbindungen und Figuren nach der Musik.

Rollhockey: Das Spiel ist besonders in Südeuropa beliebt gewor-

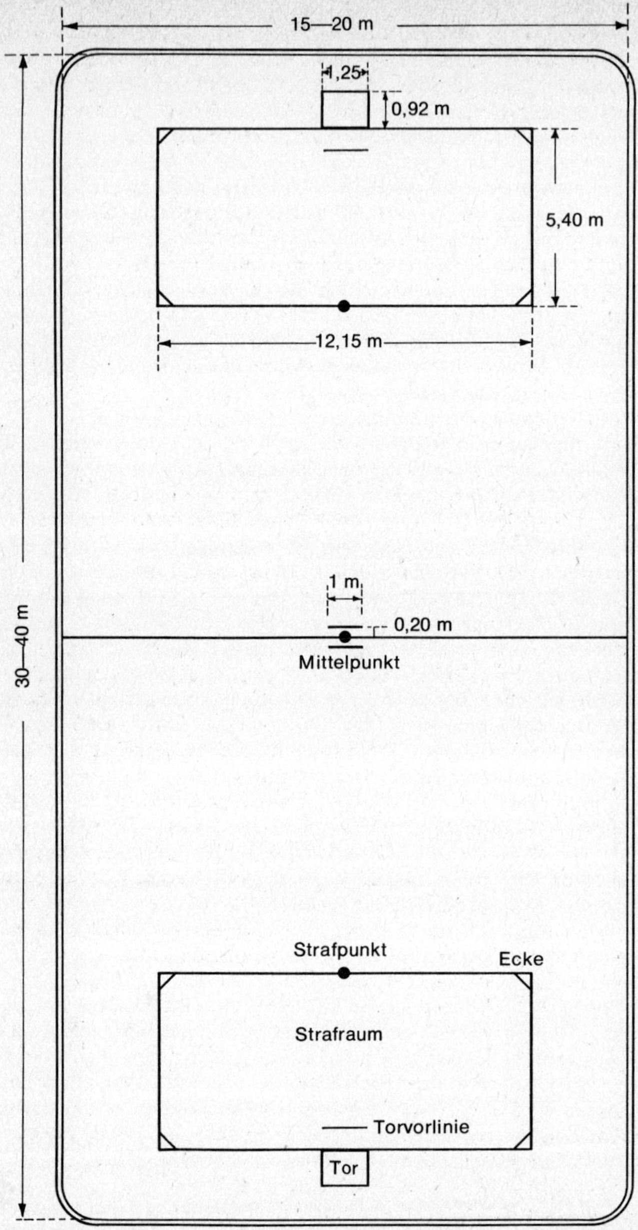
15—20 m
1,25
0,92 m
5,40 m
12,15 m
30—40 m
1 m
0,20 m
Mittelpunkt
Strafpunkt
Ecke
Strafraum
Torvorlinie
Tor

den. Die Maße des Spielfeldes im Freien oder in der Halle betragen 20 × 40 m. Holz-, Asphalt- oder Steinbelag eignen sich vorzüglich als Bodenfläche. Die **Spieldauer** beträgt 2 × 20 Minuten. An den Spielfeldseiten erstrecken sich mindestens 20 cm hohe und 3 cm dicke Holzbanden. Die **Tore** sind 92 cm hoch und 1,25 m breit.
Der **Schläger** aus Holz darf nicht länger als 115 cm sein und 5 cm breit. Beide Seiten dürfen beim Schlag benutzt werden. Der **Ball** aus Hartgummi mit einem Kern aus Kork wiegt 155 g, sein Umfang beträgt 23 cm. Eine **Mannschaft** besteht aus 5 Spielern, dem Torwart mit seinen gepolsterten Handschuhen und den Beinschützern sowie den 4 Feldspielern, die ebenfalls zu ihrem Schutz Beinpolster bis 2 cm Dicke tragen dürfen.
Die **Regeln** besagen, daß der Ball nur mit dem Stock gespielt werden darf. Jedem Foul im Strafraum folgt cin „Penalty". Abseits kennt man nicht, auch keine „Befreiungsschläge" wie im Eishockey. Natürlich wird jedes Rempeln oder Abblocken des Gegners unterbunden. Nur die Mannschaft, deren Spieler vorzüglich Rollschuh laufen können und die Stock- und Balltechnik beherrschen, ebenso wie die taktischen Grundzüge des Mannschaftsspiels, kommt zum Erfolg im Rollhockey.
Deutscher Rollsport-Bund e. V., 61 Darmstadt, Rhönring 135; Tel.: (06151) 711222.
Mitglieder: 17500, davon 10000 weiblich.
Deutsche Weltmeister im Rollkunstlaufen: Freimut Stein (1951 und 1952); Franz Ningel (1955 und 1956); K.-H. Losch (1958/1959/1961/1962/1966); H. D. Dahmen (1965 und 1967); Michael Obrecht (1970/1971/1972/1974). **Damen:** Lotte Kadenbach (1952); Helene Kienzle (1955); Rita Blumenberg (1956); Marika Kilius (1958); Ute Kitz (1959); Marlies Fahse (1961); Astrid Bader (1965/1966/1967/1968); Chr. Kreutzfeldt (1970); Petra Häusler (1971/1972); S. Müllenbach (1973/1974). **Paare:** Baran/Falk (1951); Knake/Koch (1952/1955/1956); Blumenberg/Mensching (1958); Schneider/Fingerle (1959); Ludolph/Hoffmann (1961/1962); Keller/Fingerle (1965/1966/1967); **Tanzpaare:** Schäfer/Beyer (1955); Knake/Koch (1956); Paucka/Kwiet (1959); Kwiet/Kwiet (1961); Schamberger/Schamberger (1966/1967); Henke/Dönsdorf (1974).

Rudern

Geschichte: Seit Urzeiten halfen sich die an Gewässer wohnenden Menschen damit, ihre Boote mit Hilfe von Ruderstangen anzutreiben. Die Kulturvölker der Antike am Mittelmeer kannten bereits sehr früh das Rudern mit Galeeren, mit Kriegs- und Handelsschiffen. Lange vorher veranstalteten schon Chinesen Rennen

mit Langbooten. Im Mittelalter zogen die Wettbewerbe der Gondolieri viele Zuschauer nach Venedig.
Die ersten richtigen Regatten führten die Engländer 1715 auf der Themse mit Einer- und Sechserbooten durch. Die Teilnehmer, durchwegs Berufsschiffer und Fährleute, schienen bestens mit dem Wasser vertraut. 1811 wetteiferten in Eton die ersten Achter miteinander. Seit 1829 treffen regelmäßig die Achter der Universitäten Cambridge und Oxford zusammen. Englische Kaufleute brachten 1832 die ersten Ruderboote auf die Hamburger Alster, und bereits 1836 gründete sich der erste deutsche Ruderverein, eingetragen als „Hamburger Ruder-Club". Die erste größere Regatta ließ dann nicht lange in Hamburg auf sich warten.
Die älteste bekannte Ruderregatta mit mehreren Wettbewerben ist das 1839 ausgefahrene Henley-Rennen auf der Themse, 70 km westlich von London. Als erster deutscher Sportverband wurde 1883 in Köln der Deutsche Ruderverband aus der Taufe gehoben. Die erste Meisterschaft gab es bereits ein Jahr früher; ab 1906 ermittelten die Ruderer in mehreren Bootsklassen ihre Deutschen Meister.
Von den damals plumpen und breiten Ruderbooten bis zu den heutigen Rennbooten durchlief der Rudersport eine vielfältige Entwicklung, bestimmt von der Kunst der Bootsbauer, der Rudertechnik sowie der Methode der Ausbildung. Die entscheidenden Verbesserungen von den schweren „Dollengigs" zu den leichten Rennbooten gelangen durch drei Umstände:
1. Die Erfindung des Auslegers. Montage der Dollen an Außenbord. so war die Breite des Bootes nicht mehr abhängig von der Länge des Innenhebels von Skull oder Riemen. Längere, schmälere Boote kamen zum Einsatz, mit erheblicher Steigerung der Geschwindigkeit.
2. Die Einführung des Rollsitzes. Vorher konnte der feste Sitz die Kraft der Beine für den Vortrieb nicht genügend ausnutzen.
3. Der Wechsel von der festen Dolle zur Drehdolle, die einen bedeutend längeren Schlag beim Einsatz und im Endzug erlaubt.
Eine weitere Steigerung durch den Bootsbau kam hinzu, der von der früher üblichen Klinkerbauweise mit Außenkiel zur glatten Außenhaut mit Innenkiel überging. Durch diese Veränderung unterscheidet sich das Rennboot von der Gig, die als Übungs- und Wanderboot weiterhin Verwendung findet.
Technik und Training: Der Australier Steve Fairbairn erkannte als erster Rudertrainer, daß mit den neuen Booten eine neue Technik und neue Trainingsmethoden notwendig schienen. In Cambridge setzte er seine Gedanken mit erheblichen Erfolgen in die Praxis um. Auf der anderen Seite stand die in der Zwischenzeit längst vergessene orthodoxe Art. Der entscheidende Unterschied beider Methoden:
Orthodox: Der Ruderer beginnt seine Laufbahn auf dem festen

Sitz, lernt den Körperschwung mit geradem Rücken, mit durchgedrückten Armen. Das Ziel bleibt die **formale Einheit** im Boot, jeder Ruderer möglichst mit dem gleichen Bewegungsablauf.
Fairbairn: Diese Methode erstrebt die **dynamische Einheit.** Nur die zweckmäßige Wasserarbeit entscheidet, nicht die gleiche Körperhaltung. Jeder Ruderer soll sich so verhalten, wie er seine Kräfte am besten für die Mannschaft einsetzen kann. Der aufrechte Rücken und die durchgedrückten Arme verschwinden. Außerdem muß das Boots- und Balancegefühl individuell geschult sein.
Beim Rudern sitzt jeder Sportler mit dem Rücken zur Fahrtrichtung und gleitet beim „Schlag“ auf seinem Rollsitz stets entgegengesetzt zur Zugphase des Ruderblattes.

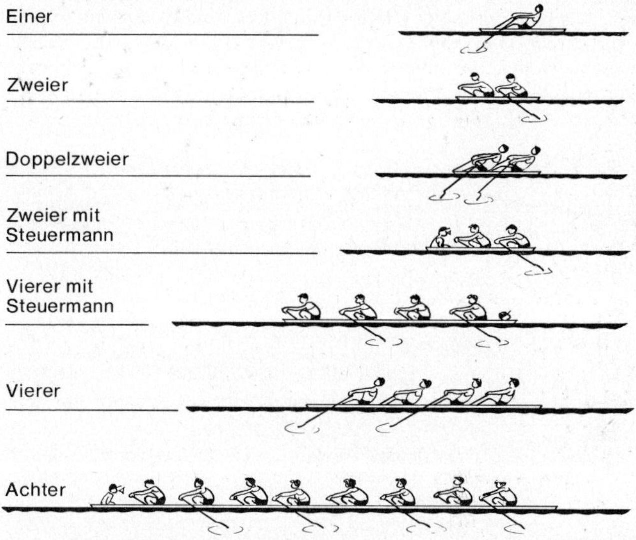

Die Fairbairn-Schule kam international zum Durchbruch, und Anfang der 30er Jahre wurden an der Deutschen Hochschule für Leibesübungen ähnliche Gedanken entwickelt. Dann kam „Ruderprofessor“ Karl Adam und warf in Ratzeburg so manche Theorie über den Haufen. Mit völlig neuen Methoden führte er Anfang 1960 die deutschen Ruderer, besonders im Achter, zur Höchstleistung und schweißte die Mannschaften förmlich zusammen. Mit genau ausgeklügeltem Krafttraining, dosierten Intervallphasen – auch in extremen Höhenlagen – und nicht zuletzt mit psychologischem Feingefühl lenkte Karl Adam die Ruderer der Bundesrepublik zu erstaunlichen Erfolgen. Das aufmerksam gewordene Ausland übernahm die neuesten Erkenntnisse, und bald ließen die

Boote der UdSSR und der DDR in vielen Klassen den „Lehrmeister“ hinter sich.
Die moderne Renntaktik erfordert ein genaues Wissen um die ökonomische Einteilung der Kräfte. Als **Schlagzahl** bezeichnet man die Summe des Eintauchens und Durchziehens des Ruders innerhalb einer Minute. Der Schlagmann – er sitzt am Heck – gibt sie durch Zuruf an. Sie kann zwischen 26 (beim Einer 26 bis 28) und 44 (Achter 38 bis 44) liegen.
Bootstypen: Die im heutigen Rudersport verwendeten Rennboote gliedern sich in zwei Gruppen: 1. Die **Riemenboote,** 2. die **Skullboote.** Mit Ausnahme des Einers und des Doppelzweiers, in dem jeder Ruderer mit einer Hand ein Ruder bedient (skull), sind alle anderen Boote sogenannte Riemenboote, in denen jeder mit beiden Händen ein Ruder (Riemen) betätigt. Sein Ruderblatt taucht also immer auf einer Seite des Bootes ins Wasser. Die Zeichnungen stellen die olympischen Bootsklassen vor, die gleichen, die auch bei internationalen Meisterschaften an den Start gehen.

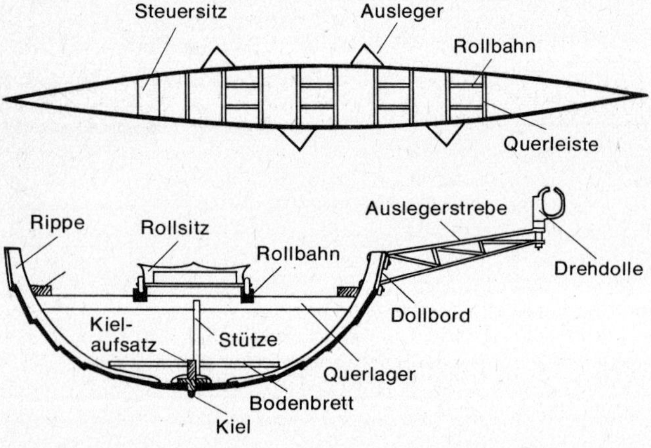

Bei den gesteuerten Rennbooten sitzt der Steuermann in Fahrtrichtung entweder im Bug oder Heck des Bootes und lenkt mittels Steuerleine und Steuerblatt. Für Länge, Gewicht und Material der Boote und der Ruder gibt es keine Vorschriften, um einer Weiterentwicklung keine künstlichen Schranken zu setzen. Die Rennstrecken sollen international 2000 m Länge aufweisen – mit 100 m Auslauf. Frauen, die noch nicht „olympisch“ rudern dürfen, gehen über die 1000-m-Strecke, Schüler über 1500 m.
Gestartet wird von festen Startplätzen; die mindestens 12 m breiten Bahnen sind durch Bojen und Flaggen abgesteckt. Die Zeitnahme erfolgt elektrisch, wobei die Startflagge mit der Zeitmessung verbunden ist. Das Kommando lautet: Seid ihr bereit! Bei

einem Fehlstart werden die Boote innerhalb von 20 Sekunden durch ein Glockenzeichen zurückgerufen. Sieger ist, wer mit seiner Bugspitze als erster die Ziellinie überfährt.
Deutsche Olympiasiege: Einer: 1936 – Zweier ohne Steuermann: 1928 u. 1936 – Zweier mit Steuermann: 1936 und 1960 – Vierer ohne Steuermann: 1936 – Vierer mit Steuermann: 1900, 1912, 1932, 1936, 1960, 1964, 1972 – Achter: 1960 und 1968. **Erfolge der DDR:** Zweier o. St.: Gold – 1968 und 1972; Vierer o. St.: 1968 und 1972.
Deutscher Ruderverband, Geschäftsstelle: 3 Hannover, Aegidiendamm 3; Tel.: (0511) 884845.
Mitglieder: 73000, davon 13000 Ruderinnen.

Rugby

Geschichte: Das männlich harte Kampfspiel wird gern gesehen, aber für die meisten Zuschauer bleiben die Regeln ein Buch mit sieben Siegeln. Natürlich kam das Spiel aus England, genauer gesagt aus der kleinen Stadt Rugby. Im Jahr 1823 nahm dort der College-boy William Webb Ellis während eines Fußballspiels gegen alle Regeln den Ball einfach unter den Arm, lief auf das gegnerische Tor zu und legte das Leder an dem überraschten Torwart vorbei einfach ins Netz. Allgemeines Staunen und Entsetzen! Dann kam die Erkenntnis: Hier ist etwas völlig Neues geschehen. Die „Tat“ blieb nicht ohne Folgen.
Noch heute erinnert eine Steintafel an der Mauer der ehrwürdigen Schule von Rugby an die Geburtsstunde des Spiels, das bereits im Mittelalter als eine Art „Treibballspiel“ zwischen benachbarten Dörfern über Wiesen und Felder hinweg zum Austrag kam. Nun mußte die Urform dieses Spiels in verständliche Regeln und Bestimmungen gefaßt werden. Lange Zeit blieb Rugby ein ungemein rauher Zeitvertreib, denn bis 1871, bis zur Gründung der „Rugby-Football-Union“, waren Tritte und Beinstellen durchaus legale Mittel.
In Deutschland gehörten Fußball und Rugby lange zu einem Verband, dann trennten sich die Wege. Anlaß gab die „Viktoria“, eine Bronzefigur, die später den deutschen Fußballmeistern als Wanderpreis überreicht wurde und die eigentlich den Rugbyspielern gehörte, ein Geschenk der Franzosen bei einem Rugbyländerspiel in Paris. Die Fußballer verweigerten die Herausgabe, und erzürnt gründeten die Rugbyvereine ihren eigenen Verband.
Regeln: Das **Spielfeld** besitzt die Maße: Länge 100 m, Breite 68,40 m. Aus der Skizze ist die Einteilung einer Spielfeldhälfte beim Rugby gut zu erkennen:
Die Ausmaße werden durch das **Malfeld** – 23 m tief – erweitert. Die **Lagergrenzen** sind ebenfalls 23 m von den Mallinien, auf

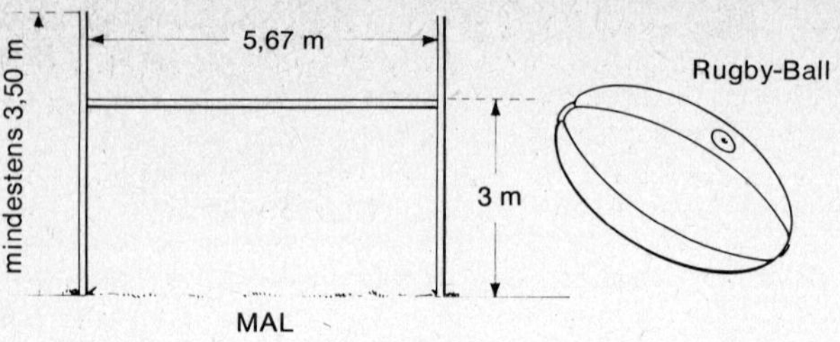
mindestens 3,50 m
5,67 m
3 m
MAL
Rugby-Ball

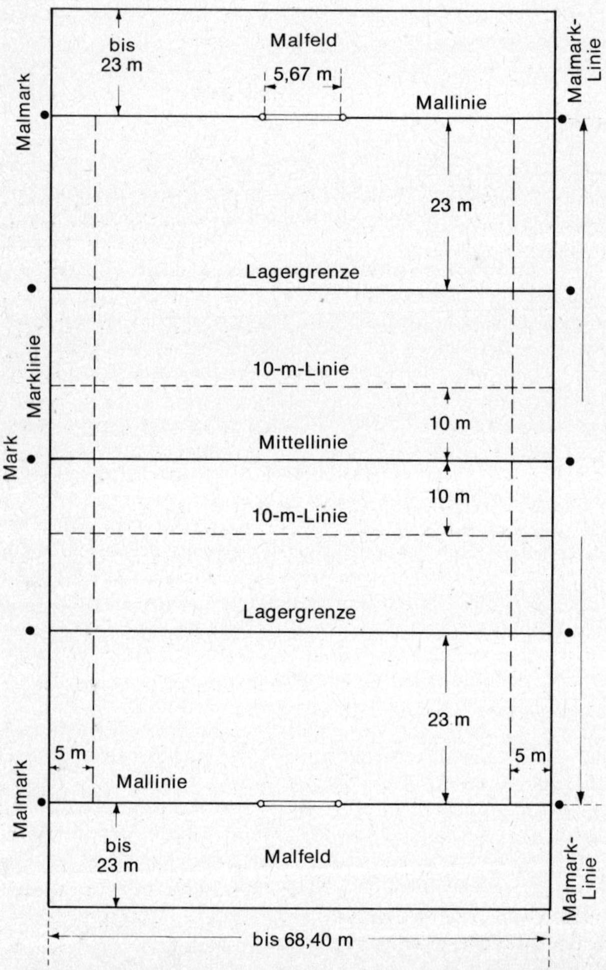
Malfeld
bis
23 m
5,67 m
Malmark
Mallinie
Malmark-
Linie
23 m
Lagergrenze
Marklinie
10-m-Linie
10 m
Mittellinie
Mark
10 m
10-m-Linie
Lagergrenze
23 m
5 m
5 m
Mallinie
Malmark
bis
23 m
Malfeld
Malmark-
Linie
bis 68,40 m

denen in der Mitte die Malstangen stehen, entfernt. Die Malstangen entsprechen den sonstigen Toren, besitzen zwei senkrechte Stangen – mindestens 3,50 m hoch – einer Breite von 5,67 m und einer Querstange, 3 m hoch.
Zu jeder **Rugbymannschaft** gehören 15 Spieler; 1 Schlußmann, 4 Dreiviertelspieler, 2 Halbspieler (1 Gedränge- und 1 Angriffshalb), 8 Stürmer.
Regeln: Die **Spielzeit** beträgt 2×40 Minuten. Im Spiel wird ständig um Raum und Ball gekämpft. Zweck des Spiels ist, den Ball ins Malfeld des Gegners zu legen. Dieser **Versuch** bringt 4 Punkte. Danach hat die erfolgreiche Mannschaft die Möglichkeit, durch einen „Erhöhungstritt" den ovalen, eiförmigen Lederball vom Spielfeld aus – beliebige Entfernung – zwischen den Malstangen über die Querlatte zu schießen, um nochmals 2 Punkte zu gewinnen.
Weitere 3 Pluspunkte ergeben sich aus **Straf-** und **Sprungtritten,** wenn das „Rugbyei" ins Schwarze trifft. Ein Straftritt erfolgt nach vorsätzlichem Abseits und groben Regelverstößen. Der Sprungtritt entsteht mitten im Spielverlauf von jeder beliebigen Stelle aus, der Ball muß allerdings vorher den Boden berühren. Ein Freitritt kommt zur Ausführung, wenn ein Spieler einen vom Gegner gepaßten Ball abfängt und im gleichen Augenblick mit dem Absatz eine Kerbe auf dem Rasen markiert. Wichtigste Regel: *Der Ball darf nie nach vorne geworfen, nur mit dem Fuß in die Angriffsrichtung gestoßen werden. Jeder Spieler vor dem Ball steht grundsätzlich im Abseits.*
Aus diesem Grund nehmen die Rugbyspieler in der Dreiviertelreihe und im Sturm meist eine Schrägstaffelung in Richtung zum eigenen Tor ein. Als Strafe für ein Vorwerfen gibt es ein **Gedränge,** bei dem sich beide Sturmreihen in gebückter Haltung gegeneinander drängen und dabei einen Tunnel bilden, durch den der ausführende Gedrängehalb versucht, den Ball nach hinten zur eigenen Dreiviertelreihe zu bringen. In diesem Gedränge darf der Ball nicht mit den Händen berührt werden.
Fliegt der Ball ins „Mark", ins Seitenaus, müssen sich beide Sturmreihen in gerader Linie im rechten Winkel zum **„Einwurf"** aufstellen. Dabei entsteht eine **„Gasse",** in die der Ball, mindestens 5 m weit, geworfen werden muß.
Das Spiel beginnt mit dem „Platztritt" vom Mittelpunkt aus. Der Schlußspieler deckt den gesamten Raum hinter seiner Mannschaft und muß mit weiten Fußschlägen „Luft" schaffen können. Entscheidend bleibt der Einsatz der Dreiviertelreihe, in der die schnellsten und trickreichsten Spieler für Punkte sorgen sollen. Als Bindeglieder zwischen ihnen und dem Sturm gelten die beiden „Halben", die mit Übersicht den Verlauf dirigieren. Der Sturm hat die Aufgabe, günstige Ausgangspositionen für Durchbrüche zu schaffen.

Bei einem solchen Bemühen darf ein Spieler im Lauf oder Sprung gepackt und auf den Rasen gezogen werden. Das Kampfspiel Rugby verlangt ausdauernde, kräftige und geschickte Akteure.
Erfolgreichster deutscher Rugbyverein ist der TSV „Viktoria"-Hannover-Linden, der 13 Meisterschaften errang. Je ein halbes dutzendmal trugen sich der SV „Odin" Hannover und der SC Neuenheim-Heidelberg in die Meisterliste ein. Je viermal gewannen der SC Frankfurt 1880 und der Heidelberger Ruderklub 1872 den Titel.
Deutscher Rugby-Verband, 3 Hannover, Eimbeckhäuser Str. 31, Tel.: (0511) 168-2242 oder 421371 (privat).
Mitglieder: 6500.

Schießen

Geschichte: Die vielen Anhänger des Schießsports können stolz auf eine alte Tradition zurückblicken. Bereits im Mittelalter entstanden die ersten Schützengilden, die zunächst mit Pfeil und Bogen ihre Wettkämpfe austrugen, dann mit der Armbrust. Die Chronik berichtet von ersten Schützenfesten um 1220 in Goslar. In Frankreich und der Schweiz verlief die Entwicklung ähnlich. Nach der Erfindung des Schießpulvers 1313 durch den Franziskanermönch Berthold Schwarz aus Freiburg, der ein Treibmittel für Feuerwaffen entdeckte, kamen Handfeuerwaffen der verschiedensten Arten schnell in Umlauf. Der moderne Schießsport begann, unterbrochen von Kriegen und damit zwangsläufig erfundenen neuen Waffen. Der Deutsche Schützenbund wurde 1861 gegründet. 1896 gab es bei den 1. Olympischen Spielen in Athen bereits Wettbewerbe im Gewehr- und Pistolenschießen. Keine andere Sportart wechselte dann so häufig ihre Ausschreibungen und Startmöglichkeiten. 1900 in Paris kam eine Flut von 27 verschiedenen Wettbewerben der Schützen zur Durchführung, so daß heute nur noch die Sieger, jedoch die Plazierten nicht mehr bekannt sind.
Ähnlich verliefen die Wettbewerbe von Antwerpen 1920, in einem solchen Ausmaß, daß eine französische Zeitung ironisch urteilte: „Nicht einmal in Verdun wurde mehr geschossen!" Erst viel später ordneten sich Durcheinander und Vielzahl der Waffen, setzten sich ständig mehr die Individualisten durch. Heute kennt der Schießsport bei seinen internationalen Meisterschaften und bei Olympischen Spielen nur noch eine begrenzte Anzahl von Wettbewerben.

Regeln, Waffen, Wettbewerbe

1. Freigewehr-Dreistellungskampf: Das Freigewehr ist die schwerste Waffe, wiegt 8 kg und besitzt ein Kaliber von 8 mm (Mantelgeschosse). Visiereinrichtung, Schaft und Abzugsvorrichtungen können beliebig konstruiert sein, daher die Bezeichnung „Frei"-Gewehr.

In den drei Anschlagsarten (liegend, kniend und stehend freihändig) müssen in der Gesamtzeit von 5½ Stunden je 40 Schuß auf eine 300 m entfernte Scheibe abgegeben werden. Diese Zehnerscheibe hat einen Durchmesser von 1 m, jeder Innenring beträgt also 10 cm. Mit den insgesamt 120 Schüssen ist theoretisch das Erreichen von 1200 Ringen möglich.

Den Weltrekord hält der Amerikaner G. Anderson im Dreistellungskampf mit 1157 Ringen. Die Einzelrekorde lauten wie folgt (je 40 Schüsse):

Liegend: Pojer (CSSR) 400 Ringe!
Stehend: Wigger (USA) 379 Ringe
Kniend: Kornew (UdSSR) 392 Ringe.

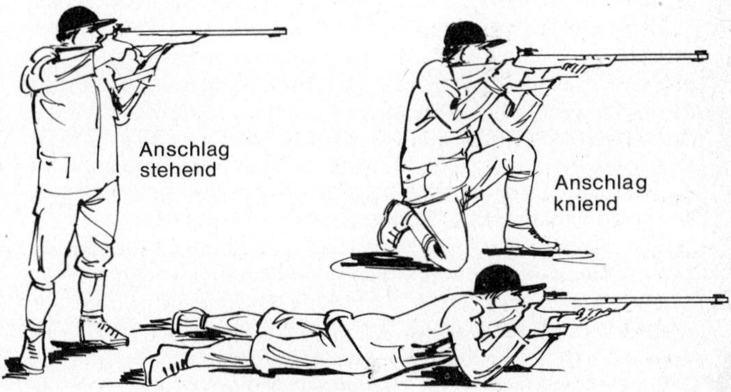

2. Kleinkaliber-Dreistellungskampf: Im knienden, liegenden und stehenden Anschlag werden jeweils 40 Schüsse auf die 50 m entfernte Scheibe abgegeben. Der Durchmesser des Innenrings, die „10", beträgt nur 12,4 mm. Beim Kleinkalibergewehr handelt es sich um eine Waffe, die höchstens 8 kg wiegen darf. Das Kaliber beträgt 5,6 mm (nur Randfeuerpatronen). Der Schaft kann in seiner Form dem Körper des Schützen angepaßt werden; außerdem sind die Benutzung eines Gewehrriemens für den knienden und liegenden Anschlag sowie eine Handstütze beim stehenden Anschlag gestattet. Für alle drei Stellungen stehen dem Schützen 5½ Stunden zur Verfügung.

1969 stellte der Sowjetrusse Lapkin den bis heute gültigen Weltrekord im Dreistellungskampf mit 1164 Ringen auf. Die Einzelweltrekorde:

Stehend: Writer (USA) 381 Ringe;
Kniend: Bernd Klingner (BRD) 396 Ringe;
Liegend: Kurka (CSSR) 400 Ringe!

3. Kleinkaliber-Liegend-Kampf: In der Höchstzeit von 2 Stunden muß der Schütze aus dem liegenden, freihändigen Anschlag 60 Schüsse auf die 50 m entfernte Scheibe abgeben. Die Scheibe hat einen Durchmesser von 112,4 mm. Die Waffe besitzt ein Kaliber von 5,6 mm und darf nicht schwerer als 8 kg sein. Der Vorderschaft kann bis zu 60 mm hoch und 50 mm breit sein. Bei den Olympischen Spielen 1972 in München sorgte der Feldwebel Ho Jun Li aus Nordkorea, 25 Jahre alt, für den Weltrekord mit sagenhaften 599 Ringen von 600 möglichen.

4. Freie Pistole: Innerhalb von 2½ Stunden muß der Schütze stehend freihändig 60 Schüsse auf die 50 m entfernte Scheibe mit einem Durchmesser von 50 cm (1 Ring = 5 cm) abfeuern, und zwar in 6 Serien mit je 10 Schüssen auf die Scheibe. Die „Freie" Pistole (Scheiben- oder Matchpistole) unterliegt keinen Bau- oder Gewichtsvorschriften, kann also ein beliebiges Pistolen- oder Revolvermodell vom Kaliber 5,6 mm sein, wobei der Griff der Hand des Schützen angepaßt sein kann. Weltrekord seit 1969: Kosisch (UdSSR) 572 Ringe.

5. Schnellfeuerpistole: Aus einer Entfernung von 25 m schießen die Schützen auf 5 nebeneinanderstehende Silhouettenscheiben (1,60 m hoch, 0,45 m breit). Verwendet werden Selbstladepistolen (automatisch). Die Figurenscheiben sind mit 10 ovalen Zielringen bezeichnet. Die Scheiben sind um 90 Grad drehbar und dem Schützen nur in bestimmten Sekundenzeiten gezeigt:
zuerst 4 Serien zu je 5 Schuß, pro Serie 8 Sekunden sichtbar.
dann 4 Serien zu je 5 Schuß, pro Serie 6 Sekunden sichtbar,
zuletzt 4 Serien zu je 5 Schuß, pro Serie 4 Sekunden sichtbar.
Insgesamt sind 60 Schüsse erlaubt, das Kaliber weist 5,6 mm auf. Optische Zieleinrichtungen sind nicht erlaubt. Die Waffe selbst unterliegt genauen Bauprinzipien. Gesamtlänge: 30 cm, Höhe: 15 cm, Breite: 5 cm, Höchstgewicht: 1,2 kg. Bei Punktgleichheit wird der Sieger im Stechen mit 15-Schuß-Serien ermittelt. Den Weltrekord hält den Italiener Liverzani mit 598 Ringen.

6. Laufende Scheibe: 1960 in Rom verschwand der Laufende Hirsch aus dem Programm, 1972 erschien erstmals der Laufende Keiler. Aus 50 m Entfernung zielen die Schützen auf eine Wildschweinscheibe. Je 30 Schüsse auf die langsam laufende Scheibe (fünf Sekunden über die 10 m breite Schneise) und auf die schnell laufende (2,5 Sekunden).
Den Weltrekord hält der Olympiasieger von München 1972: Zhelezniak (UdSSR) mit 573 Ringen.

7. Wurftaubenschießen: Früher dienten lebende Tauben als Ziel, heute verwendet man Tonscheiben mit 11 cm Durchmesser, einer Dicke von 2,5 bis 2,8 cm und 100 g Gewicht. Als Waffe dient eine

Schrotflinte mit Doppellauf, dem amerikanischen Kaliber 12 (Schrotgewicht 36 g).

a) Trap-Schießen: In 15 m Entfernung vom Schützenstand befinden sich 5 Batterien mit je 3 Wurfmaschinen in gerader Linie. Auf Kommando des Schützen schleudert die Maschine eine der .Wurftauben auf eine Flugbahn von etwa 75 m. Pro Tonscheibe sind zwei Schüsse erlaubt, die zum Zerspringen (gültiger Treffer) führen müssen. Insgesamt „fliegen" 200 Tauben aus verschiedenen Richtungen.

Der Italiener Scalzone hält den Rekord mit 199 abgeschossenen „Wurftauben".

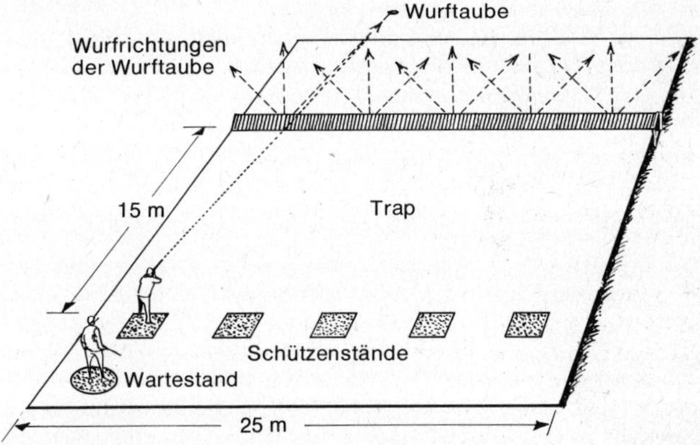

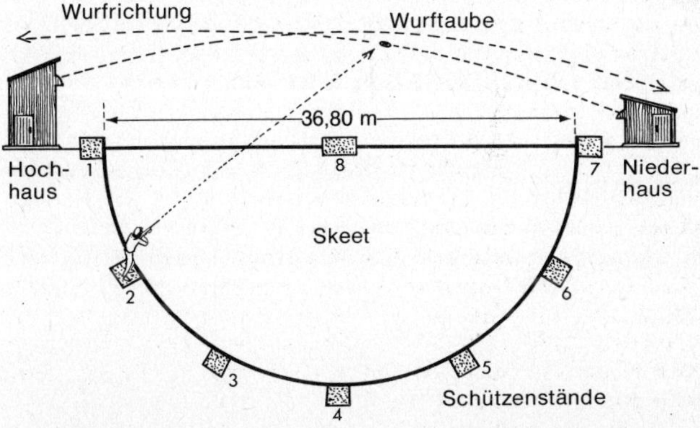

b) Skeetschießen: Die andere Form des Wurftaubenschießens wird von einem halbkreisförmigen Schießstand ausgeführt. Auf einem Halbkreis von 19,2 m befinden sich acht Schützenstände, die der Sportler nacheinander einnehmen muß, so daß er ständig

aus anderen Positionen schießen muß. Die Tauben fliegen aus zwei Wurfständen, stets abwechselnd, auf eine 60 m lange Flugbahn, sollen nacheinander als Ziel dienen. Bei insgesamt 200 Schüssen können 200 Tauben getroffen werden. Bei Treffergleichheit erfolgt die Ermittlung des Siegers in 25er Serien.
Als erstem Schützen gelang dem Sowjetrussen Petrow die Traumzahl von 200 Treffern.
Olympia-Medaillen für deutsche Schützen: Freie KK-Büchse, Liegend: Gold – 1960 Kohnke; Dreistellungskampf: Gold – 1968: Klingner; Bronze – 1960: Zähringer; Schnellfeuerpistole: Gold – 1936: van Oyen; Silber – 1932 und 1936: Hax; Freie Scheibenpistole: Silber – 1936: Krempel; Trap: Silber – 1912: Goeldel-Bronikowen; Skeet: Gold – 1972 und Bronze – 1968: Wirnhier.
Deutscher Schützenbund, Geschäftsstelle: 62 Wiesbaden-Klarenthal, Schießsportschule; Telefon: (06121) 464261-2.
Mitglieder: 820000 Schützen.

Schwimmen

Geschichte: Sidney, Australien. Morgens um vier Uhr stand ein 14jähriges Mädchen auf, radelte ins Schwimmbad, um ihr tägliches Frühtraining zu absolvieren, d. h. um mehrere Kilometer im Wasser zurückzulegen. Anschließend Schulbesuch, Erledigung der Aufgaben und wieder der Sprung ins Wasser. So geschehen in den Jahren 1970 und 1972. Der Name der Schülerin: Shane Gould. Heute heißen die Damen anders, wohnen in den USA oder der DDR, aber nur so sind die Weltrekorde auf allen Schwimmstrecken zu verstehen. Hochleistungssport wurde beim Schwimmen zur Schwerstarbeit. Bei dieser Einstellung werden Weltrekorde heute kaum zwei Jahre alt, scheint die Entwicklung im Schwimmsport längst nicht am Ende.
Die Geschichte des Schwimmens begann natürlich mit den Menschen am Wasser, die sich in diesem Element oft zur Selbsterhaltung bewegen mußten. Diese Kunst hatten sie den Tieren abgeschaut. Alten Überlieferungen nach stand Schwimmen schon im Erziehungsprogramm der Ägypter, Assyrer, Griechen und Römer. Die Germanen scheuten auf ihren Jagdzügen selbst eiskaltes Wasser nicht.
Im Mittelalter zählte das Schwimmen zu den „Sieben Behendigkeiten“ des vorbildlichen Ritters, erschien 1538 das erste Schwimm-Lehrbuch des Augsburger Magisters Nicolaus Wynmann, aber dann folgten die Verbote für das Baden in freien Gewässern durch sittenstrenge Landesherren. Erst Ende des 18. Jahrhunderts lebte der Schwimmgedanke wieder auf. 1760 koppelte Monsieur Poitevin zwei Schiffe auf der Seine zusammen, das erste Flußbad der Welt lud zum Bade ein. Mannheim folgte 1777,

und bereits 15 Jahre danach warben die ersten Ostseebäder in Cranz, Doberan und Travemünde und an der Nordsee Norderney. In Halle an der Saale begannen die Salzbergleute, die „Halloren“, mit planmäßigem Schwimmunterricht. Diese Salzarbeiter gelten als die Väter des neuzeitlichen Schwimmens, gründeten in Berlin die nach ihrem Lehrer benannten „Tychowschen Frösche“, den wohl ersten deutschen Schwimmverein, und regten den Pädagogen Guths Muths aus Schnepfenthal 1788 zum „Lehrbuch der Schwimmkunst“ an, in dem 16 Schwimmarten beschrieben wurden.
Aber erst das preußische Militär sorgte für das Erlernen des Schwimmens auf breitester Ebene. Durch den energischen General v. Pfuel kam die „Ruck-Zuck“-Methode mit Zählen auf, und schon bald waren Tausende von Bademeistern und Schwimmlehrern mit Gründlichkeit am Werk. Das Sportschwimmen konnte beginnen und fand reichlich Unterstützung durch die ersten überdachten Schwimmbäder 1855 in Berlin, 1889 in Magdeburg.
In fast jeder Stadt entstanden Schwimmclubs. Nachdem 1886 der Deutsche Schwimmverband ins Leben gerufen wurde, bekam der Schwimmsport nicht zuletzt durch die Olympischen Spiele jenen Auftrieb, der zum Volkssport mit Weltgeltung führte. Neben dem Wettkampf entwickelten sich noch das Wasserspringen, das Wasserballspiel, Kunst- und Rettungsschwimmen sowie der Tauchsport.
Technische Einrichtung: Sämtliche internationalen Wettbewerbe müssen in einem Becken von 50 m Länge und mindestens 21 m Breite zur Durchführung kommen. Acht feste Bahnen sollen 2,50 m breit und mit Bahnleinen – farbige Schwimmkorken, je 5 cm breit – gekennzeichnet sein. Auch am Beckenboden werden die Bahnen durch Orientierungsstreifen markiert. Die Wassertiefe beträgt im Durchschnitt 1,80 m. Die Wassertemperatur von 24 bis 26 Grad ist vorteilhaft für gute Leistungen.
Der Start erfolgt von Startblöcken aus, wird mit einem Pfiff oder Schuß ausgelöst. Ihm geht die Aufforderung voraus: „Bitte nehmen Sie die Plätze ein!“ oder: „Auf die Plätze!“ Erst wenn alle Teilnehmer in Startstellung stehen, kommt das Kommando zum Start. Der erste und zweite Fehlstart wird zurückgerufen. Der dritte Start gilt. Dabei werden Frühstarter nach dem Rennen disqualifiziert.
Nur die Rückenschwimmer starten im Wasser vom Beckenrand aus. Sie verharren in Hockstellung. Frühzeitiges Lösen der Hände von der Wand führt zum Fehlstart.
Die Startblöcke haben eine Trittfläche von 45 cm, die um 5 cm zum Becken hin geneigt sind. Der Oberrand der Blöcke sollte 75 cm über dem Wasser liegen, 45 cm hoch sind die Handgriffe für den Rückenstart angebracht. Die elektrische Zeitmessung mit Anschlagvorrichtungen in der Zielwand ist selbstverständlich.

Delphinstil

Start – Rückenschwimmen

Bruststil

Schwunggrätsche

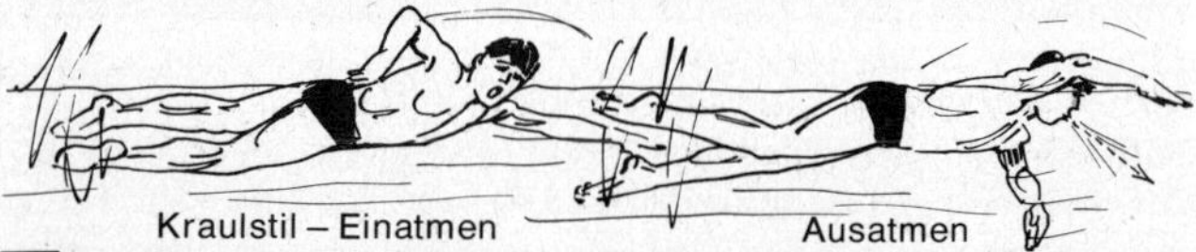

Kraulstil – Einatmen

Ausatmen

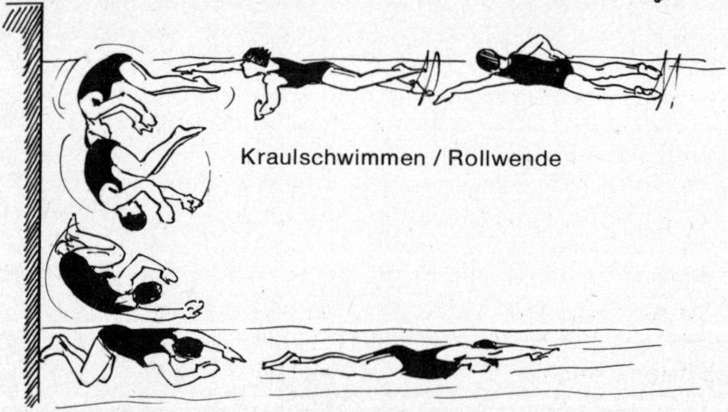

Kraulschwimmen / Rollwende

Beim sportlichen Wettkampf unterscheiden wir vier verschiedene Stilarten: 1. Brust-, 2. Kraul-, 3. Delphin- und 4. Rückenschwimmen.
Alle Schwimmarten unterliegen im Leistungssport bestimmten Faktoren und Gesetzmäßigkeiten. Die Bewegung im Wasser wird weitgehend vom spezifischen Gewicht sowie dem Körperbau beeinflußt. Die Lage im Wasser, die Gleitfähigkeit des Körpers und die Atmung zählen zu den wichtigsten Punkten.

Brustschwimmen: Diese Schwimmart erfreute sich früher in Deutschland größter Beliebtheit. Die Amerikaner entwickelten 1930 aus dem Brustschwimmen den Schmetterlingsstil – heute Delphin genannt – mit einer neuen Armtechnik, und eine Zeitlang glaubte man an das Ende des orthodoxen Brustschwimmens. Erst 1953 erfolgte die scharfe Trennung von Brust- und Schmetterstil.
Auch das Brustschwimmen wandelte sich. Die ehemals weite Armführung der Schnellsten im Wasser sowie das breite Beingrätschen wurden verbessert. Heute sieht das so aus: die Arme höchstens 90 Grad auseinander, die Ellenbogen tief im Wasser, die Hände in der Zugphase nach außen gedreht, das ergibt mit kraftvollen und schnellen Schwunggrätschen der Beine eine gute Gleitlage und Antriebskraft.
Die Schwimmtechnik ist sauber auszuführen, d. h. Arme und Beine müssen in einer Ebene unter Wasser auseinander- und zusammengeführt werden. Schwimmen in Seitenlage oder ein Übereinanderschlagen der Unterschenkel sind nicht erlaubt. Seit 1956 darf nach dem Start und der Wende nur noch je ein Tauchzug zur Durchführung kommen. Bei jeder Wende und am Ziel muß die Beckenwand mit beiden Händen berührt werden. Aus diesem Grunde bevorzugen die Brustschwimmer die einfache Drehwende.
Deutsche Olympiamedaillen im Brustschwimmen: *Frauen:* (200 m) Gold – 1928: Schrader; 1956: Happe-Krey. Silber – 1936: Genenger; 1960: Urselmann. Bronze – 1928: Mühe; 1956; ten Elsen; 1960: Göbel. *Männer:* (200 m) Gold – 1912: Bathe. Silber – 1912: Lützow; 1928: Rademacher. Bronze – 1912: Malisch; 1952: Klein.

Rekorde – Männer:

–	**Welt:**	**Europa:**	**BRD:**
100 m	Hencken/USA 1:03,88	Krjukin/SU 1:04,61	Kusch 1:05,78
200 m	Hencken/USA 2:18,21	Wilkie/GB 2:19,28	Kusch 2:24,55
Frauen:			
100 m	Vogel/DDR 1:12,28	Vogel/DDR 1:12,28	Justen 1:12,55
200 m	Linke/DDR 2:34,99	Linke/DDR 2:34,99	Rehak 2:42,96

Kraulschwimmen: Im Freistil ist zwar jede Art der Fortbewegung im Wasser erlaubt, aber schneller als Kraulen geht es bis heute nicht. Der Name entspringt dem englischen „to crawl“ = kriechen. Zum erstenmal zeigte 1906 der Australier Cecil Healy in Hamburg eine neue Kraultechnik, bei der besonders der „wilde“ Beinschlag auffiel. Dabei stellte der „Wunderschwimmer“ einen Weltrekord von 1:07,4 Min. auf – und wäre mit dieser Zeit ab 1932 nicht einmal Erster bei den Damen im Olympischen Finale geworden. Die Technik verbesserte später Kahanomoku aus Hawai, und schließlich schwamm 1922 der als „Tarzan“ berühmt gewordene Amerikaner Jonny Weißmüller als erster Mensch die 100 m unter einer Minute (58,6 Sek.). Der tiefer ins Wasser verlegte Beinschlag hatte sich durchgesetzt.
Sofort nach dem Startsprung beginnt der Bewegungsablauf. Der gestreckte Körper schiebt sich durch den wirbelnden Beinschlag flach aus dem Wasser, die Armzüge ziehen den Körper nach vorn. Die Beinbewegung geht von den Hüften aus mit abwechselnden Schlägen der völlig gestreckten Füße, die sich leicht einwärts drehen. Die Unterschenkel helfen federnd mit. Auf diese Weise entstehen Peitschenbewegungen von oben nach unten und umgekehrt. Die Beine schlagen eng aneinander vorbei.

Die Arme greifen abwechselnd vor den Kopf und werden gerade nach unten zurückgeführt. Dabei drehen sich die Handteller nach unten bis an den Oberschenkel. Die Atmung erfolgt meist nach einem Doppelzug nach einer Seite. Andere Schwimmer bevorzugen den Dreierzug mit ständigem Wechsel der Atemseite nach je zwei Zwischenzügen.
Am häufigsten beobachtet man den „Sechserschlag“, bei dem auf einen Doppelarmzug sechs Beinschläge entfallen. Der Rhythmus der guten Kraultechnik erfordert im Leistungsschwimmen viel Bewegungsgefühl. Die Regeln schreiben für das Wenden die Berührung der Wand mit einer Hand vor. Meisterkrauler wenden auf den kurzen Strecken die Saltowende (Rolle) an.
Die Freistilstrecken für Männer: 100 m, 200 m, 400 m, 1500 m, 4×100-m-Staffel, 4×200-m-Staffel. Frauen: 100 m, 200 m, 400 m, 800 m, 4×100-m-Staffel.
Deutsche Olympiamedaillen: *Männer:* Gold – 1904: Rausch (1500 m). Silber – 1964: Wiegand (400 m); 1964: 4×100-m-Staffel (Wiegand, Löffler, Jacobson, Klein); 1964: 4×200-m-Staffel (Gregor, Hetz, Wiegand, Klein); 1972: 4×200-m-Staffel Steinbach, Lampe, Vosseler, Faßnacht). Bronze – 1964: Klein (100 m), 1904: Rausch (200 m); 1972: Lampe (200 m); 1972: 4×200-m-Staffel (Matthes, Hartung, Bruch, Unger – DDR). *Frauen:* Silber – 4×100-m-Staffel: 1912/1936 und 1968/1972 (DDR). Bronze – 1936: Arendt (100 m); 1960: 4×100 m, 1972: 4×100-m-Staffel.

Kraul-Rekorde – Männer:

–	Welt:	Europa:	BRD:
100 m	Spitz/USA 51,22	Bure/SU 51,77	Nocke 52,18
200 m	Shaw/USA 1:51,66	Nocke/BRD 1:53,10	Nocke 1:53,10
400 m	Shaw/USA 3:54,69	Gingsjö/Sw 4:01,27	Faßnacht 4:03,0
800 m	Holland/Au 8:15,88	Gingjö/Sw 8:32,82	Grozay 8:35,5
1500 m	Shaw/USA 15:31,75	Pfütze/DDR 15:54,47	Faßnacht 16:19,9
4 × 100 m	USA 3:25,17	UdSSR 3:29,72	National 3:30,61
4 × 200 m	USA 7:33,22	BRD 7:39,70	National 7:39,70
Frauen:			
100 m	Ender/DDR 56,96	Ender/DDR 56,96	Weber 59,45
200 m	Babashoff/USA 2:02,94	Ender/DDR 2:03,22	Schwarzfeldt 2:09,41
400 m	Babashoff/USA 4:15,77	Franke/DDR 4:17,38	Schütz 4:32,34
800 m	Turrell/Au 8:43,48	Dörr/DDR 8:52,45	Wagner 9:17,91
1500 m	Turrall/Au 16:33,94	Calligaris/I 17:04,20	Schütz 18:13,2
4 × 100 m	USA 3:51,99	DDR 3:52,45	National 3:57,93

Delphinschwimmen: Vom Bruststil über das Stoß-Schmettern entwickelte sich das Delphinschwimmen. In den 30er Jahren beobachteten die Amerikaner bei dem deutschen Meister Erich Rademacher das Herausreißen der Arme vor eine Wende oder dem Ziel. Daraus bildeten sie das Schmettern über die ganze Länge und nannten diesen Stil: „Butterfly“ (Schmetterling). 1951 schwamm der Münchener Herbert Klein die 200 m Brust in der Weltrekordzeit von 2:27,3 Min. Das herkömmliche Brustschwimmen schien völlig zu verschwinden, bis 1953 „Butterfly“ als selbständige Schwimmart anerkannt und bis zum heutigen Delphin weiterentwickelt wurde. Der Körper beschreibt durch die gleichzeitige Auf- und Abbewegung der Beine den Schwimmstil eines mit waagerechter Flosse ausgestatteten Fisches. Wie beim Delphin ruft die geschlossene Beinführung im Wasser eine Wellenbewegung hervor. Die Beingrätsche, einst beim Schmettern angewandt, war vergessen.

Der Armzug erfolgt mit beiden Armen gleichzeitig. Weit vorschnellen – gleichzeitiges Zurückziehen unter Wasser. Auch hier kommt dem Atmungsvorgang große Bedeutung zu. Beim Vorschwingen der Arme hebt sich der Kopf knapp über das Wasser – Zeit genug, um Luft zu holen. Das Ausatmen geschieht beim Beginn der Druckphase, endet beim Vorbeiführen der Arme an den Oberschenkeln. Mit geschmeidigen Hüften versucht der Delphinspezialist einen möglichst gleichmäßigen Rhythmus zu erreichen.
Beim Wenden und beim Ziel muß, bei waagerechter Schulterhaltung, der Beckenrand gleichzeitig mit beiden Händen berührt werden. Wie beim Brustschwimmen gebraucht man die sichere Drehwende.

Delphin-Rekorde – Männer:

	Welt:	**Europa:**	**BRD:**
100 m	Spitz/USA 54,27	Pyttel/DDR 55,58	Stoklasa 57,4
200 m	Spitz/USA 2:00,70	Faßnacht 2:03,3	Faßnacht 2:03,3
Frauen:			
100 m	Kother/DDR 1:01,88	Kother/DDR 1:01,88	Beckmann 1:04,15
200 m	Kother/DDR 2:13,76	Kother/DDR 2:13,76	Schwarzfeldt 2:19,71

Rückenschwimmen: Unter dieser Art versteht man praktisch ein Kraulen in der Rückenlage. Früher kannte die Technik das gleichzeitige Zurückwerfen der Arme und nannte den Stil Rückenlagenschwimmen, das besonders in Deutschland beliebt war. Erst der Amerikaner Hebner demonstrierte 1912 in Stockholm eine völlig neue Form, die dem Kraulschwimmen in der Brustlage ähnelte: Beinwirbel der Krauler und abwechselndes Rückgreifen der Arme über den Kopf. Dadurch entstand eine fließende Gleitbewegung, mit wesentlicher Erleichterung der Atmung durch die Rückenlage.
Die Armarbeit verbesserte 1934 noch der Amerikaner Adolf Kiefer mit flacher Armführung über und unter dem Wasser. Locker gleiten die Arme nach hinten, bei völlig gestrecktem Körper, Kinn angezogen, gleichmäßiges Kreisen der Hände. In dieser Gleitbootlage treibt der Beinschlag wie eine Schiffsschraube. Beim Start aus der Hocke, Hände am Griff, Beine gegen die Wand gestemmt, stößt sich der Rückenschwimmer nach hinten und landet nach einem flachen Bogen in seiner Wasserbahn.
Die besten Schwimmer wenden ausschließlich mit der Kippwende, einer Drehung unter Wasser. Über die Art der Arm- und Beinbewegungen beim Rückenkraul bestehen keine besonderen Vorschriften.

Deutsche Olympiamedaillen: *Männer:* Gold – 1904: Brack (100 m); 1908: Bieberstein; 1968: Matthes (DDR); 1972: Matthes (DDR). Gold – 200 m: 1900: Hoppenberg; 1968 und 1972: Matthes (DDR). Silber – 100 m: 1904: Hoffmann; 1912: Fahr; Bronze – 1904: Zacharias; 1912: Kellner.

Rücken-Rekorde – Männer:

	Welt:	**Europa:**	**BRD:**
100 m	Matthes/DDR 56,3	Matthes/DDR 56,3	Steinbach 58,56
200 m	Matthes/DDR 2:01,87	Matthes/DDR 2:01,87	Steinbach 2:10,71
Frauen:			
100 m	Richter/DDR 1:02,98	Richter/DDR 1:02,98	Grieser 1:06,75
200 m	Richter/DDR 2:17,35	Richter/DDR 2:17,35	Kober 2:35,35

Lagenschwimmen: Hierbei wird die Vielseitigkeit erprobt. Wie ein Mehrkämpfer anderer Sportkonkurrenzen muß sich der Lagenschwimmer in den vier Stilrichtungen seines Sports auskennen. Seit 1964 stehen Einzelwettbewerbe über 200 und 400 m sowie die 4 × 100-m-Staffel auf dem olympischen Programm. Die Stilfolge beim Einzelrennen lautet: Delphin-Rücken-Brust-Kraul. Über 200 m beträgt jede Stilstrecke 50 m, über 400 m jeweils 100 m. Die Staffel beginnt mit Rücken; es folgen Brust, Delphin und Kraul. Bei allen Staffeln im Wasser startet der nächste Schwimmer, sobald sein Teamgefährte angeschlagen hat.
Deutsche Olympiamedaillen: *Männer:* Silber – 1964: 4 × 100-m-Lagen (Küppers, Henninger, Gregor, Klein). Bronze – 1964: (400 m): Hetz; 1968: Holthaus. *Frauen:* Silber – 1972 (4 × 100 m) DDR; (200 m): Ender (DDR)! Bronze – (4 × 100 m): 1960: Küper, Fuhrmann, Schmidt, Brunner; 1968: Kraus, Frommater, Hustede, Reineck; 1972: Pielen, Eberle, Beckmann, Reineck.

Kunst- und Turmspringen: Wer einmal von der Plattform eines 10-m-Turmes hinabschauen konnte, der kann die Leistungen der mutigen Springerinnen und Springer verstehen. Die Felsenspringer von Acapulco in Mexiko besaßen bereits vor Hunderten von Jahren Vorbilder in Sizilien. Auch die „Halloren" aus Halle beschäftigten sich schon mit kunstvollen Sprüngen ins Wasser. E. Euler und O. Kluge beschrieben 1870 über 100 der damals bekannten Sprünge.
Bei Olympischen Spielen wird das **Kunstspringen** nur vom 3-m-Brett durchgeführt. Die Maße des Sprungbrettes: 4,80 m Länge, mindestens 0,50 m Breite. In der Mitte befindet sich eine verstellbare Walzenunterlage, mit der ein Springer die Federung individuell einstellt. Die Bretter bestehen heute aus Glasfiber oder

elastischem Kunststoff und müssen mit einem rutschfesten Material überzogen sein.

Die **Turmspringer** starten aus der Höhe von 10 m, auf einem festen Sprungtisch mit 6 m Länge und 2,50 m Breite. Die modernen Sprungtürme aus Beton besitzen außerdem Absprungmöglichkeiten bei 1 m, 5 m und 7,5 m Höhe. Die Wassertiefe im Sprungbecken muß 4,50 m betragen. Kunstsprünge vom 3-m-Brett sind in 5 Gruppen eingeteilt, entweder aus dem Stand – alle Rückwärtssprünge – oder mit Anlauf. Die Sprungrichtung wird mit vorwärts oder rückwärts bezeichnet, die Absprungstellung mit vorlings oder rücklings. Bei vielen Teilnehmern eines Wettbewerbes gibt es Vor- und Zwischenentscheidungen. Bei Olympischen Spielen gelangen 12 Starter ins Finale. Die Konkurrenz besteht aus je 5 Pflicht- und 6 Kürsprüngen vom 3-m-Brett, vom Turm heben sich die Männer mit 4 Pflicht- und 6 Kürsprüngen ab, die Frauen mit 4 Pflicht- und 3 Kürsprüngen.

Die 5 Sprunggruppen:

1. *Vorwärtssprünge:* Kopfsprünge und Salti vorwärts, Schwierigkeitsgrad von 1,3 bis 2,9.
2. *Rückwärtssprünge:* Kopfsprünge und Salti rückwärts, Schwierigkeit von 1,5 bis 2,8.
3. *Auerbachsprünge* (rückwärts gegen das Brett): Auerbachsalti und Kopfsprünge, vorlings, rückwärts, Schwierigkeit von 1,5 bis 1,8.
4. *Delphinsprünge:* Kopfsprünge gegen das Brett, rücklings, vorwärts. Schwierigkeit von 1,2 bis 2,8.
5. *Schraubensprünge:* Salti und Kopfsprünge mit Schraubendrehungen um die Körperachse, vorwärts und rückwärts, Schwierigkeit 1,6 bis 2,8.

Außerdem beim Turmspringen: *6. Handstandsprünge:* Schwierigkeit von 1,4 bis 2,3.

Die Sprünge können in drei Körperhaltungen zur Ausführung gelangen: a) gestreckt, b) gehechtet, c) gehockt. Fünf bis sieben Sprungrichter unter der Leitung eines Schiedsrichters werten die Sprünge nach dem Schwierigkeitsgrad und der Durchführung. Dazu zählen: Ansatz, Höhe, Eleganz, Ausführung und möglichst spritzerloses Eintauchen. Die **Wertung** erfolgt öffentlich nach einer Punktetabelle, die von 0 bis 10 reicht und mit halben Punkten ergänzt werden kann. Für mißglückte Sprünge zieht das Schiedsgericht eine Null, für schlechte 2 bis 3 Punkte, für mittelmäßige 4 bis 5, für gute 6 bis 7, für sehr gute 8 bis 9 und für tadellose Sprünge 10 Punkte.

Die jeweils niedrigste und höchste Wertung jedes Sprunges ist zu streichen, die übrigen fünf werden addiert und mit dem nach Listen festgelegten Schwierigkeitsgrad multipliziert. Die Sieger und Plazierungen werden durch die Addition aller Sprünge ermittelt.

3-m-Brett
Salto rückwärts
gehockt

3-m-Brett
Auerbach-Salto
gehockt

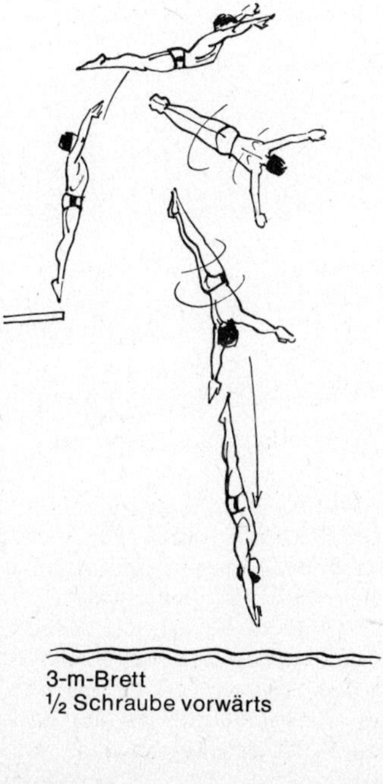

3-m-Brett
½ Schraube vorwärts

10-m-Turm
Handstand-Hocke

Deutsche Olympiamedaillen: *Kunstspringen – Männer:* Gold – 1908: Zürner; 1912: Günther. Silber – 1908: Behrens; 1912: Luber. Bronze – 1908: Walz; 1912: Behrens. *Kunstspringen – Frauen:* Gold – 1960 und 1964: Krämer. Bronze – 1972: Janicke (DDR). *Turmspringen – Männer:* Silber – 1904: Hoffmann; 1912: Zürner. Bronze – 1904: Braunschweiger; 1936: Stork; 1952: Haase. *Turmspringen – Frauen:* Gold – 1960: Krämer. Bronze – 1936: Köhler; 1972: Janicke (DDR).

Wasserball: Dieses Mannschaftsspiel im Wasser stellt an alle Teilnehmer höchste Anforderungen. Es stammt aus England und wurde dort ab 1875 nach recht freien Regelauslegungen betrieben. Ein Jahrzehnt später tummelten sich auch in Deutschland die Wasserballer. 1905 stellte der Magdeburger Fritz Droemer sinnvolle Regeln auf, die in ihren Grundzügen noch heute Gültigkeit besitzen. Bereits 1900 zählte das Spiel als olympische Disziplin. 1912 fanden die ersten deutschen Meisterschaften statt.

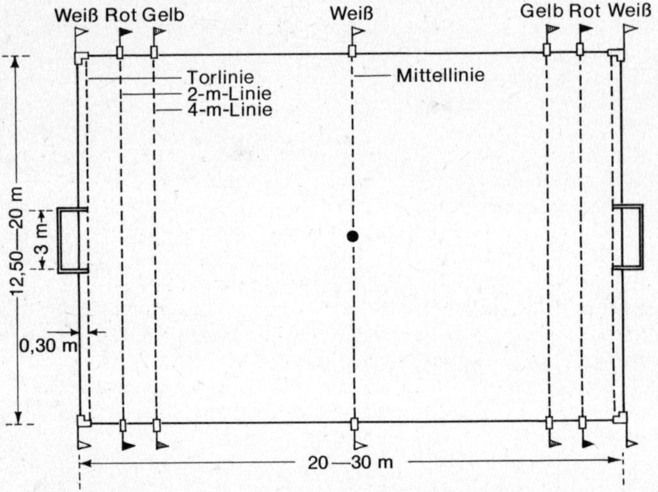

Das **Spielfeld** besitzt die Maße von 20 bis 30 m Länge und möglichst 20 m Breite. Mindesttiefe des Wassers: 1,80 m. Die weiße Mittellinie – markiert durch entsprechende Flaggen und Streifen am Beckenrand – hat für den Torwart und den Spielbeginn Bedeutung. Der Torhüter darf den Ball nicht über die Mittellinie werfen. Bei Spieleröffnung oder nach einem Treffer halten sich die 6 Feldspieler rechts und links vom eigenen Tor auf und schwimmen nach dem Anpfiff zur Spielfeldmitte, wo der Ball entweder von einem versenkbaren Korb freigegeben oder vom Schiedsrichter in die Mitte geworfen wird. Die Torlinien sind

ebenfalls weiß, die 2-m-Linien rot, die 4-m-Linien (jeweils Entfernung vom Tor) gelb.
Bei der Verteidigung ihres Tores müssen alle Spieler beim Angriff auf den Gegner achtgeben. Nach schwerem Verstoß im 4-m-Raum erfolgt die Bestrafung durch einen 4-m-Strafwurf, der von der 4-m-Linie unbehindert auf das Tor ausgeführt wird, wobei alle Feldspieler diesen Raum vorher verlassen müssen. Der Torwart darf sich nur innerhalb des 4-m-Raumes bewegen.
Die Angreifer dürfen sich ohne Ball nicht im 2-m-Raum vor dem Tor aufhalten. Sie befinden sich dann im Abseits. Mit dem Ball können sie allerdings in dieses Feld hineinschwimmen.
Die **Tore** sind 3 m breit, 0,90 m hoch und sind mit Leinen 30 cm hinter der Torlinie befestigt. Die **Mannschaft** (1 Torwart, 6 Feldspieler und 4 Auswechselspieler) müssen zur besseren Unterscheidung dunkelblaue und weiße Kappen mit Nummern tragen. Für die Torhüter sind rote Kappen Vorschrift.
Bei einer **Spielzeit** von 4 × 5 Minuten (3 Pausen zu je 2 Min.) wird lediglich die reine Spieldauer gezählt, so daß es vorkommt, daß bei vielen Unterbrechungen die Spieler eine Stunde und mehr im Wasser sind.
Der **Ball:** Ein Hohlball aus Leder bzw. Kunststoff ohne Verschnürungen mit einem Gewicht von 400 bis 450 g und einem Umfang von 68 bis 71 cm.
Ein **Tor** gilt als erzielt, wenn der Ball in seinem vollen Umfang die Torlinie zwischen den Pfosten überschritten hat. Mit jedem Körperteil, außer der geballten Faust, kann ein Treffer erzielt werden, vorausgesetzt, daß der Ball nach dem Anpfiff des Spiels mindestens von zwei Akteuren gespielt worden ist.
Der **Schiedsrichter,** er wird von zwei Torrichtern und einem Zeitnehmer unterstützt, sollte möglichst selbst aktiv Wasserball betrieben haben, um die Regelverstöße – besonders die Fouls unter Wasser – besser beurteilen zu können. Zum Anzeigen der Fehler benutzt er einen 70 cm langen Schiedsrichterstock mit einer blauen und weißen Fahne (Farbe der Mannschaften) an jedem Ende.
Unter die Verbote fallen das Festhalten, das Wegdrücken, das Untertauchen oder Treten des Gegenspielers. Ein „Sünder“ kann auf Zeit oder für das ganze Spiel herausgestellt werden. Nach einfachen Vergehen erfolgt Freiwurf vom „Tatort“ aus. Ein Spieler kann nur beim Halten des Balles angegriffen werden. Ein Festhalten am Beckenrand oder am Torgestänge ist nicht erlaubt, ebenso den Ball gleichzeitig mit beiden Händen zu berühren. Die Wurfweite der Feldspieler ist nicht eingeschränkt. Schnelle Kombinationen mit ständigem Platzwechsel und harte Torschüsse mit Schlag-, Druck- oder Rückhandwürfen zeigen eine moderne Spielweise im Wasserball.
Deutsche Olympiamedaillen: Gold – 1928: E. Rademacher, Cor-

des, Amann, J. Rademacher, Benecke, Gunst, Bähre, Blank. Silber – 1932: E. Rademacher, Gunst, Cordes, Benecke, J. Rademacher, Schulze, Schwartz. Silber – 1936: Baier, Gunst, Hauser, Klingenburg, H. Schneider, Schürgen, Schulze.
Deutscher Schwimm-Verband, Geschäftsstelle: 8 München, Silcherstraße 8; Telefon: (089) 356180
Mitglieder: 520000, davon 240000 weiblich

Segeln

Geschichte: Die Chronik der „Windjammer", der Segelschiffe, reicht schon einige Jahrtausende zurück und begann eigentlich erst richtig mit den Weltentdeckern, den Abenteurern und den Handelsherren. Seit die Menschen ihren knappen Lebensraum mit Hilfe von Segelschiffen zu erweitern begannen und dabei selbst unglaubliche Entfernungen zwischen einzelnen Kontinenten überbrückten, zählt das Segeln zu den Notwendigkeiten des Lebens, auch wenn sich später der Schiffsbau den Entwicklungen der Technik anpaßte und die Geschichte des Segelns einen anderen Verlauf nahm.
In jedem Fall blieb es erhalten, einmal den „Freizeitkapitänen", die ihr Boot mit der Kraft des Windes über Meere und Seen steuerten, und zum anderen dem Sport, der seit über 300 Jahren Wettfahrten durchführt. Die ersten Segelregatten fanden um 1660 auf der Themse statt, veranstaltet von reichen englischen Adeligen mit ihren Jachten. Zwei Jahre später gewann der damalige englische König Charles II. mit seinem Boot „Catherine" eine Wette in einer Fahrt von Greenwich nach Gravesand und zurück gegen die Yacht „Anne" des Duke of York. Der Siegespreis: 100 Pfund. In Irland erlebte 1720 der erste Segelklub seine Taufe mit dem „Royal Cork Yacht Club". 1850 gingen bei Hamburg die ersten Boote für Regatten auf das Wasser der Alster.
1955 feierte der Königsberger Segelklub RHE sein 100jähriges Bestehen, und dieser Klub trug auch entscheidend zur Durchführung von Deutschlands traditionsreichster Regatta, der „Kieler Woche", bei, die 1882 mit 20 Yachten zum erstenmal auf Kurs ging und heute noch bei Seglern aus aller Welt ungemein beliebt ist. Gerade diese Kieler Regatta löste eine rapide Entwicklung im Segelsport aus. Neue Schiffe entstanden auf den Reißbretten der Bootsbauer, neue Klassen mußten eingeteilt werden, und auch die „Ostdeutsche Woche" erlebte jährlich viele Teilnehmer und Besucher. Der Bodenseee erwies sich ebenfalls ideal als zünftiges Segelrevier, und hier begann 1908 mit beachtlichem Erfolg die internationale „Bodenseewoche".
Seit 1900 gehört Segeln zum olympischen Programm. Auf der Seine bei Meulan fuhren 85 Teilnehmer aus 6 Ländern in 4 Klas-

sen, eingeteilt nach Bootslängen. 1936 gingen bei Kiel 169 Segler aus 26 Ländern an den Start. Längst hatte sich der Segelsport weltweit durchgesetzt. 1972 an der Kieler Förde wehten die Fahnen von 42 Nationen, die 152 Segelboote zum Kai brachten.

Die Regattabahn: Wettfahrten kommen auf einer genau vorgeschriebenen Regattabahn zur Durchführung. Als Leitbild dient die olympische Ausschreibung, die den Bereich durch acht besonders gekennzeichnete Tonnen festlegt. Fünf Minuten vor dem Start wird durch zwei Ziffern der Segelkurs angegeben.

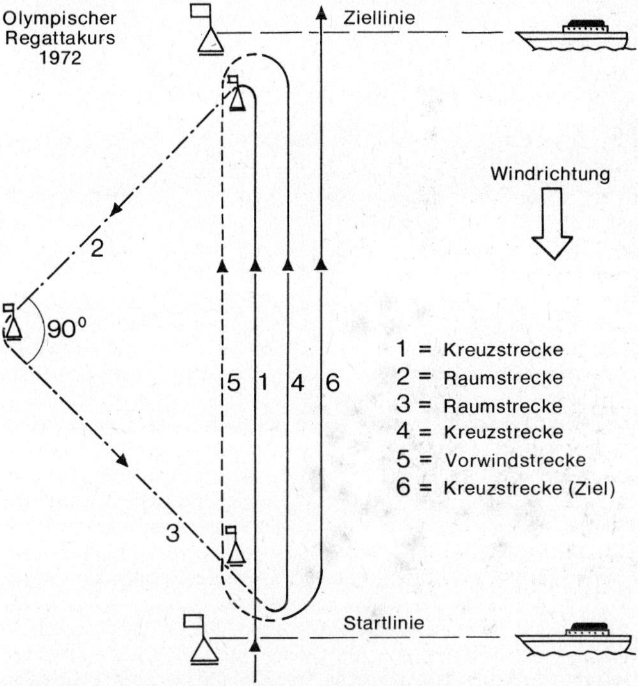

Zeigt zum Beispiel das Startschiff die Zahlen 1 und 3, dann lautet die Route der zu umsegelnden Tonnen: 1–3–5–1–5–1–3–5. Hier gilt alle Aufmerksamkeit diesen drei Zielangaben. Der Kurs beginnt und endet mit dem Dreieck, das allerdings auch nach der anderen Seite (Tonne 7) festgelegt werden kann. Die Segelstrecke kann verschieden lang sein. In Kiel 1972 betrug die weitere Bahn für die größeren Boote 11,2 sm = 21,6 km (1 sm = 1,8 km), für die kleineren 8,5 sm = 15,3 km. Bei zu starkem oder schwachem Wind erfolgt eine Kürzung der Strecke. Bekanntgabe durch bestimmte Flaggensignale.

Der **Start** erfolgt „fliegend“ gegen den Wind. Das Zeichen dazu erfolgt optisch und akustisch durch einen Startball. Jedes gute Boot versucht bereits vor dem Start eine günstige Ausgangsposition zu gewinnen, indem es sich in Luvposition schiebt (**Luv:** die Seite des Bootes, die dem Wind zugekehrt ist; **Lee:** die vom Wind abgekehrte Seite).
Häufig kommt es unterwegs auf der Strecke zu spannenden Bord-an-Bord-Kämpfen. Dabei muß körperliche Schwerstarbeit geleistet werden. Man versucht dem Rivalen den Wind „wegzunehmen“, ihn „abzudecken“. Bläst der Wind von achtern (hinten), setzen die Boote ihre Vorsegel, die Spinnacker oder Focks ein. Auf den Kreuzstrecken gegen den Wind fallen im notwendigen Zickzackkurs meist die Entscheidungen. Um das Boot möglichst senkrecht zu halten, verlagert die Besatzung ihr Gewicht auf die Windseite. In einigen Klassen hängen sich die Vorschotmänner ins Trapez, einem mit Draht oben am Mast befestigten Gurt, weit nach Außenbord.
Ideale *Gewichtsverteilung* und optimale *Zusammenarbeit* der Mannschaft bringt erste Erfolge. *Scheinmanöver, die Taktik einer Bojenumrundung, richtiges Mastsetzen im rechten Verhältnis und Winkel zum Wind erfordern schon eine harte Schulung.*

Natürlich müssen dabei die Wettkampfbestimmungen, zum Beispiel das Ausweichen genaue Beachtung finden.

Wertung: Je nach den Windverhältnissen dauert eine Regatta 3 bis 4 Stunden. In jeder Bootsklasse kommen sieben Wettfahrten zur Durchführung. Das schlechteste Ergebnis wird gestrichen. Das Boot mit der niedrigsten Punktzahl gewinnt. So wird gewertet: 1. Platz 0 Punkte, 2. Platz 3 Punkte, 3. Platz 5,7 Punkte, der Vierte 8, der Fünfte 10, der Sechste 11,7 Punkte. Jeder weitere erhält eine Punktzahl, die sich aus einer Plazierung „plus sechs" ergibt. Der 19. zum Beispiel erhält 25 Punkte. Alle Ergebnisse nach einer Wettfahrt sind zunächst inoffiziell, da erst mögliche Proteste verhandelt werden müssen.

Größen und Bautechniken der Boote, Segelflächen, Bezeichnungen und Teams wurden mit der Zeit so vielfältig und unterschiedlich, daß wir uns hier nur auf die Olympiaklassen beschränken wollen.

Die Boote: Sechs genormte Bootsklassen waren bisher bei olympischen Segelregatten zugelassen. Die zwei leichteren zählen zu den Schwertjollen, vier gehören zu den Kielbooten, die nicht kentern können.

1. Finn-Dinghy: Einmannjolle. Länge: 4,50 m; Breite: 1,51 m; Segelfläche: 10 qm; Tiefgang mit Schwert: 0,85 m. Seit 1952 olympische Bootsklasse. Das Olympische Komitee stellt den Teilnehmern die Boote. Zeichen am Segel: blaue Doppelwelle. Das beste Gewicht eines Finn-Seglers liegt bei 90 kg, um bei Windstärken um „vier" das Boot ausgleichen zu können. Das Finn-Dinghy gilt als das schwierigste Segelboot.

2. Flying Dutchman („Fliegender Holländer"): Zweimannjolle. Länge: 6,05 m; Breite: 1,80 m; Segelfläche: 15 qm; Spinnaker; Tiefgang: 1,10 m. Zeichen: schwarze Buchstaben FD. Olympisch seit 1960. Der FD wird zum Ausgleichen des Bootes mit Trapez, also mit dem weit außen hängenden Vorschotmann gesegelt.

3. Tempest: Zweimann-Kielboot. Erstmals seit 1972. Länge: 6,68 m; Breite: 2 m; Segelfläche: 22,92 qm; Tiefgang: 1,14 m; Zeichen: schwarzes T. Zunächst war diese Klasse als Ablösung für den Star gedacht. Mittlerweile zeigte sich, daß die Tempest mehr mit dem FD als mit dem Star gemeinsam hat.

4. Star: Zweimann-Kielboot. Länge: 6,92 m; Breite: 1,73 m; Segelfläche: 26,13 qm; Tiefgang: 1,01 m; Zeichen: Roter Stern. Olympisch seit 1932. Besondere Stärke zeigt sich bei schwachem Wind. –

Ab 1976 löst der „470er" das Starboot ab. Zweimann-Boot. Länge: 4,70 m; Breite: 1,68 m; Masthöhe: 7,10 m; Gewicht: 118 kg; Segelfläche: 12,70 qm.

5. Soling: Dreimann-Kielboot. Länge: 8,15 m; Breite: 1,90 m; Segelfläche: 21,70 qm; Tiefgang: 1,30 m; Zeichen: schwarzer Buchstabe Omega. Anstelle der früheren 5,5er Klasse erstmals

1972 gestartet. Ursprünglich für Segler gedacht, denen das Jollensegeln zu anstrengend schien. Heute weiß man, daß die körperlichen Anforderungen genauso groß sind wie in allen anderen Booten.

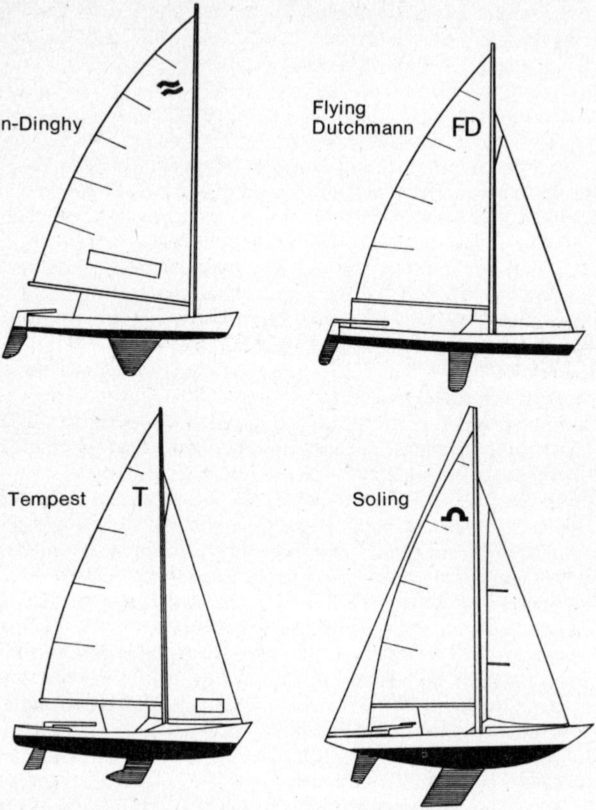

6. Drachen: Dreimann-Kielboot. Länge: 8,90 m; Breite: 1,95 m; Segelfläche: 26,60 qm; Tiefgang: 1,01 m; Zeichen: schwarzes D. Olympisch seit 1948. In Seglerkreisen befürchtet man die Streichung dieser größten und teuersten Klasse, die erst bei Windstärken zwischen 5 und 8 richtig in Fahrt kommt. 1960 gewann der damalige Kronprinz Konstantin von Griechenland die Goldmedaille. –
Als neue olympische Bootsklasse wird ab 1976 der „Tornado“ für die Drachenboote eingesetzt (Länge: 6,10 m; Breite: 3,05 m; Masthöhe: 9,45; Gewicht: 127 kg; Segelfläche: 21,80 qm). Dreimann-Boot.

Deutsche Olympia-Medaillen: *Finn-Dinghy:* Gold – 1964; Silber – 1936. *Flying Dutchmann:* Silber – 1968; Bronze – 1960 und 1972. *Starklasse:* Gold – 1936; Bronze – 1972. *Drachenklasse:* Silber – 1964; Bronze – 1952.

Deutscher Segler-Verband, Geschäftsstelle: 2 Hamburg 76, Adolfstraße 56; Telefon: (040) 2205137
Mitglieder: 110000 in 760 Vereinen

Skisport

Geschichte: Die Geburtsstunde des Ski als Hilfsmittel des Menschen in Schnee und Eis kann nicht einmal annähernd geschätzt werden. Waren es die Menschen der eiszeitlichen Altsteinzeit oder wurde der Schneeschuh vor etwa 4500 Jahren erfunden, wie es Ausgrabungen in Skandinavien nachweisen, und zur Jagd oder zu Kriegen in Hochgebirgen benutzt? Aus dem Ski-Altertum bewundern wir im Skimuseum von Holmenkollen drei Skitypen: 1. den arktischen Ski mit verschiedenen Größen und Zehen- sowie Ristriemen; 2. den zentralnordischen Typ mit einem langen Gleitski und dem kurzen, fellbezogenen Ski, der den Schwung nach vorne brachte, und 3. das südliche, gleichlange Skipaar, das auch in Wasser und Schlamm Verwendung fand.

Die Ausbreitung des Skilaufens als Sport begann 1860 im norwegischen Telemarken, nachdem bereits 1555 im gleichen Ort der erste Wettlauf auf Ski stattfand. In Kristiana entwickelte sich der Sprung- und Langlauf, und als 1888 der Forscher Fritjof Nansen seine Erlebnisse in dem Buch „Auf Schneeschuhen durch Grönland“ veröffentlichte, kam der Skisport schnell in die Alpenländer, und schon 1905 kam es zur Gründung des Deutschen Skiverbandes.

Sportlich unterscheiden wir den „nordischen“ und den „alpinen“ Skilauf.

Der **nordische Skisport** besteht bei den Männern aus dem 15-, 30- und 50-km-Langlauf, aus einer 4 × 10-km-Staffel, aus einem Spezialsprunglauf (Skisprung) auf einer mittleren und großen Schanze sowie der Nordischen Kombination: Skispringen und 15-km-Lauf. Die Frauen laufen 5 und 10 km sowie eine 3 × 5-km-Staffel.

Langlauf-Regeln: In den Einzelwettbewerben starten die Läufer in einem Abstand von 30 Sekunden. Gelaufen wird in einer Spur, der sogenannten Loipe, an der Fähnchen von gleicher Farbe den Weg zeigen, der durch einsame Gegenden, durch Wälder und über Hügel mit kurzen Anstiegen und Abfahrten führt. Ein Anstieg darf nicht mehr als 275 m betragen (Frauen: 150 m). Bei Anruf muß der Läufer, der überholt wird, aus der Spur.

Ausrüstung: Für den Langlauf benutzt man möglichst leichte Ski zwischen 700 und 1300 g, die bis 2,25 m lang und an der Bindung zwischen 5 und 6 cm breit sind. Das Material dieser schmalen Gleiter besteht aus finnischer Birke, Hickory oder Bergesche mit Plastiklauffläche und einer Gleitrinne. Die geschmeidigen Bretter müssen sich dem welligen Gelände gut anpassen. Auch der Skistock, der etwas über die Achselhöhle reichen soll, ist wie der Stockteller sehr leicht. Besondere Aufmerksamkeit muß der Langläufer dem Wachsen seiner Bretter schenken, und schon häufig hat diese besondere Kunst ein Rennen entschieden.
Technik: Als Laufgang wird der Diagonalgang bevorzugt, bei dem sich Arm- und Beinarbeit gegensätzlich verhalten und der Ablauf der Bewegung aus den drei Phasen Abdruck – Schwung – Gleiten besteht. Die Skistöcke werden in diesen rhythmischen Ablauf einbezogen. Wenn es das Gelände erfordert, schaltet man den Zwei- oder Dreischritt ein. Bei flachen Abfahrten hilft der Doppelstockschub. Kurze, steile Anstiege verlangen den Grätenoder Treppenschritt.
Die Langläufer gelten als die Asketen des Skisports, besonders im „Wasa"-Lauf, der jedes Jahr in Schweden von Mora nach Sälen über eine Strecke von 85 km zur Durchführung kommt und an die Flucht des späteren Königs Gustav Wasa von 1520 erinnert. Die Langläufe der Damen kamen erst 1952 ins olympische Programm. Alle Befürchtungen verflogen, als die jungen, meist zierlichen Amazonen in elegantem Stil spielerisch leicht in der Loipe glitten, und niemand sprach mehr von „Laufmaschinen" oder „Roboterinnen". Wie bei den Männern kommen die besten Läuferinnen aus der UdSSR und Skandinavien. Über zehn Jahre lang zählte der deutsche Rekordmeister Walter Demel zu den besten Läufern der Welt.

Der **Sprunglauf** in den Einzeldisziplinen, auch Spezialspringen genannt, wird von Sprungschanzen ausgeführt, die aus Schanzenturm, Anlaufbahn – Neigungswinkel zwischen 30 und 35 Grad –, Schanzentisch, Aufsprungbahn und Auslauf bestehen. Die Höhen vom obersten Punkt des Turmes bis zum tiefsten des Auslaufes liegen zwischen 110 und 160 m. Der Abflugwinkel am Tisch beträgt 7 bis 9 Grad. Anlauf, Absprung, Flug, Aufsprung und Auslauf ergeben den Sprung nach den Richtlinien des Internationalen Skiverbandes (FIS).
Bereits 1882 entstand vor den Toren von Oslo die berühmteste Schanze der Welt, der Holmenkollen, der jährlich zum Volksfest der Hunderttausend – unter ihnen die Königsfamilie – wird. Die Schanzen – und damit die Weiten – wurden immer größer. 1936 überflog der Österreicher Sepp Bradl in Planica/Jugoslawien die 100-m-Marke. 1951 erreichte der Finne Tauno Luiro in

Oberstdorf 139 m. Viele Jahre hielt dieser Weltrekord, bis 1969 Manfred Wolf (DDR) auf der Flugschanze von Planica mit einer Luftgeschwindigkeit von 145 km/h auf kaum glaubliche 165 m kam. Die letzten Maßstäbe setzten 1974 Heinz Wosipiwo (DDR) mit 169 m und der Schweizer Walter Steiner mit der gleichen Weite. Neue Superschanzen mit dem Ziel der 200-m-Marke sind in der Planung, jedoch hält die FIS diese Entwicklung zurück, denn das Risiko steigt von Meter zu Meter. Noch kann die äußerste Grenze von günstigster Flugkurve und Parabel des Aufsprunges zwar berechnet, aber nicht genau für die Belastungsfähigkeit des Menschen vorausgesagt werden. Der Unterschied zwischen der kleinen und der großen Schanze liegt am kritischen Punkt, der zum Beispiel 1972 in Sapporo 70 und 90 m betrug. Hinzu kommen die unterschiedlichen Neigungswinkel. Wird der kritische Punkt um mehr als 10 Prozent übersprungen, muß der Anlauf verkürzt werden. Die Witterung – Sonne, Wind, Temperatur – kann eine Konkurrenz entscheidend beeinflussen.
Ausrüstung: Die Länge der Sprungski beträgt bis 2,50 m, die Breite bis 10 cm, das Gewicht zwischen 7 und 9 kg. Bis zu acht Rinnen unter der Lauffläche verbessern Anlauf, Absprung und Landung. Das Material: Hickory, Teilplastik oder Glasfiber.
Technik: In tiefer Hockstellung rast der Springer in der Anlaufspur auf den Schanzentisch mit Geschwindigkeiten von über 100 km/h zu, drückt sich blitzartig ab und schnellt den Körper nach vorn. Die Ski eng aneinander leicht gegen die Flugkurve gestellt, Arme und Hände nach hinten an die Oberschenkel gelegt, um den geringsten Luftwiderstand zu erreichen.
Ein Abknicken nach vorne in der Hüfte bremst den Sprung, widerspricht der aerodynamischen Norm. Die Ski müssen unter den Schwerpunkt kommen. Bei der sichersten Landung, dem Telemark, wird ein Ski vorgeschoben, die Knie werden fest zusammengehalten, um ein Ausbrechen zur Seite zu verhindern.
Die Technik des Springens und Fliegens ändert sich laufend und wurde auch wissenschaftlich erforscht. Vor einem halben Jahrhundert sprangen die Norweger noch mit starker Hüftbeugung und ruhigem Armkreisen, dann wurden die Arme weit nach vorne gestreckt und damit ein neues Ideal gefunden. Nach den letzten Erkenntnissen stehen Ski und Körper möglichst im 30-Grad-Winkel zur Flugbahn, die Arme sind im „Fisch-Stil“ angelegt.
Wertung: Über den Ausgang eines Sprunglaufes entscheidet eine Gesamtnote, die aus Punkten für die Weiten und für die Ausführung der Sprünge berechnet wird. Für den weitesten Flug eines jeden Durchganges gibt es 60 Punkte. Da zwei Sprünge in die Wertung kommen, kann ein Starter 120 Weitenpunkte sammeln. Hinzu addiert werden die Haltungsnoten bis zu je 20 Punkten, die von 5 Kampfrichtern kommen.

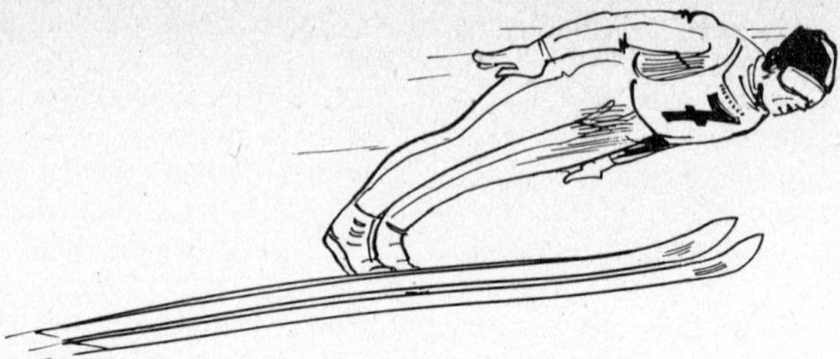

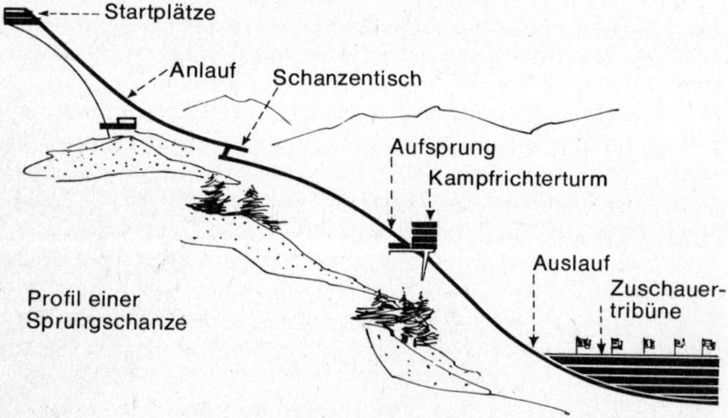

Die beste und schlechteste Bewertung fallen weg, die drei mittleren werden addiert. Im Höchstfall kommen so in einem Durchgang ebenfalls 60 Punkte zusammen, so daß mit der Weite insgesamt 240 Punkte erzielt werden können. Sprünge oder Flüge, die über einen bestimmten Normpunkt hinausgehen, erhalten außerdem noch Wertungspunkte. Bei Stürzen während der Landung darf jeder Kampfrichter bis zu 12 Punkten abziehen. Auch eine Landung, bei der mit den Händen der Schnee berührt wird, gilt als gestürzt.
Deutsche Medaillen im Sprunglauf: Gold – 1960: Helmut Recknagel; Bronze – 1956: Harry Glaß; 1972: Rainer Schmidt (alle aus der DDR).

Nordische Kombination: Ein Sprunglauf von einer Schanze, deren kritischer Punkt bei 60 bis 70 m liegt, und ein Langlauf über 15 km ergeben einen der schwierigsten Wettkämpfe im Skisport. Am ersten Tag erfolgen drei Sprünge, von denen die beiden besten in die Wertung kommen. Am nächsten Tag fällt die Entscheidung beim Lauf. Die beim Springen errechneten Punkte werden nach einer Tabelle in Minuten und Sekunden umgerechnet, so daß vor dem Langlauf jeder Starter genau weiß, wie groß der zeitliche Abstand zwischen ihm und seinen Konkurrenten sein darf. Die Punkte aus beiden Wettbewerben kommen

in die Addition und ermitteln den Sieger im „Mehrkampf" des Skisports.
Olympische Medaillen: Gold – 1960: Georg Thoma; 1968: Franz Keller; 1972: Ulrich Wehling (DDR). Bronze – 1964: Georg Thoma; 1972: Karl-Heinz Luck (DDR).

Alpiner Skisport: Erstmals wurde 1936 eine alpine Kombination bei Olympischen Spielen – bestehend aus Abfahrtslauf und Slalom – durchgeführt. Später kam der Riesenslalom hinzu. Die verschiedenen Disziplinen führten zu Einzelwettbewerben, während die alpine Kombination um Weltmeisterpunkte kämpft.
Abfahrt: Dieser Wettbewerb gilt als die älteste Form alpiner Rennen, der bei den Herren mit dem Österreicher Toni Sailer 1956 und dem Franzosen Jean Claude Killy 1968 überragende Teilnehmer besaß, die alle erreichbaren Goldmedaillen gewannen.
In modernen Astronauten-Anzügen, tief in der Hocke, durchfahren die Teilnehmer eine bestimmte Strecke (2 bis 5 km), die oft als gefährlich gilt und bei der Geschwindigkeiten über 100 km/h erreicht werden. Die Höhenunterschiede bei den Damen betragen 500 bis 800 m, bei den Herren 800 bis 1000 m. Nach dem Einzelstart in Fünfzehnergruppen durch eine Lichtschranke wird die Zeitmessung ausgelöst. Als besonders tückische Stellen wirken kleine Hügel, Wellentälern gleich, die einen schnell und überraschend aus der Spur bringen können. Mit höchster Konzentration sind alle Gefahrenmomente zu berechnen.
Die Abfahrt führt durch 8 m breite Kontrolltore, die zu hohes Tempo abbremsen oder auf gefährliche Passagen hinweisen. Die Richtungsfahnen sind rot, gelbe Farbe deutet Gefahr an, und blau gilt für die Tore auf einer Strecke, die ohne jede Stockhilfe durchfahren werden kann. Jeder Teilnehmer, der einen Sturzhelm tragen muß, versucht den kürzesten Weg, die Ideallinie zu finden. An Einsatz, Mut und Bereitschaft stehen die Damen in keiner Weise hinter den Herren zurück. Die Teilnahme am offiziellen Nonstoptraining ist verbindlich.
Abfahrt – olympische Medaillen: *Männer:* Gold – (Kombination) – 1936: Franz Pfnür; Silber – 1936: Guzzi Lantschner; 1960: Hans-Peter Lanig; Bronze – 1964: Wolfgang Bartels. – *Frauen:* Gold – (Kombination) – 1936: Christel Cranz; 1960: Heidi Biebl; Silber – 1936: Käthe Grasegger; 1952: Annemarie Buchner-Fischer.

Slalom: Dieses Spezialrennen gilt als ausgesprochener Geschicklichkeitswettbewerb und stellt das Gegenstück zur Abfahrt dar. Hier entscheiden in erster Linie Technik und Gewandtheit bei den modernen Jetschwüngen und dem Wedeln durch die Tore

auf einem Steilhang, der für die Herren einen Höhenunterschied von 120 bis 200 m mit 55 bis 75 Toren, bei den Damen 120 bis 180 m mit 40 bis 60 Toren aufweist.
Im Unterschied zur Abfahrt werden zwei Durchgänge ausgetragen und die erzielten Zeiten addiert. Der Hang muß mindestens auf einem Viertel eine Neigung von 30 Grad und mehr aufweisen. Ein Tor besteht aus zwei 1,80 m hohen Stangen und einer Mindestbreite von 3,20 m, der Abstand zwischen zwei Toren beträgt mindestens 75 cm. Das Flaggen einer Kombination erfolgt stets von oben nach unten in der Reihenfolge blau-rot-gelb.
Der Slalomlauf beeinflußte entscheidend die gesamte Technik des Skilaufens, der mit dem Telemark- und Kristianaschwung begann und über Stemmbogen, Vorlage und Parallelschwünge zu den heutigen Schleuderbewegungen führte, bei denen aus der Hocke die Beine in die gewünschte Richtung gebracht werden – mit Eleganz und Mut.
Slalom – olympische Medaillen: *Frauen:* Silber – 1952: Ossi Reichert; Bronze – 1952: Annemarie Buchner-Fischer; 1960: Barbara Henneberger.

Der **Riesenslalom** oder Riesentorlauf gilt als entschärfter Abfahrtslauf, weil die Geschwindigkeit durch geschickt angebrachte Tore gemildert wird. Die Rennläufer benötigen hohes fahrerisches Können, eine hervorragende Technik sowie gutes Durchstehvermögen. Eine Strecke mit zirka 1000 m Länge weist einen Höhenunterschied von mindestens 400 m (Damen 300 m) auf und muß einen Steilhang von über 30 Grad Neigung besitzen. Die Zahl der Tore soll mindestens 30 betragen, bei internationalen Wettbewerben sind es bis 50 bei den Damen und bis 70 bei den Herren.
Die Breite der Tore liegt zwischen 4 und 8 m – mindestens 5 m voneinander entfernt –, die Streckenbreite bei 30 m. Es kann von einer echten Kombination zwischen Abfahrt und Slalom gesprochen werden. Die Ski sind allerdings etwas schmäler und kürzer als bei der Abfahrt, um das Schwingen zu erleichtern.
Riesenslalom – olympische Medaillen: *Frauen:* Gold – 1956: Ossi Reichert; Bronze – 1952: Annemarie Buchner-Fischer.

Biathlon: Der „Doppelwettkampf“, der eine Kombination von Langlauf und Gewehrschießen darstellt, wird nicht von Soldaten, Jägern oder Waldläufern bestritten, sondern von Sportlern, die seit 1960 in diesem Winterzweikampf um Medaillen streiten.
Der **Einzel**-Wettbewerb sieht einen Langlauf von 20 km vor, bei dem viermal in bestimmten Abständen 5 Schüsse auf Scheiben abgegeben werden. Nach jeweils 4,5 km erfolgen die Schießübungen auf Scheiben mit einem Durchmesser von 25 bis 50 cm in einer Entfernung von 150 m. Nur die letzte Distanz beträgt

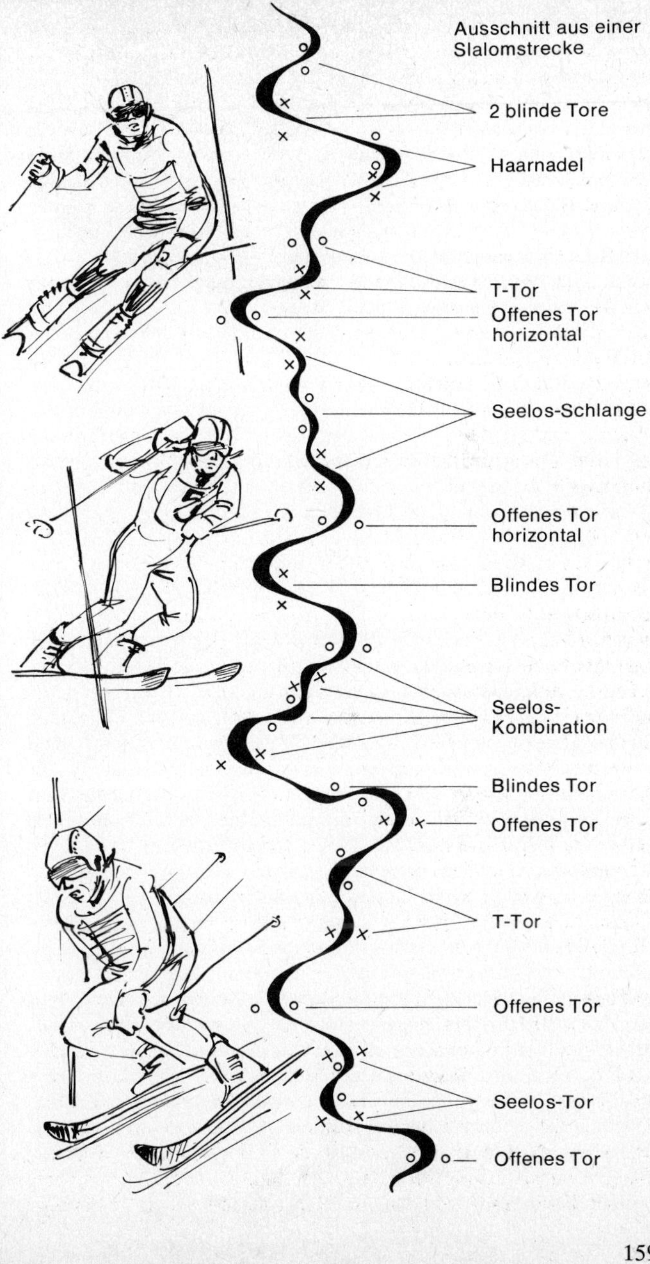
Ausschnitt aus einer
Slalomstrecke
2 blinde Tore
Haarnadel
T-Tor
Offenes Tor
horizontal
Seelos-Schlange
Offenes Tor
horizontal
Blindes Tor
Seelos-
Kombination
Blindes Tor
Offenes Tor
T-Tor
Offenes Tor
Seelos-Tor
Offenes Tor

100 m; hier muß stehend freihändig ausgeführt werden, während die übrigen Anschläge beliebig bleiben, d. h. im Liegend-Anschlag erfolgen.
Seit 1968 gibt es für einen Fehlschuß eine Strafminute (früher zwei), die dem Lauf hinzugerechnet wird. Für 6 Fehlschüsse kommen demnach 6 Minuten Laufzeit hinzu. Es besteht allerdings auch die Möglichkeit, einen Zeitzuschlag durch zusätzliche „Strafläufe“ von je 200 m zu ersetzen und damit die Schwäche im Schießen auszugleichen. Als Gewehr kann jede beliebige Waffe bis 8 mm mitgenommen werden. Vor dem Schießen darf der Starter seine Ski abschnallen. Schneller Lauf und angespanntes Schießen verlangen höchste Konzentration. Nicht nur der beste Läufer, eher der bessere Schütze besitzt die größeren Möglichkeiten.
Eine **Biathlon-Mannschaft** umfaßt vier Läufer. Jeder muß eine Strecke von 7,5 km zurücklegen und dabei zwei Schießübungen (liegend und stehend) mit jeweils 5 Schuß auf fünf Scheiben absolvieren. Bis heute beherrschen Skandinavier (stärkere Läufer) und Sowjetrussen (stärkere Schützen) diesen Wettbewerb.
Deutscher Skiverband, 8 München 40, Elisabethstr. 25; Tel.: (089) 376597.
Mitglieder: 295000, davon 100000 weiblich.

Skibobsport: Diese noch junge Wintersportart entstand erst nach dem 2. Weltkrieg, obwohl schon 1892 der Amerikaner Stevens ein Patent für einen „lenkbaren, einspurigen Schlitten“ angemeldet hatte. Besonders kriegsversehrte Skifahrer begannen mit dem Bau von Skibobs, die nach der Einführung der Fußgleiter schnell Verbreitung und Anhänger fand. Im Januar 1951 starteten die Skibobs in Kiefersfelden zu ihren ersten Rennen in der Bundesrepublik. Seit 1965 gehört der Deutsche Skibobverband dem Deutschen Sportbund an. Europameisterschaften werden seit 1963 und Welttitelkämpfe seit 1967 durchgeführt.
Der **Skibob,** ein leicht lenkbares, stabiles Gefährt, besteht aus Holz oder Metall. Sein Gewicht beträgt 6 bis 10 kg. Wie die Gleiter (höchstens 50 cm lang) besitzen die Vorder- und Hinterski (Länge bis 2,30 m) Stahlkanten und Kunststoffbeschläge. Die Technik des Fahrens entspricht den Bewegungsformen im parallelen Skilaufen. Bei den Wettbewerben kommen in erster Linie die Abfahrt und der Riesenslalom zur Durchführung, so daß auf dem Übungsprogramm die verschiedensten Richtungsänderungen, auch das Seitrutschen, Aufkanten, Bogenfahren oder das Wedeln stehen. Das Fahrtempo wird durch den Radius der Schwünge und entsprechendes Aufkanten bestimmt.
Deutscher Skibob Verband e. V., 53 Bonn-Bad Godesberg, Rüdesheimer Str. 9.

Sportfischen

Geschichte: Seit Urzeiten gehört der Fisch zum Hauptnahrungsmittel des Menschen, entsprechend wurde er gejagt. Aus den jahrtausendealten Angelhaken, die in Museen zu besichtigen sind, und nicht zuletzt aus Beschreibungen des Römers Claudius Aelianus, der das Fischen mit der künstlichen Fliege vor mehr als 1700 Jahren beschrieb, läßt sich allerdings auch schon ein sportliches Fischen aus der Frühzeit ableiten.
Aber erst mit der Erfindung gebräuchlicher Angelgeräte und der entsprechenden Literatur fand das Sportfischen in der Mitte des 19. Jahrhunderts weiteste Verbreitung. Max Piper brachte 1906 die Idee des Turnierwerfens aus Paris nach Deutschland, die schnell begeisterte Anhänger fand. Zu den Aufgaben der Mitglieder im Verband Deutscher Sportfischer zählt heute der Kampf um die Reinerhaltung der Seen, Flüsse und Bäche, die ständig mehr verschmutzt werden.
Das **sportliche Fischen** im Süßwasser geschieht heute mit der stehenden, der stationären Trommel, die ihre Rolle weit und genau werfen kann. Selbst die Wurftechnik ist viel leichter zu erlernen als früher mit der sich auf der starren Achse drehenden Rolle (Multityp). Bei den Angelruten scheint das Material aus Bambus und Tonkinrohr bereits weitgehend vom Glasfiber in voller oder hohler Form überholt zu sein. Die Angelschnüre – früher aus Hanf, Baumwolle oder Seide – werden heute aus Nylon oder Dralon hergestellt, hauptsächlich einfädig und nur für die Hochseefischerei geklöppelt. Der Angelhaken hat sich kaum verändert, selbst wenn der Widerhaken kleiner wurde.
Das Sportfischen wird betrieben, um nach sportlichen Regeln und hegerischen Bestimmungen Fische zu fangen. Dabei sind zahlreiche Beschränkungen wie Angelarten, Schonzeiten oder Stückzahlbegrenzungen zu beachten. In der Ausübung unterscheidet man folgende Arten: **1. Grundangeln** auf Friedfische wie Karpfen, Aale, Rotaugen oder Schleien. **2. Raubfischangeln** auf Hechte, Barsche und Zander. **3. Spinnangeln** auf Raubfische sowie das Tucken und Zocken auf Dorsche oder Hornhechte im Salzwasser. **4. Flugangeln** mit künstlichen Fliegen und Insektennachbildungen als Köder, die in erster Linie auf Solmoniden (lachsartige Fische wie Forellen) angesetzt werden. **5. Hochseeangeln** auf Salzwasserfische vom Dorsch über den Thunfisch bis zum Haifisch.
Es gibt auch Wettfisch-Disziplinen, bei denen es darauf ankommt, möglichst viele Fische zu fangen, und bei denen eine Punktewertung (1 g = 1 Punkt) den Gewinner nach Anzahl der Fische und dem Gesamtgewicht ermittelt.
Beim **Turnierwerfen** kommt es nicht auf den Fang direkt an. Je weiter und zielsicherer der Köder geworfen wird, desto erfolgreicher ist der Angler. Ein Wettbewerb, der auch auf dem Rasen

durchgeführt werden kann. Man unterscheidet zwei Disziplinen:
1. Fliegenwurf, bei dem die Fliege aus einem Angelhaken ohne Spitze besteht, mit Federn und Hecheln umwunden. Beim Weitwurf der Fliege – ein- und zweihändig – werden die Länge und das Gewicht der Ruten vorgeschrieben. Als Ziele dienen: a) drei Scheiben (60, 120 und 180 cm Durchmesser) aus Entfernungen von 10, 12 und 14 m; b) die Arenbergscheibe mit drei verschiedenen Ringen aus 5 verschiedenen Richtungen; c) fünf im Wasser verankerte Ringe von 76,2 cm Durchmesser aus verschiedenen Richtungen. Die **Wertung** erfolgt nach Punkten. Beim Weitwurf gilt 1 m als 1 Punkt. Bei Zielwürfen zählt das Zentrum 10 Punkte. Als Höchstpunktzahl bei 10 Würfen kann also die Zahl 100 erreicht werden.
2. Spinnerwurf mit einem Spinner als tropfenförmiges Gewicht aus Metall oder Kunststoff.
Drei verschiedene Wurfgewichte (10,3 – 17,72 – 30 g) kommen beim Weitwurf zur Anwendung. Der Zielwurf wird mit dem Gewicht von 10,3 g ausgeführt. Das Turnierwerfen wird nach Altersklassen für Frauen und Männer durchgeführt.
Verband Deutscher Sportfischer, 605 Offenbach/M., Waldstr. 6; Tel.: (0611) 885859.
Mitglieder: 238000, davon 5500 weiblich.

Geschichte: Der Ursprung des Tanzsportes liegt im Gesellschaftstanz, der bei festlichen Anlässen um die Jahrhundertwende zum Vergleich untereinander aufforderte. In Paris kam es 1909 zur ersten Weltmeisterschaft, die allerdings der Initiative einzelner Personen entsprang.
Danach erfolgte der rapide Aufschwung des Gesellschaftstanzes in sportlicher Wettkampfform. Um 1912 entstanden in Deutschland die ersten Tanzclubs, die sich 1921 mit 80 Vereinen zum „Reichsverband für Tanzsport" zusammenschlossen. Besonders die Kurstädte förderten diese Bestrebungen mit sportlichen Veranstaltungen. Nach dem 2. Weltkrieg öffnete der Deutsche Sportbund 1953 seine Schranken für den neuen Deutschen Tanzsportverband und erkannte damit den Wert des Tanzens als sportfördernd an.
Die Größe der **Tanzfläche** für internationale Wettbewerbe und deutsche Meisterschaften wird individuell festgelegt. Sonstige Turniere verlangen mindestens 80 qm, wobei keine Seitenfläche kürzer als 7 m sein darf. Als Empfehlung für den Flächenbedarf gelten 25 qm je Paar.
Die **Kleidung** paßt sich meist dem gesellschaftlichen Rahmen an, in dem die höheren Leistungsklassen Frack und größeres Turnierkleid vorsehen. In den übrigen Klassen tragen die Herren Smoking oder dunkeln Anzug, die Damen ein Cocktail-, ein stilgerechtes Turnierkleid, dessen Merkmale leichte Stoffe und weitschwingende Röcke sind. Bei lateinamerikanischen Tänzen tragen die Herren den dunklen oder weißen Smoking.
Wettbewerbe: Wir unterscheiden drei Altersklassen: Jugendliche bis 20 Jahre, die 21- bis 40jährigen in der Hauptklasse sowie die über 40 Jahre alten Senioren, wobei das Alter des männlichen Partners entscheidet. Die Haupt- und Seniorgruppen werden wiederum in Leistungsklassen unterteilt, die von der D- über C-, B-, A- bis zur Sonderklasse reicht. Turnierpaare erhalten für jedes Abschneiden sogenannte Aufstiegspunkte und gelangen nach dem Erreichen festgesetzter Punktzahlen in die nächsthöhere Leistungsklasse.
Zwei Tanzstile beherrschen den sportlichen Wettbewerb:
1. Standardtänze: Langsamer Walzer, Tango, Wiener Walzer, Langsamer (Slowfox) und schneller Foxtrott, auch „Quickstep" genannt.
2. Lateinamerikanische Tänze: Rumba, Samba, Cha-Cha, Pasodoble und Jive.
Neben den als Einzelwettbewerbe (paarweise) ausgeschriebenen Turnieren gibt es einen ständig beliebter werdenden Gruppenwettkampf in **Formationstänzen.** Hier tanzt eine Gruppe von vier, sechs oder acht Paaren möglichst synchron, d. h. nach gleichem

richtig falsch falsch

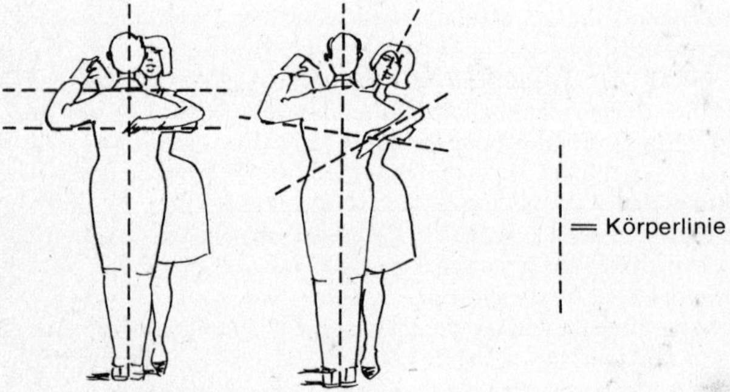

richtig falsch

Bewegungsablauf mit wechselnden Linien oder Kreisen.
Allgemein verlangt der Tanzsport cinc äußerst intensive Ausbildung, da der Harmonie der Partner besondere Beachtung beigemessen wird. Dabei gilt es, die vielfältigen Unterschiede jeder Disziplin genau zu beachten.

Wertung: Das Wertungsgericht besteht aus einer ungeraden Zahl von Richtern, bei internationalen Turnieren aus sieben. Beim Wertungssystem ist die Vorrunde als Gruppenwertung geschlossen zu werten. Die Zwischenrunde kann offen oder geschlossen, je nach Ausschreibung, mit Gruppen- oder Punktewertung benotet werden. Endrunden sind offen nach Platznoten anzuzeigen, wobei „1“ die beste Note darstellt.

Die **Wertungsgebiete** umfassen: **1. Takt und Grundrhythmus.** Es ist zu prüfen, ob das Paar im Takt tanzt und den Rhythmus einhält. Unter „im Takt tanzen“ versteht man z. B. das Einsetzten eines Schrittes weder **vor** noch **nach** dem Taktschlag, sondern **auf** dem Schlag. **2. Körperlinien.** Darunter versteht der Richter die Gesamtheit des Paares in der Bewegung und in Posen. Zu bewerten sind die Linien von Arm, Schulter, Hüfte, Bein, Hals und

Kopf. **3. Bewegungsablauf.** Er muß dem Charakter des Tanzes entsprechen; das Heben und Senken, der Schwung und die Balance des Paares. **4. Rhythmische Gestaltung.** Sie zeigt die Fähigkeit der künstlerischen Gestaltung und des musikalischen Einfühlungsvermögens. Ein Wechsel der Rhythmen birgt Gefahren. **5. Fußarbeit.** Zu bewerten sind die Ballen- und Fußansätze, die Stellung, Bewegung und das Schließen der Füße.
Teilnahmeberechtigt an internationalen Tanzturnieren sind nur Amateure im Sinne der für die Olympischen Spiele geltenden Bestimmungen. Der Tanzsport selbst zählt nicht als olympische Disziplin.
Internationale deutsche Erfolge (Amateure): *Weltmeisterschaften:* 1960: Karl/Ursula Breuer (Allround); 1961: Karl/Ursula Breuer (Latein.); 1962: Dr. Jürgen/Helga Bernhold (Latein); 1962: Dr. Jürgen/Helga Bernhold (Allround); 1963/1966 und 1967: Dr. Jürgen/Helga Bernhold (Latein.); 1968, 1970 und 1971: Peter Neubeck/Hanni Kaufmann (Latein.). – *Europameisterschaften:* 1952: Otto/Inge Teipel (Latein.); 1954 und 1955: Detlev Hegemann/Ursula Kämmerer (Standard); 1959 und 1960: Karl/Ursula Breuer (Latein.); 1962 und 1963: Dr. Jürgen/Helga Bernhold (Latein.); 1964: Karl/Ursula Breuer (Latein.); 1967: Dr. Jürgen/Helga Bernhold (Latein. und Standard); 1968 und 1971: Peter Neubeck/Hanni Kaufmann (Latein.); 1974: Hans-Joachim Kordon/Christa Breunig (Latein.).
Deutscher Tanzsportverband e. V., 6078 Neu-Isenburg, Friedrichstraße 106; Telefon: (06102) 6526.
Mitglieder: 31500, davon 16000 weiblich.

Tennis

Geschichte: Früher galt Tennis als Privileg einzelner, heute betreiben Millionen den „weißen" Sport. Anfänge des Spiels finden wir im 11. Jahrhundert, und zwar in Italien, wo meist reiche Kaufleute in ihren Mußestunden „Pallone" betrieben, mit Ball, Netz sowie dem durch Lederriemen geschützten Arm. Später banden sich die Akteure ein Saitengeflecht an den Unterarm, um dem Ball noch mehr Tempo zu verleihen.
Das heute noch in Südfrankreich und Spanien ungemein beliebte „Pelota" kann als eine erste Übergangsstufe zum Tennissport gezählt werden, wie das „Jeu de paume", das im Frankreich des 13. und 14. Jahrhunderts an Fürstenhöfen sowie in eigens errichteten Ballhäusern gespielt wurde und später in ganz Europa viele Anhänger besaß. In Paris standen allein 250 dieser Häuser, jedoch setzte sich der neue Sport wegen seiner hohen Kosten nicht als Volkssport durch.
Im 18. Jahrhundert verschwand dieses „Ballhausspiel" wieder

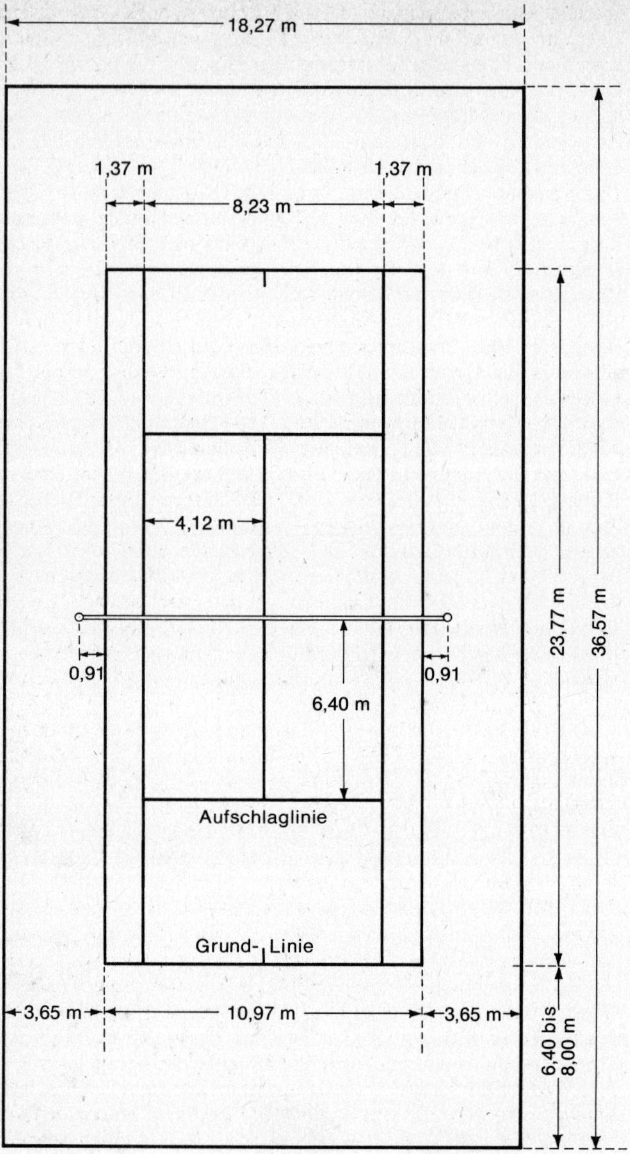
18,27 m
1,37 m
1,37 m
8,23 m
4,12 m
0,91
0,91
6,40 m
Aufschlaglinie
Grund- Linie
3,65 m
10,97 m
3,65 m
23,77 m
36,57 m
6,40 bis 8,00 m

und hielt sich nur vereinzelt in Großbritannien, obgleich dort viele Versuche, das Spiel ins Freie zu verlegen, scheiterten. Der Grund lag in der Beschaffenheit des Balls, der aus Leder, Kork oder Leinen nur auf hartem Steinboden sprang, jedoch nicht auf Rasen, Asche oder Feld.
Die eigentliche Grundlage zum Tennis brachte schließlich die Erfindung des Gummiballs um 1870 . Er inspirierte den englischen Major Clopton Wingfield am 23. Februar 1874, das neue Spiel und seine Grundregeln unter der Nr. 685 beim Londoner Patentamt anzumelden. Er selbst nannte das Ballspiel nach dem griechischen „Sphairistique". Nur wenige Jahre später stellte ein gewisser Mr. T. Marschall die bis auf wenige Änderungen noch heute gültigen Regeln auf, nach denen schon 1877 die ersten englischen Meisterschaften in Wimbledon ausgetragen wurden. Zunächst nannte man das Spiel „Field"-Tennis, danach „Lawn"-Tennis, da in England meist der Rasenplatz benutzt wurde.
Auch in Deutschland fand das Spiel schnell Freunde. Zum erstenmal durften neugierige Zuschauer 1876 in Bad Homburg Aufschläge und Rückhandschüsse bewundern. 1881 entstand in Baden-Baden, dem Kurort vieler Briten, der erste deutsche Tennisclub, der drei Jahre später bereits das erste größere Turnier durchführte. 1892 folgten die Internationalen deutschen Meisterschaften, und 1902 gründeten 290 (!) Vereine den Deutschen Tennisbund. 1913 schlossen sich die nationalen Fachverbände in der „ILTF" (Internationale-Lawn-Tennis-Federation) zusammen.
In Australien und den USA zählt Tennis heute zum Volkssport, haben sich gar Berufsspielerorganisationen gebildet, die ihre eigenen Turniere und Weltmeisterschaften austragen. Auch in der Bundesrepublik befindet sich der Tennissport — von jung und alt betrieben — in steiler Aufwärtsentwicklung. Nur fehlende Plätze und Hallen — für das Winterhalbjahr — bremsen die Aufnahmefähigkeit der Vereine. Der hohe Freizeitwert, der dieser Sportart bescheinigt wird, die ständige Bewegung und Konzentration läßt ein weiteres Ansteigen der Mitgliederzahlen sowie die Errichtung neuer Plätze erwarten.
Das Spielfeld: Die Maße sind in der ganzen Welt gleich. Der gesamte Platz – mit Auslauf – soll nicht unter 20 × 40 m liegen. Das Spielfeld hat eine Länge von 23,77 m und eine Breite von 10,97 m (beim Doppel) und 8,23 m beim Einzel. Diese ungeraden Zahlen entstammen dem englischen Maßsystem nach Yards. Die Netzhöhe in der Mitte beträgt genau 1 Yard = 0,91 m.
Den Schiedsrichter unterstützen Netz- und Linienrichter.
Die Zählweise: Die Wertung erfolgt nach Punkten, Spielen und Sätzen. Gewinnt ein Spieler den ersten Punkt, d. h. der Gegner schlägt ins Netz oder Aus, so zählt dies 15 Punkte für ihn, erhält er den zweiten Punkt, führt er mit 30:0, nach dem dritten gewonnenen Punkt 40:0; entscheidet er auch den vierten Punkt für sich,

hat er das Spiel gewonnen. Haben beide Spieler drei Punkte (40:40) erreicht, wird dieses Ergebnis als **Einstand** bezeichnet. Der nächste von einem Spieler gewonnene Punkt zählt in diesem Fall als **Vorteil** zu seinen Gunsten. Gewinnt derselbe Spieler auch den nächsten Punkt, so gewinnt er das Spiel. Bringt allerdings der im Nachteil liegende Spieler diesen Punkt an sich, heißt es wieder Einstand.

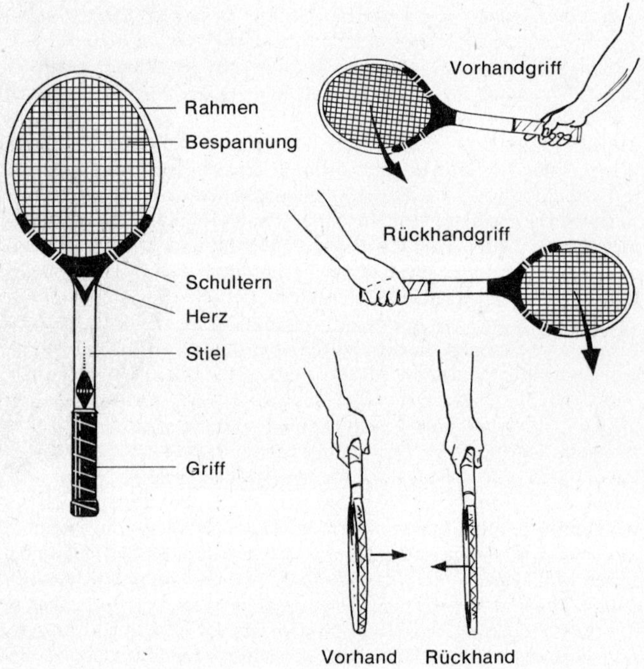

Nach diesem Stand muß ein Spieler zwei Punkte nacheinander für sich buchen, um das Spiel zu gewinnen. Der Spieler, der zuerst sechs Spiele gewinnt, hat den Satz für sich entschieden, mit folgenden Ausnahmen: Lautet z. B. der Spielstand 6:5 oder 9:8, wird so lange weitergespielt, bis einer der beiden zwei Spiele mehr gewonnen hat.

Die Zahl der Sätze darf höchstens fünf, bei den Damen drei betragen. Die Spielzeit richtet sich nach dem Verlauf, kann also u. U. über mehrere Stunden gehen. Um allerdings – im Turnierzeitplan – endlose Kämpfe zu vermeiden, können lange Sätze nach dem „tie-break"-System abgekürzt werden. Zum Satzgewinn entscheidet dann beim Einstand von z. B. 6:6 das nächste Spiel und

nicht wie normalerweise der Gewinn von zwei Spielen nacheinander. Diese Regel finden wir auch beim Tischtennis.
Für das Doppel mit dem 1,37 m breiteren Spielfeld gelten alle Gesetze wie beim Einzel oder dem gemischten Doppel (Dame plus Herr). Das Aufschlagpaar kann selbst entscheiden, welcher der beiden Spieler mit dem Aufschlag beginnt; für das zweite Spiel besitzen die Gegner dasselbe Recht. Beide Partner wechseln im Aufschlag einander ab. Diese Reihenfolge bleibt während des Satzes bestehen. Einzelspieler oder Paare wechseln die Seiten nach jedem ersten, dritten und jedem folgenden ungeraden Spiel eines jeden Satzes. Der Aufschläger ist bei der Bekanntgabe der Wertung zuerst zu nennen. Heißt es: 15:**30**, so liegt der **Rückschläger** einen Punkt vorne.
Nach den internationalen Regeln kennen wir den Zweisatz-Kampf (best of three) oder den Dreisatz-Sieg (best of five). Der Dreisatzgewinn ist bei internationalen Veranstaltungen (Wimbledon – Daviscup etc.) Vorschrift.
Wettkampfregeln: Beim Einzelwettbewerb und bei den anderen Wettbewerben nennt man den aufschlagenden Spieler „Aufschläger“, den anderen „Rückschläger“. Dabei hat der Aufschläger in Ruhestellung mit beiden Füßen hinter der Grundlinie zu stehen. Beim Aufschlag muß wenigstens ein Fuß auf der Erde bleiben. Der Aufschlag erfolgt abwechselnd von der rechten, dann von der linken Seite. Der aufgeschlagene Ball muß das Netz ohne Berührung überfliegen und den Boden innerhalb des schräg gegenüberliegenden Aufschlagfeldes oder eine der Grenzlinien dieses Feldes berühren, bevor der „Rückschläger“ diesen Service zurückgibt. Zwei Aufschläge sind erlaubt. Während des Spiels darf der Ball nur einmal im eigenen Feld aufspringen. Netzbälle gelten als Fehler.
Die Ausrüstung: Vor dem Start zur Tennislaufbahn erfolgt die beste Beratung durch einen Fachmann. Die Griffstärke des Schlägers z. B. richtet sich nach der Größe der Hand. Faustregel: Daumen und Zeigefinger sollen sich beim Schließen der Hand gerade noch berühren. Die Griffstärken sind nach englischen Maßen genormt von Nr. 2 bis 10. Beim Mann beträgt das Gewicht des Schlägers etwa 13 ½ Unzen, also 385 g, bei Frauen gut eine Unze = 28,35 g weniger. Kinder beginnen häufig mit Kurzschlägern, und man hat mit dem Griff näher am Schlägerkopf gute Erfahrungen gemacht.
Der Schlägerrahmen muß die Schwingungen beim Schlag gut aufnehmen und weitergeben. Holzschläger sind für den Anfänger eher zu empfehlen als solche aus Metall. Die Bespannung muß elastisch und nicht zu hart sein. Sie besteht entweder aus Darmsaiten (natur) oder Kunstsaiten (synthetisch). Während sich die Natursaiten besser für trockenes Wetter empfehlen, greifen die Turnierspieler bei Regen zur Kunstbespannung. Im Durchschnitt

empfiehlt sich eine Bespannung bis 22 kg Belastung.
Nach Vorschrift besitzen die Tennisbälle einen Durchmesser von 6,5 cm und ein Gewicht von 57 g. Zum Lernen sollten die Bälle möglichst neu sein – wie bei jedem Turnier – und gleichmäßig springen. Die Tenniskleidung ist traditionsgemäß weiß.
Die Technik: Grundsätze: Oberstes Gebot bleibt die Konzentration, das ständige Beobachten des Balles und das damit verbundene Sich-Einstellen zur neuen Situation. Jeder Schlag wird rechtzeitig vorbereitet, d. h. Schläger zurücknehmen, den Körper in Schlagstellung bringen. In der Regel soll der Körper vor dem Schlag seitlich zum Netz stehen, sowohl beim Vor- als auch beim Rückhandschlag.
Die **Grundschläge** sind mit dem ganzen Unterarm auszuführen. Beim Vorhandgriff liegen Handfläche und Schlägerkopf in einer Ebene, das Handgelenk bildet keinen Winkel. Grundschlag für Angriff und Abwehr bleibt der **Treibschlag** (Drive). Er beherrscht das Spiel von der Grundlinie und kommt am meisten vor. Der Ball wird in Hüfthöhe mit einer kräftigen Vorwärtsbewegung, steifem Handgelenk mit Ausschwingen in Schlagrichtung getroffen.
Der **Aufschlag** bereitet vielen Anfängern Schwierigkeiten. Während der rechte Arm leicht angewinkelt den Schläger erst nach rückwärts und dann nach oben schwingt, wird gleichzeitig die linke Hand mit dem Ball hochgeführt und dieser soweit in die Höhe geworfen, daß er mit dem Schläger noch bequem zu erreichen ist. Der rechte Arm streckt sich, das Körpergewicht wird nach vorn gelegt, der Ball mit etwas schräg gehaltenem Schläger rechts oben geschlagen und der Schläger tief nach unten links durchgezogen. So entsteht beim Service der seitliche Drall, der Slice, wie beim geschnittenen Schlag. Beim „As", dem „Kanonen-Aufschlag", trifft man den Ball senkrecht über dem Kopf ohne Schnitt. Die Qualität des Rückschlages (Return) hängt jeweils von der Klasse des Aufschlages ab.
Mit der **Rückhand** (Backhand) schlägt der Rechtshänder alle links vor ihm aufspringenden Bälle. Weite Ausholbewegung – parallele Stellung zur Grundlinie – rechte Schulter zum Netz – rechtes Bein dem Ball einen Schritt entgegen – weite Drehung des Körpers, Rücken halb zum Netz – Schläger schwingt nach unten und vorne gegen den Ball – weites Durchziehen, lockeres Auspendeln bis zurück in die Ausgangsstellung.
Beim **geschnittenen Schlag** (Slice) erreicht der Spieler mit dem Durchziehen des Schlägers einen Rückwärtsdrall. Der Ball verlangsamt sich, scheint beim Aufspringen stehenzubleiben. Handgelenk angewinkelt, leicht gelockert. Schrägfläche des Schlägers „rutscht" von oben nach unten am Ball „vorbei". Während des Fluges dreht sich der Ball wie ein sich rückwärts drehendes Rad. Diese Schlagtechnik kann das Balltempo allerdings auch beschleunigen.

Vorhand

Rückhand

Aufschlag

Der **überzogen geschlagene Ball** (Topsin) erhält seinen Drall durch Vorwärtsneigen der Schlägerfläche während des Schwunges nach vorn, mindert die Geschwindigkeit des Balles, an den man von unten herangeht, und zieht den Schläger steil nach oben durch. Ein technisch sauberer „Topspin“ kann sich gleich nach dem Überfliegen des Netzes senken.

Der **Flugball** (Volley) wird in der Luft direkt genommen, nach entsprechender Vorbereitung von der Grundlinie. Man muß in Richtung Netz kurz ausholen, den Schläger nach hinten oben führen, den Arm im Ellenbogen abknicken und das Handgelenk leicht nach hinten abwinkeln. Die Bewegung führt von oben nach unten, Schläger und Unterarm stehen fest. Körpergewicht in den Schlag legen.

Der **Halbflugball** (Half-volley) nimmt man unmittelbar nach dem Aufsprung mit tiefem Bücken über dem Ball. Den Schläger möglichst flach über den Boden entlang dem Ball entgegenführen. Die ausgefeilte Technik erfordert starke Konzentration.

Als **Stoppball** (Dropshot) kennen wir den absichtlich kurz geschlagenen Ball, der gleich hinter dem Netz herunterfällt und möglichst zweimal aufspringen soll. Er wird verdeckt geschlagen, aus dem Mittelfeld als Alternative zum Angriffsball. Techniker servieren als „Slice“ mit Rückwärtsdrall.

Der **Schmetterball** (Smash) bildet die Antwort auf den **Lob.** Der hochspringende Ball wird mit der Vorhand genommen und von oben nach unten ins andere Feld geschmettert. Den Schläger nimmt man zur Vorbereitung über die Schulter zurück und trifft den Ball genau in dem Moment, in dem sich die Schlagfläche über der Hand befindet. Nach dem Schlag, der auch im Sprung erfolgt, den Schläger kräftig durchziehen.

Der **Lob** (Hochschlag) bringt die Möglichkeit zur Verteidigung bei einem gefährlichen Angriff. Der Hochball gilt als ausgesprochenes Abwehrmittel, fliegt mit nach hinten geneigter Schlagfläche hoch und lang über den Gegner. Der Spieler gewinnt ein wenig Luft und Zeit. Der Lob gleicht im Ansatz der Vor- oder Rückhand, nur in der letzten Phase des Schwunges wird der Schläger mit einer kurzen Bewegung mehr nach oben geführt. Mit dem Unterschnitt eines „Topspin“ kommt der Ball noch genauer.

Wimbledonsieger im letzten Jahrzehnt:

Herren:	*Damen:*
1964 Emmerson/Au	Bueno/Bras.
1965 Emmerson/Au	Smith/Au
1966 Santana/Span.	B. J. King/USA
1967 Newcombe/Au	B. J. King/USA
1968 Laver/Au	B. J. King/USA
1969 Laver/Au	A. Jones/GB
1970 Newcombe/Au	M. Court/Au
1971 Newcombe/Au	Goulalong/Au

1972 St. Smith/USA	B. J. King/USA
1973 J. Kodes/CSSR	B. J. King/USA
1974 Connors/USA	Evert/USA

Deutsche Erfolge in Wimbledon, Englands Tennis-Championat, das einer Weltmeisterschaft gleichkommt:
Gottfried von Cramm, von 1935 bis 1937 dreimal im Finale unterlegen; 1935 und 1936 dem Engländer Fred Perry, 1937 dem Amerikaner Donald Budge. *Wilhelm Bungert* verlor im Endspiel 1967 gegen den Australier John Newcombe. 1972 schied das Doppel Bungert/Jürgen Faßbender in der 3. Runde aus, ebenso wie das gemischte Doppel Karl Meiler/Helga Masthoff in der 2. Runde. 1973 kamen Faßbender/Meiler bis ins Halbfinale gegen Nastase (Rum.)/Connors (USA).
Den begehrtesten Mannschaftswettbewerb im Tennissport, den **Davis-Cup,** gewann bis 1974 die USA 24mal, Australien 23mal, Großbritannien 9mal und Frankreich 6mal.
Deutscher Tennisbund e. V., Geschäftsstelle: 3 Hannover, Bonner Str. 12 A; Tel.: (05 11) 80 03 05–06.
Mitglieder: 505000, davon 220000 Frauen.

Tischtennis

Geschichte: Japaner und Chinesen sollen bereits vor 1000 Jahren ein ähnliches Rückschlagspiel betrieben haben. Genaue Angaben fehlen, und es dauerte bis 1885, bis sich in England eine Nebenart des Tennissports entwickelte und sich Indoor-Tennis nannte. Mit rechtwinkligen Schlägern, die mit Pappe, Tuch, dann mit Pergament überzogen waren, vertrieb sich die Gesellschaft in größeren Räumen die Zeit mit einem Korkball. An Wettkampf und richtigen Sport dachte noch niemand, bis der Engländer James Gibb den Ball aus Zelluloid für dieses Spiel erfand und ihm den Namen „Ping-Pong“ gab.
Das Tennisspiel am Tisch entwickelte sich rasch zu einer in der ganzen Welt populären Sportart. 1925 zählte der Deutsche Tisch-Tennis-Bund bei seiner Gründung in Berlin 32 Vereine. Heute sind es fast 8000 Clubs, und der Internationale Weltverband besteht aus über 100 angeschlossenen Verbänden.
Die Gründe für die Beliebtheit im Breiten- und Leistungssport sind denkbar einfach: Einzel- und Mannschaftsspiel – billig – in jedem Alter spielbar – leicht zu lernen – einfache Regeln – keine Verletzungsgefahr – hoher Gesundheitswert – überall spielbar. Mehr kann man von einer Sportart nicht verlangen.
In seinen Grundzügen hat das Tischtennisspiel viel mit Tennis gemeinsam, besonders was die Konzentration des Spielers, die genaue Beobachtung des Balles, eine schnelle Beinarbeit und feines Ballgefühl angeht.
Wettkampfgeräte: Der **Spieltisch** ist genormt, besteht aus einer

rechteckigen Platte von 2,74 m Länge und 1,525 m Breite. Die Oberfläche des möglichst dunkelgrünen Tisches soll 76 cm vom Boden entfernt sein. Ein **Netz,** 1,83 m lang, 15,25 cm hoch, teilt die Spielfläche in zwei Hälften. Eine 3 mm breite weiße Linie, die parallel zu den Seitenlinien verläuft, wird für das Doppelspiel benötigt.

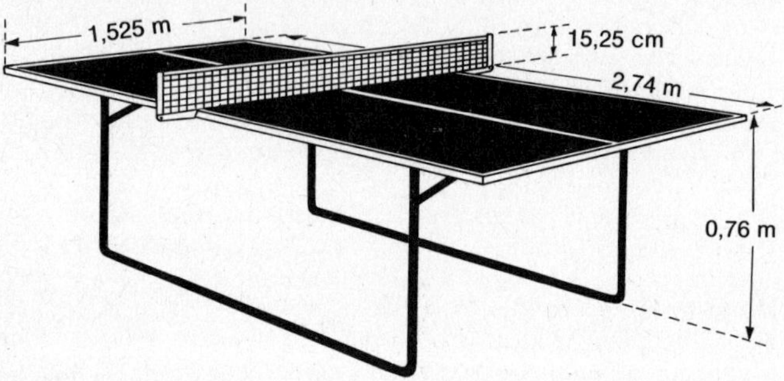

Der **Schläger** weist keine Beschränkungen für Größe, Form oder Gewicht auf. Das Blatt muß durchlaufend aus Holz von gleichmäßiger Stärke bestehen. Wenn der Schläger – auf einer Seite oder beidseitig – einen Belag hat, so kann dieser aus einfachem, gewöhnlichem Noppengummi mit einer Gesamtdicke von 2 mm oder aus „Sandwich“ bestehen, das heißt einer Schicht Schaum- oder Schwammgummi, die mit Noppen nach außen und innen bedeckt ist.
Der mattweiße **Zelluloidball** hat einen Durchmesser von 37,2 bis 38,2 mm sowie ein Gewicht von mindestens 2,4 und höchstens 2,53 g.
Regeln: Wie beim Tennis haben wir den Auf- und Rückschläger. Beim Aufschlag wird der Ball in die Luft geworfen und so geschlagen, daß er erst das Feld des Aufschlägers berührt und dann über oder um das Netz herum in die Spielfeldhälfte des Rückschlägers springt, der nun den Ball wieder zurückgibt. Verfehlt der Aufschläger den Ball, gilt der Aufschlag als fehlerhaft und wird nicht wiederholt. Ein Aufschlag darf erneuert werden, wenn der Ball die Netzkante streift und in das Feld des Gegners springt. Während eines Ballwechsels muß der Ball in jedem Falle erst die Platte in jeder Hälfte berühren.
Der Ball bleibt im Spiel, bis er
a) in einer Spielfeldhälfte zweimal aufspringt,
b) die andere Spielfeldhäfte nicht berührt oder direkt als „Flugball“ genommen wird,
c) zweimal hintereinander vom selben Spieler geschlagen wird,
d) einen der Spieler berührt (Körper)

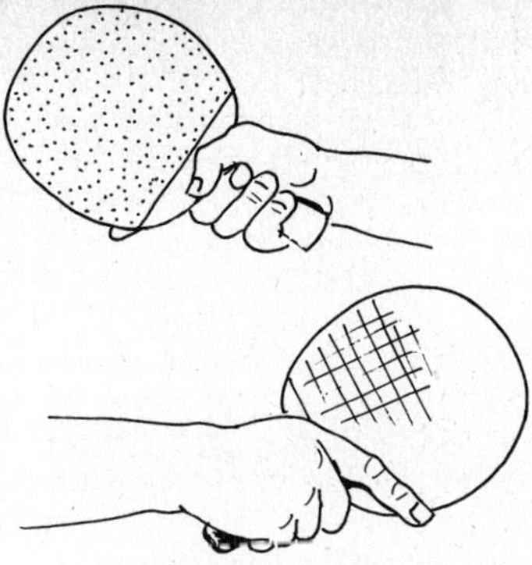

Orthodoxe Schlägerhaltung

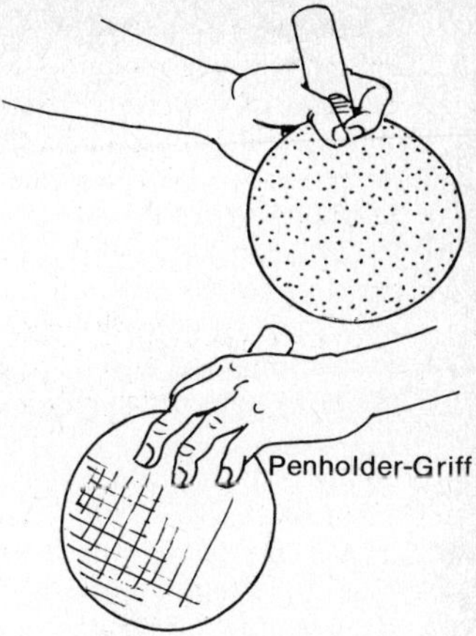

Penholder-Griff

Vorhand

Rückhand

e) oder der Gegner die Spielfläche bewegt, bzw. sie mit der freien Hand berührt, solange der Ball noch im Spiel ist.
Ein Ballwechsel muß wiederholt werden, wenn ein Spieler durch ein Ereignis, auf das er keinen Einfluß hat, gestört wird. *Ein Spieler gewinnt einen Punkt, wenn der Gegner einer Fehler macht. Ein Satz wird von dem Spieler gewonnen, der zuerst 21 Punkte erzielt. Erreichen jedoch beide Spieler 20 Punkte gemeinsam, so wird derjenige Gewinner des Satzes, der zuerst 2 Punkte mehr erzielt als sein Gegner. Dabei wechselt der Aufschlag nach jedem Punkt.* Im allgemeinen wechselt der Aufschlag nach je 5 Punkten. Beim Doppel muß er zuerst die rechte, dann die linke Spielfeldhälfte des Gegners berühren. Dabei übernimmt jeweils der Rückschläger die nächste Aufgabe.
Ein Einzel- oder Doppelspiel besteht aus zwei oder drei Gewinnsätzen. Zwischen dem dritten und vierten Satz kann jeder Spieler eine Ruhepause von höchstens 5 Minuten verlangen. Die Zahl der Sätze soll höchstens 5, bei den Damen 3 betragen. Beim Doppel wechseln sich die Paare jeweils mit dem Schlag ab. Es muß in sportgerechter Kleidung, die den Gegner nicht ablenkt, gespielt werden.
Technik: Wir unterscheiden zwei Schlägerhaltungen: die orthodoxe mit dem normalen Griff und den „penholder“-Griff, den die Asiaten eingeführt und mit viel Erfolg verwendet haben. Dem „geschnittenen“ Ball – wie beim Tennis – kommt erhöhte Bedeutung zu. Während der Angriffsspieler den Überschnitt (Topspin) bevorzugt, schlägt der Defensivspieler am liebsten den „back-spin“, der den Ball im Unterschnitt nimmt und ihm einen Rückwärtsdrall verleiht. Daneben beherrschen alle guten Spieler natürlich Vor- und Rückhandtreibschläge, Schmetterbälle, halbe Flug- oder die gefürchteten Stoppbälle.
Bei **Mannschaftsvergleichen** treten je vier Damen und sechs Herren getrennt an und spielen nach dem Paar-Kreuz-System. Dabei beginnt man bei den Männern mit 2 Doppelspielen, läßt die Einzelspiele folgen, bei denen 5 und 6, dann 1 und 2 und schließlich 3 und 4 über Kreuz gegeneinander spielen. Als 15. und 16. Spiel beenden zwei Doppel den Vereinswettbewerb. Wie Tennis ist auch der Tischtennissport – sehr zum Leidwesen seiner vielen Anhänger – nicht olympische Disziplin.
Internationale Erfolge: *Europameisterschaften:* Herren-Einzel 1962: Arndt (2. Platz); 1960: Freundorfer (3.); 1962 und 1964: Schöler (3.); Doppel – 1962: Schöler/Forster (3.); 1972: Schöler/ Börzsei (3.). Damen-Einzel – 1962: Agnes Simon; 1962: Harst (3.); 1964: Matthias (3.). *Damen-Mannschaft:* 1962 (Buchholz, Harst, Matthias, Simon; 1968: (Buchholz, Simon, Krüger, Hendriksen). Damen-Doppel – 1965: Simon/Buchholz; 1970: Simon/ Schöler; 1962: Simon/Harst (2.); 1962: Mielenhausen/Lantermann (63.). Gem. Doppel – 1962: Has/Alser; 1962: Simon/

Schöler (2.). *Weltmeisterschaften:* Herren-Einzel – 1962: Eberhard Schöler (2.); 1965 und 1967: Schöler (3.).
Deutscher Tisch-Tennis-Bund, 6 Frankfurt/M. 70, Souchaystr. 13; Tel.: (06 11) 61 55 98.
Mitglieder: 390000; davon 90000 weiblich.

Trampolinturnen

Geschichte: Diese Turndisziplin begann 1928 in den USA, als Lary Griswold und George Nissen das erste Trainingsgerät bauten und später als Trampolin auch nach Europa (Schweiz und England) brachten. Zunächst als Mehrzweck-Sprunggerät für Turner und Kunstspringer gedacht, entwickelte sich mit der Zeit das Trampolinturnen zu einer eigenen Sportdisziplin. 1957 standen die ersten Geräte in der Kölner Sporthochschule und im Institut für Leibesübungen der Universität Freiburg. Dabei fand das sportliche Springen so großes Interesse, daß schon 1959 der erste Wettkampf zwischen Köln und Freiburg stattfand. Ein Jahr später verlangten die Spezialisten bereits ihre 1. Deutsche Meisterschaft. Seit 1965 führt der Internationale Trampolin-Verband alle zwei Jahre eigene Weltmeisterschaften durch.
Das **Gerät** ist international genormt, besteht aus einem Stahlrahmen, der 95 bis 105 cm hoch ist, und ein mit ca. 100 Stahlfedern ausgestattetes 3,60 bis 4,30 m langes und 1,80 bis 2,15 m breites „Tuch“ trägt. Diese Matte besteht aus geflochtenen, elastischen Kunststoffbändern.
Regeln: Jede Übung besteht aus 10 verschiedenen Sprüngen, die nacheinander zur Durchführung kommen. Man unterscheidet die vorgeschriebenen Pflicht- und die freigewählten Kürübungen. Sie werden in der Ausführung – Haltung, Sicherheit, Schwierigkeit – bis zu 10 Punkten bewertet. Pflichtsprünge gelten als abgebrochen, sobald die vorgeschriebene Sprungfolge geändert wird. Ein vorzeitiges Verlassen des Gerätes bringt 0 Punkte.
Bei der Kür wird die Schwierigkeit wie folgt ermittelt: $\frac{1}{4}$ Saltodrehung = 0,1 Punkte, ein ganzer Salto = 0,4; ein halber Schraubensalto bringt ebenfalls 0,1 Punkte und demnach ein Schraubensalto rückwärts = 0,4 + 0,2 = 0,6 Punkte. Demnach kann heute eine Kür mit 17 Salti in Verbindung mit 11 ganzen Schraubendrehungen einen Schwierigkeitsgrad von insgesamt 9 Punkten bringen. Werden die Umdrehungen gestreckt oder gehechtet ausgeführt, erfolgt jeweils ein Zuschlag von 0,1 Punkten.
Der **Einzelkampf** besteht aus Pflicht- und Kürübung; die Besten turnen zur Entscheidung noch eine zweite Kür, wobei die Summe aller drei Wertungen das Ergebnis bildet. Beim **Mannschaftskampf** mit 5 Mitgliedern wird die schlechteste Wertung gestrichen.

$\frac{3}{4}$ Salto vorwärts und $\frac{1}{4}$ Salto vorwärts mit $\frac{1}{2}$ Schraube

Salto rückwärts gehockt in den Sitz

$\frac{1}{2}$ Fußsprungschraube

Doppelsalto vorwärts mit $\frac{1}{2}$ Schraube gehockt und Salto rückwärts gestreckt

Unter **Synchronturnen** versteht man Kürübungen, die von zwei Springern gleichzeitig auf zwei Geräten geturnt werden und bei denen die Exaktheit entscheidet. Die **Wertung** setzt sich zusammen aus dem Mittelwert der Ausführungsnoten beider Turner und Abzügen bis zu je 0,5 Punkten für jede Landung, die nicht gleichzeitig erfolgt. Die Übung wird bei unterschiedlichen Sprungfolgen abgebrochen. Vier Kampfrichter bewerten die Ausführung, wobei der Durchschnitt der beiden mittleren Wertungen die Endnote ergibt.
Die **Technik** der verschiedenen Sprünge: Saltodrehungen vorwärts und rückwärts gehen um die Körperachse.
Schraubendrehungen sind einfache Drehungen, während sich beim Schraubensalto zwei Typen unterscheiden: a) Der reine Schraubensalto, der mit dem Absprung gleichzeitig eine Salto- und Schraubendrehung einleitet, gleich ob vorwärts oder rückwärts;
b) ein normaler Salto, der im zweiten noch eine einfache Schraube ermöglicht. Als Schwerpunkte kennt man beim Trampolin Saltidrehungen in laufender Folge und deren Kombination mit Schraubendrehungen bis zu den vierfachen Salti mit Schrauben, die heute von der Weltklasse präsentiert werden.
Deutsche Erfolge: *Weltmeister:* Männer – 1968: 1. im Synchronspringen: Michael Budenberg/Klaus Foerster, und bei den *Frauen:* Ute Czech/Christa Mohrlang: Frauen – 1974: Ute Scheile/Petra Wenzel; **Europameister:** Männer – 1969 im Synchronspringen: Hartmut Riehle/Kurt Treiter; *Frauen:* Agathe Jarsch/Maria Jarosch; Einzel: Ute Czech, 1971 – Margarethe Duell.
Die Disziplin Trampolinspringen ist dem Deutschen Turnerbund angeschlossen.

Turnen

Geschichte: Wer glaubt, daß Turnen zu den ganz alten Sportarten zählt, der täuscht sich. Natürlich gab es schon im alten Hellas die Gymnastik, aber auch die Griechen betrieben die Körperschulung lediglich als Vorbereitung für andere Sportbräuche. Wettkämpfe im Turnen kannte man noch nicht. Erst als Friedrich Ludwig Jahn 1811 auf der Hasenheide bei Berlin den ersten Turnverein der Geschichte gründete und gleichzeitig die von ihm erfundenen Turngeräte wie Barren, Reck und Klettergerüst vorstellte, da erst begann der Turnsport.
Den ersten Antrieb dazu gaben die Philanthropen Basedow und Guts Muths, die als weitsichtige Pädagogen im Sport ein äußerst wirksames Erziehungsmittel sahen. Jahn führte den Begriff „Turnen“ für eine neue Form der Leibesübungen ein. Der Aufschwung nach den gewonnenen Freiheitskriegen gab den Forde-

rungen der plötzlich überall turnenden Studenten und Bürgersöhne jenen Elan, der die preußische Regierung veranlaßte, das Turnen gleich für zwei Jahrzehnte zu verbieten. Ganz im Gegensatz zu England, wo sich der Sport in Freiheit entwickeln konnte.
Erst nach 1844, das Turnen in den deutschen Schulen war wieder erlaubt, nahm die Bewegung der körperlichen Erziehung einen ungeahnten Aufschwung. 1868 erlebte Weimar die Gründung der Deutschen Turnerschaft. In jeder Kleinstadt erstanden die „Riegen“, wurde das Vereinsturnen gepflegt, zu dem auch bald andere Sportarten wie Leichtathletik, Schwimmen, Faustball oder Fechten gehörten. Seit 1860 erfolgt die Durchführung der „Deutschen Turnfeste“, und der Turnergruß „Gut Heil“ wie die vier „F“ im Turnerabzeichen für „Frisch, Fromm, Fröhlich und Frei“ betonten die sittlich-moralische Haltung der ständig wachsenden Turnerbewegung weit über die Grenzen hinaus.
Seit 1896 standen Geräteübungen wie Reck, Barren, Ringe und Seitpferd in den Listen Olympias; das Bodenturnen folgte 1932. Die Frauen standen nicht zurück, sie begannen 1928 mit ihrem Programm. Die Kompetenzschwierigkeiten, die der Deutsche Turnerbund mit anderen Sportarten und deren Fachverbänden zwangsläufig führte, sind nach vielen Diskussionen heute gelöst. 1950 konstituierte sich der Deutsche Turnerbund erneut und schloß sich dem Dachverband, dem Deutschen Sportbund, an.
In der Folgezeit ergaben sich – international betrachtet – erhebliche Klippen, denn das inzwischen in aller Welt betriebene Leistungsstreben im Turnsport führte den DTB in den Schatten des Erfolgs. Längst schienen die Goldmedaillen der Schwarzmann und Frey bei den Olympischen Turnkämpfen 1936 vergessen, und auch der Sieg von Helmut Bantz 1956 im Pferdsprung bildete die rühmliche Ausnahme. Lange Jahre lehnte das deutsche Frauenturnen jede Akrobatik und Artistik an den Geräten ab, betonte mehr die rhythmische Bewegung, mit der im internationalen Vergleich kein Lorbeer zu gewinnen war. Erst vor einigen Jahren wurden in der Bundesrepublik die alten „Zöpfe“ energisch abgeschnitten, wenn auch der Anschluß zur Weltspitze längst nicht erreicht werden konnte. *Die besten Turnerinnen kommen aus der Sowjetunion und den anderen Ländern des Ostblocks. Die besten Turner sind in Japan und der UdSSR zu Hause.*
Kunstturnen der Frauen. Im modernen Leistungsturnen bestreiten die meist noch recht jungen Damen einen **Achtkampf** mit vorgeschriebenen Pflicht- sowie freigewählten Kürübungen am Schwebebalken, am Stufenbarren, im Bodenturnen und im Pferdsprung. Dabei wird sowohl eine einzelne Turnerin als **Gesamtsiegerin** als auch durch Addition der Punkte die siegende **Mannschaft** oder „Riege“ eines Landes durch die besten sechs Turnerinnen ermittelt.

Im Anschluß an den Mehrkampf werden die sechs besten Turnerinnen eines Gerätes (im Achtkampf festgestellt) zu einem oder mehreren Einzelkämpfen zugelassen, um die **Einzelsiegerinnen** an jedem Gerät im End- oder Finalkampf zu finden.
Das **Leistungsturnen** ist ganz auf den Wettkampf abgestimmt. Sein Hauptgewicht liegt auf der Beherrschung der Pflichtübungen, dem Zusammenstellen und Ausfeilen der Kür. Neue Übungsteile werden solange geformt, bis sie traumhaft sicher gelingen. Viele Übungen wurden nach Turnerinnen benannt, die sie erdachten und zum erstenmal vorführten. So kennen wir die Radochla-Rolle nach der DDR-Turnerin Birgit Radochla, den Korbut-Salto auf dem Schwebebalken oder die Turischtschewa-Schraube, jene Blitzdrehung um die Längsachse am hohen Holm des Stufenbarrens. Eine Turnerin braucht ein Jahr oder viel länger, um eine neue Form zum Vortrag bringen zu können. Die Besten ihrer Länder müssen hart arbeiten und trainieren, und dann entschädigt erst der Beifall für alle Mühen und Opfer.
Die wichtigste Forderung beim Turnen lautet: Die Übungen sicher, schwungvoll und elegant vorzutragen. Positiv kommen originelle Kombinationen und auch der Mut zum Risiko in die Bewertung.
Wettkampfgeräte: *1. Bodenturnen:* Bei dieser Wettkampfform haben die Frauen vom Schwierigkeitsgrad her fast ähnliche Elemente entwickelt wie die Männer. Auch sie bieten eine Fülle von Sprüngen, von Luftrollen, verbinden allerdings den rhythmischen Ablauf durch tänzerische Eleganz und Grazie der Bewegung zu einer fraulichen Darbietung, die bei der vorgeschriebenen Musik durchaus zu einem Erlebnis werden kann. Olga Korbut und Ludmilla Turischtschewa, die beiden „Königinnen“ von 1972, boten in ihrer Bodenkür von München Ballett, Artistik und Sport nahezu in Vollendung.
2. Stufenbarren: Ein Mittelgerät zwischen Barren und Reck. Beide Holme sind in unterschiedlichen Höhen angebracht. Der obere Holm 2,30 m hoch, der untere 1,50 m. Die Stufengasse ist verstellbar, die Parallele zwischen beiden Stangen beträgt 43 bis 52 cm. Durch besondere Verspannungen werden die gleichmäßig elastischen Holme gründlich gesichert. Der hohe Leistungsstand – auf breiter Basis – zeigt sich bei internationalen Wettbewerben. Mutig wirbeln die Damen zwischen den Holmen, kippen und kreisen, schwingen und fliegen. Die technische Perfektion schwierigster Teile mutet leicht an, wenn man die Besten von der Russin Astachowa über die Pragerin Vera Caslavska bis zur DDR-Meisterin Karin Janz bei der Arbeit sieht. Nur die Ausführende alleine weiß, welcher Schweiß hinter der Darbietung steckt.
3. Sprungpferd: Als Nachbildung des lebenden Pferdes ursprünglich als Übungsgerät zum Erlernen des Voltigierens gedacht.

Reck

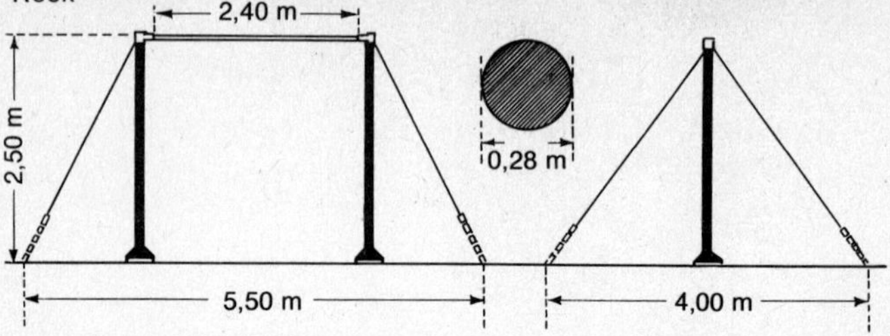

Ringe

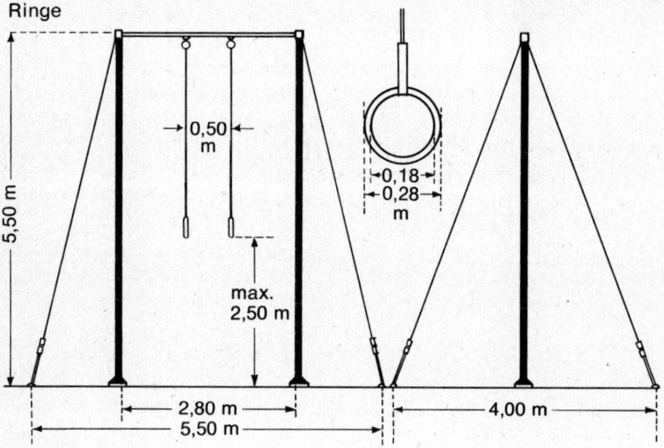

Barren

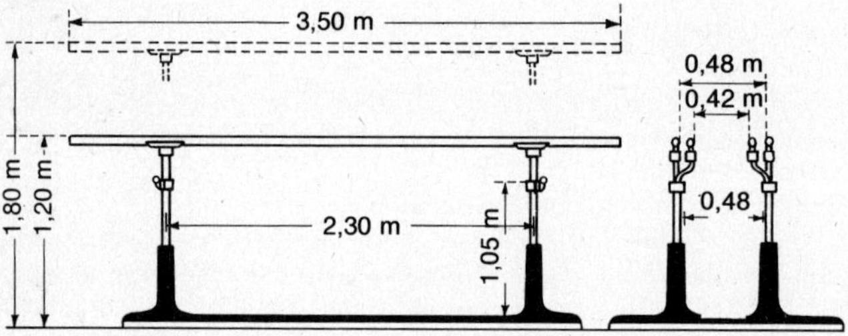

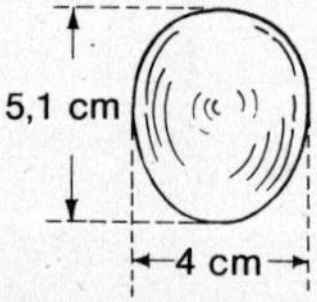

Barrenholm

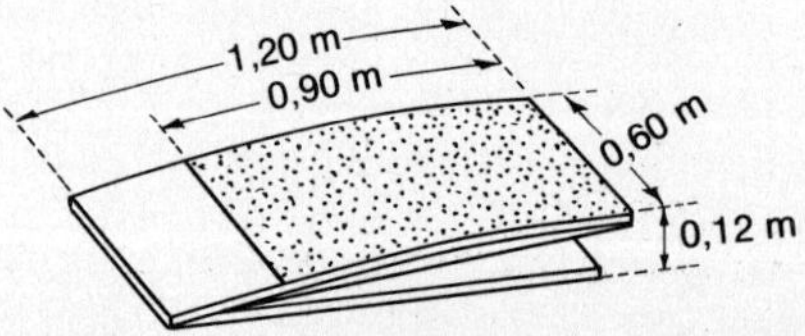

Reuthen-Brett

Stufenbarren

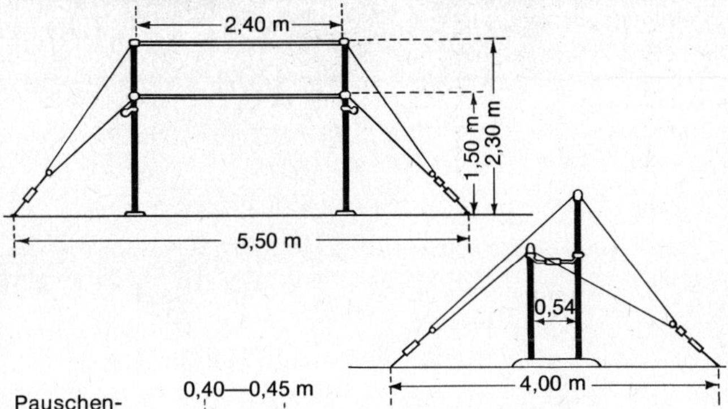

Pauschen-
Pferd

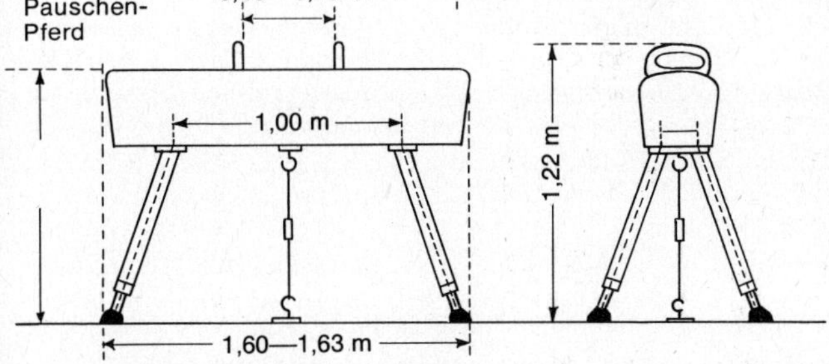

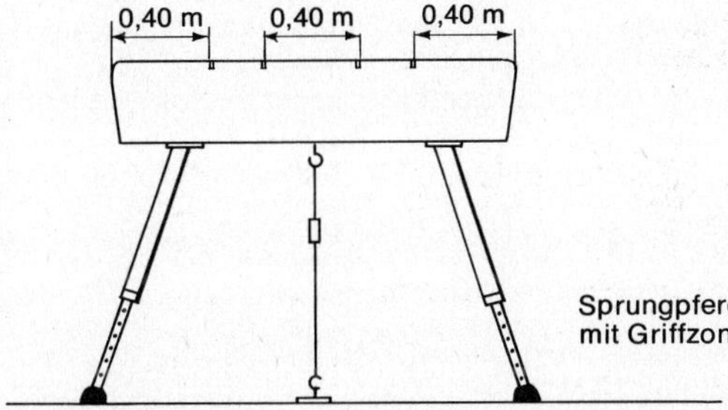

Sprungpferd
mit Griffzonen

Schwebebalken

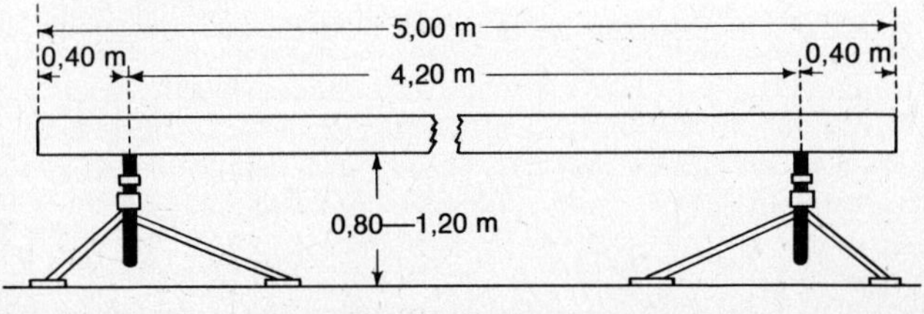

Ein langer Pferderumpf mit vier Beinen, einer Länge von 1,60 m, einer Breite des Rückens von 35 cm und einer Höhe von 1,10 m. Das Gerät steht in **Querrichtung** zur Turnerin, der ein Anlauf von 20 m sowie ein federndes Sprungbrett zur Verfügung steht. Die jeweilige Sprungart muß jeweils vorher dem Kampfgericht bekannt sein. Die Benotung der einzelnen Sprünge – gehechtet, Überschläge oder Drehsprünge – ist in einer Tabelle genau festgelegt. Je nach Ausführung gibt es Abzüge. Bis heute sind die perfekten Sprünge der Vera Caslavska aus Prag unerreicht.
4. Schwebebalken: Einst das Angstgerät der meisten Turnerinnen, die schon vom „Zitterbalken" zu träumen begannen. Die Maße: Länge des Balkens: 5 m; Lauffläche: 10 cm breit; Wettkampfhöhe: 1,20 m. Das Bewegen auf dem Schwebebalken setzt sich in erster Linie aus gymnastischen und ballettähnlichen Formen zusammen, die natürlich höchste Anforderungen an das Gleichgewicht stellen. Rollen, freie Sprünge, Hand- und Kopfstände, Waagen und Drehungen gehören dazu. Schrauben und Überschläge beim Abgang gehören zum Repertoire der höchsten Leistungsklasse, wie zum Beispiel bei der Korbut, der Caslavska oder der Kuchinskaja.
Die Wertung: Sowohl im Mehrkampf wie auch beim Einzelturnen hat jede(r) Teilnehmer(in) erst die Pflichtübung, danach die Kür zu absolvieren. Die Pflicht wird rechtzeitig vor Olympischen Spielen und Weltmeisterschaften für alle Geräte festgelegt und bekanntgegeben, die Kür dagegen vollkommen individuell gestaltet.
Im „Code de Pointage", dem 196 Seiten starken Punktwertungskodex, sind alle Bewegungsrichtlinien mit dem jeweiligen Schwierigkeitsgrad dargestellt. Das Spitzenturnen kennt in seinen Elementen und Ausführungen drei Gruppen: A-Teile, B-Teile und C-Teile, wobei A die niedrigste und C die höchste Schwierigkeitsstufe bedeutet.
Gewertet werden Aufbau und Schwierigkeit der Übung sowie ihre Ausführung. Als Voraussetzung für eine gute Wertung muß jede Kürübung mindestens sechs A-Teile, vier der Klasse B und mindestens einen C-Teil enthalten. Verschiebt sich das Verhältnis mehr nach C zu, desto besser werden die Noten, natürlich nur, wenn die Übung exakt zur Durchführung gelangt.
Das **Kampfgericht** besteht aus einem Obmann und vier Punktrichtern. Jeder Richter kann pro Übung 0–10 Punkte mit Zehntelwertung vergeben. Die 10 stellt die nur selten erreichte Höchstnote dar. *Bei der Bewertung wird die höchste und niedrigste Note gestrichen, die beiden mittleren addiert und dann halbiert. Ein Beispiel: 9,25 – 9,50 – 9,40 – 9,55. Die 9,55 und 9,25 fallen weg. Die beiden anderen ergeben: 9,50 + 9,40 = 18,90 : 2 = 9,45 Punkte.*
Bei erheblichen Differenzen in der Wertung greift der Obmann

Ristgriff Kammgriff Zwiegriff Ellgriff

Reck

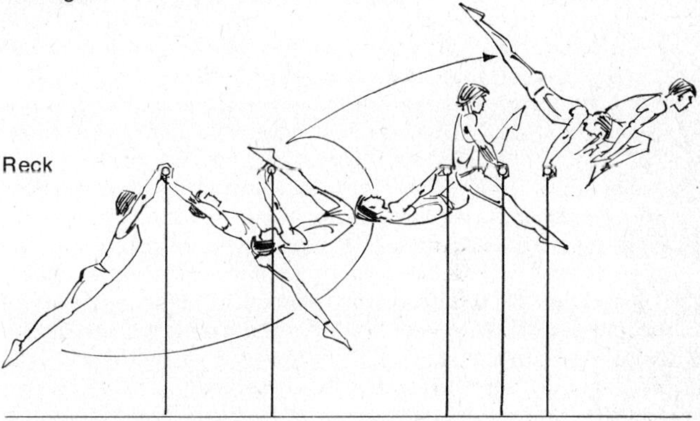

Schwungkippe – Abhocken

Reck

Riesenfelge rückwärts – Salto mit Austurnen

ein, verlangt vom betreffenden Punktrichter eine Erklärung und entscheidet im Zweifelsfall über die endgültige Note.

Kunstturnen der Männer: Was für die Damen der Achtkampf, bedeutet für das „starke Geschlecht" der **Zwölfkampf,** mit dem jeder internationale Vergleich beginnt. Er sieht je eine Pflicht- und Kürübung an den insgesamt sechs Geräten vor. Anschließend erfolgt der Finalkampf der jeweils sechs Besten am Einzelgerät.

Wettkampfgeräte: *1. Bodenturnen:* Fläche wie bei den Frauen. Gefordert werden Bewegungen, die aus Elementen der Geschmeidigkeit, des Sprunges, der Kraft und des Gleichgewichts zusammengesetzt sind. *Dynamische* Teile in fließender Verbindung – unter anderem freie Überschläge vor- und rückwärts, gehockt, gewinkelt, gestreckt, Arabersprünge, Pirouetten –, *statische* Teile – wie Standwaagen, Schwebestützen usw. – sowie *Kraftteile* – „gedrückte" Handstände, freie Stützwaagen, Liegestützen mit Drehungen usw. – sollen harmonisch ineinander übergehen, wie es 1964 so vorbildlich der Italiener Menichelli zeigte. Auf der vorgeschriebenen Bodenfläche muß sich der Turner in verschiedene Richtungen bewegen, darf nicht mehr als 3–4 Laufschritte ausführen und die Begrenzungen nicht überschreiten.

2. Barren: Früher verstand man unter Barrenturnen reinen Kraftsport. Heute dominieren die Schwünge, sollte eine Übung aus *Bewegungen, Drehungen, Kraft- und Halteteilen bestehen.* Ein Teil muß über, ein Teil unter den Holmen geturnt werden. Einfache Halten wie Handstand und Schwebestütz dürfen nicht länger als 2 Sekunden andauern, dagegen sollen Handstände auf einem Arm oder Stützwaagen mindestens 2 Sekunden angehalten werden, da sonst Punktabzug erfolgt. *Schwünge, Drehungen, Kippen, Schwungstemmen, Stützkehren, Felgen, Luftrollen und Überschläge begeistern heute das Publikum.*

Der Barren besteht aus einem massiven, standfesten Unterbau mit vier Säulen, auf denen zwei Holzholme (je 3,50 m lang, Durchmesser 41–53 mm) parallel angebracht sind. Die Holme sind in der Höhe vom Boden – meist 1,60 m – und in ihrem Abstand zwischen 42 und 50 cm verstellbar.

3. Reck: An zwei mit Stahlseilen verankerten Säulen ist in einer Höhe von 2,50 eine 2,40 m lange Reckstange befestigt. Sie hat einen Durchmesser von 28 mm und muß eine Belastung von 220 kg aushalten. *Das Reck gehört zu den ausgesprochenen Hanggeräten. Eine Kür soll aus mindestens 10 Hauptteilen bestehen.*

Schwungstemmen, Übergrätschen, Kehren, Griffwechsel, Felgen, Riesenfelgen, Durchbücken, Stechen in den Handstand, als Abgänge der spektakuläre Doppelsalto oder der weite Flughecht bilden die Hauptfiguren einer Reckkür, die früher in den Deutschen Winter, Frey und Schwarzmann, den Schweizern Stalder und Günthard, später in den Sowjetrussen Schaklin und Woronin

Tschechenwende

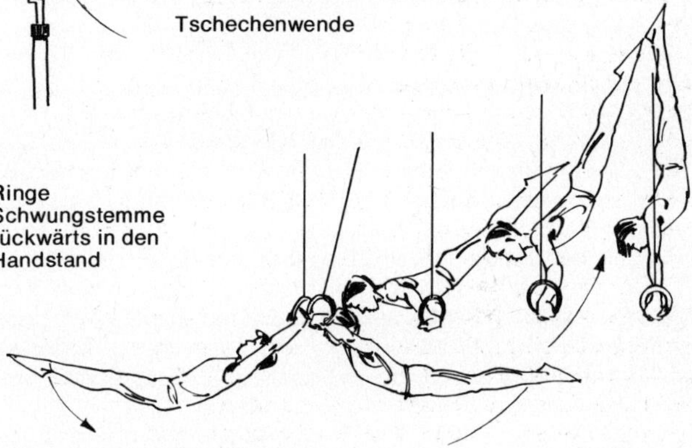

Ringe
Schwungstemme
rückwärts in den
Handstand

Seitpferd: Doppelschere vorwärts

Langpferd: Bücküberschlag mit Stütz auf dem näheren Pferdende (Yamashita)

sowie den Japanern Ono, Nakayama, Tskukahara und Kato hervorragende Interpreten besaß.

4. Ringe: Ein vorschriftsmäßiges Ringgerüst hat folgende Maße: An der 2,80 bis 3,00 m breiten Stange eines Stahlrohrrahmens befindet sich in 5,50 m Höhe die Aufhängevorrichtung für die beiden Seile (Abstand voneinander 0,50 m). Am unteren Ende der Seile wird je ein lederumwickelter Holzring befestigt. Seil und Ring – Durchmesser 18 cm – haben eine Gesamtlänge von 3 m, so daß sich die Unterkante der Ringe 2,50 m über der Erde befindet. Die Schwungseile aus Stahl halten Belastungen bis 250 kg aus.

An den Ringen setzen sich Übungen aus Schwung-, Kraft- und Halteteilen zusammen, möglichst in fließender Form aneinandergereiht. Bei Schwungübungen dürfen die Seile nicht ins Schaukeln geraten. Kraftteile müssen mindestens drei Sekunden ruhig durchgestanden werden. Handstände ebenfalls. Als bisher bester Ringturner aller Zeiten galt der Sowjetrusse Azarjan, dessen Seithaltestütz mit je ½ Drehung nach links und rechts noch heute seinen Namen trägt. Aber auch seine Landsleute Woronin, Schaklin und Muratow sowie die Japaner Hayta und Nakayama gelten als Meister an diesem schwierigen Gerät.

5. Seitpferd: Das Gerät besteht aus einem lederüberzogenen Holzgestell, das auf vier Beinen steht, und besitzt die gleichen Maße wie das Sprungpferd der Frauen. Höhe: 1,10 m; Länge: 1,60 m; Breite: 0,35 m. Allerdings sind auf dem Seitpferd in der Mitte im Abstand von 0,40 m zwei Holzgriffe (Pauschen) angebracht, mit einer Höhe von 12 cm und einer Stärke von 34 mm.

Bei einer Kür sehen wir das Kreisen – vornehmlich mit beiden Beinen und anschließenden Drehungen, die Scheren vor- und rückwärts ohne Zwischenschwünge, die Kehren und das Wandern. Dabei soll häufig von den Pauschen auf Kreuz und Hals gewechselt, das ganze Gerät benutzt und teilweise widergleich – Schwünge nach der anderen Seite – geturnt werden. So kommt eine harmonische, fließende Kombination von Kreis- und Spreizschwüngen zusammen, die vor Jahren der Jugoslawe Miroslav Cerar beispielhaft beherrschte.

6. Pferdsprung: Gerät wie das Seitpferd, aber ohne Griffe. Es steht in *Längsrichtung* zum Turner und muß eine Höhe von 1,35 m haben. Der Sportler kann zweimal den gleichen Sprung, bei der Kür auch zwei verschiedene Sprünge zeigen. Nur die beste Wertung zählt für den Wettkampf. Ein Sprung gilt auch dann als Versuch, wenn der Springer das Sprungbrett berührt, das Pferd aber nicht überwindet.

Der Pferderücken wird in Zonen eingeteilt – Hals und Kreuz –, in welchen der Springer aufstützen muß. Eine Schwierigkeitstabelle hilft bei der Bewertung der Übungen vom einfachen Grätschen (7 Punkte) bis zur Bücke mit ½ Drehung, Hecht-

Stufenbarren:

Liegehang – Kippe – Abschwingen in den Langhang – Felgumschwung am niedrigen Holm

Schwebebalken. Rolle vorwärts – Gratschschwebesitz – Hockstand

Bodenturnen: Überschlag rückwärts

Pferd – quergestellt: Überschlag

sprüngen oder Überschlägen seitwärts (Rad) oder vorwärts, die den Namen des herausragenden Japaners an diesem Gerät, Yamashita, tragen.
Deutsche Olympiamedaillen: Männer: *Mehrkampf-Mannschaft:* Gold – 1936; Bronze – 1964. *Mehrkampf-Einzel:* Gold – 1936: Schwarzmann; Silber – 1904: Weber; Bronze – 1936: Frey. *Seitpferd:* Gold – 1936 – Frey; Silber – 1904: Weber. *Ringe:* Silber – 1896: Weingärtner; Bronze – 1936: Volz. *Reck:* Gold – 1896: Weingärtner; Silber – 1896: Flatow; 1936: Frey; 1952: Schwarzmann; Bronze – 1936: Schwarzmann. *Barren:* Gold – 1896: Flatow; 1936: Frey; Bronze – 1896: Weingärtner; 1936: Schwarzmann. *Boden:* Bronze – 1936: Frey. *Pferdsprung:* Gold – 1896: Schuhmann; 1936: Schwarzmann; 1956: Bantz; Bronze – 1936: Volz. **Frauen:** *Mehrkampf-Mannschaft:* Gold – 1936, Silber – 1972 (DDR), Bronze – 1968 (DDR). *Stufenbarren:* Gold – 1972: Janz (DDR); Silber – 1968: Janz (DDR), Zuchold (DDR); Bronze – 1972: Zuchold (DDR). *Schwebebalken:* Bronze – 1972: Janz (DDR). *Pferdsprung:* Gold – 1972: Janz (DDR); Silber – 1964: Radochla (DDR); 1968: Zuchold (DDR), 1972: Zuchold (DDR).
Deutscher Turner-Bund, Geschäftsstelle: 6 FrankfurtM.-Niederrad, Otto-Fleck-Schneise 8; Tel.: (06 11) 63 20 01.
Mitglieder: 2 600 000, davon 1 500 000 Turnerinnen.

Volleyball

Geschichte: Ende des 19. Jahrhunderts begann die Geburtsstunde des „Flugball"-Volleyballspiels, da sich der Amerikaner William C. Morgan als Gegenstück zum anstrengenden Basketball einen anderen Zeitvertreib erdachte, bei dem eine Basketballblase über ein hohes Netz hin- und hergeschlagen wurde, ohne daß sie den Boden berühren sollte. Der Direktor der Sportakademie von Holyoke konnte nicht ahnen, was sich später aus dem zunächst harmlosen Lauf- und Schlagspiel entwickelte. Nach dem 1. Weltkrieg brachten amerikanische Soldaten den Volleyball mit nach Europa, wo er vor allem in den Ländern des Ostens begeisterte Aufnahme und schnelle Verbreitung fand.
Schon bald erwuchs ein ausgesprochenes Kampfspiel, das den Zuschauern mit seinen rasch wechselnden Szenen, seinen Schmetterbällen sowie taktischen Angriffs- oder Abwehrvariationen gefiel. Schnelligkeit, Ausdauer und Sprungkraft werden in besonderem Maße gefordert. In der Sowjetunion hat das Volleyballspiel mit weit über drei Millionen Aktiven den Fußballsport längst überholt, und auch in der CSSR steht diese Sportart klar an der Spitze. In Paris wurde 1938 der Internationale Volley-Verband (FIVB) gegründet, dem heute mehr als 100 Verbände

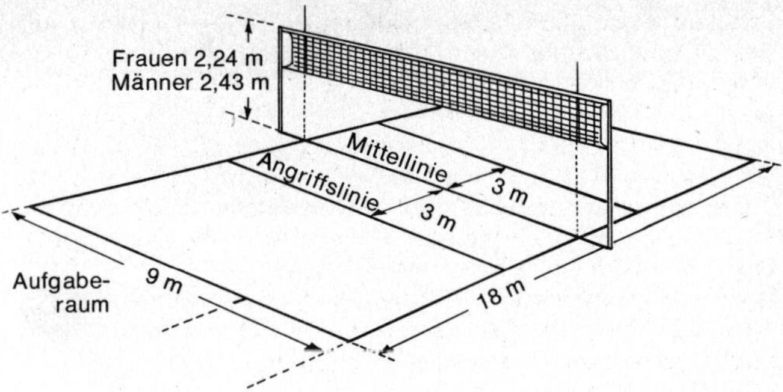

und über 100 Millionen Spieler angehören. Erst 1955 begann der Deutsche Volley-Verband mit seiner Arbeit, mit zur Zeit etwa 40 000 Mitgliedern.
Seit 1964 in Tokio steht dieses noch junge Spiel auf dem olympischen Programm. Volleyball gibt jedoch nicht nur Anlaß zu sportlichen Vergleichen, sondern bietet sich auch als ein abwechslungsreiches Vergnügen für Freizeit und Erholung an, findet stets neue Freunde in Schulen, Universitäten, Vereinen und Betrieben.
Regeln: Das **Spielfeld** hat eine Länge von 18 m, eine Breite von 9 m und wird durch eine Mittellinie, an der sich das 1 m breite Netz mit einer oberen Kantenhöhe von 2,43 m erhebt – für Frauen 2,24 m – sowie einer Breite von 9,50 m, in zwei Spielhälften geteilt.
Zwei Angriffslinien laufen parallel im Abstand von 3 m zur Mittellinie, dahinter jeweils die Verteidigungszonen mit 6 m Länge. In der Halle muß die Decke mindestens 7 m hoch und frei von Hindernissen sein. Der **Ball** besteht aus einer mit weichem Leder überzogenen Gummiblase mit einem Umfang von 65 bis 67 cm, einem Gewicht von 250 bis 280 Gramm. Zu einer Mannschaft gehören 6 Stammspieler (und 6 Auswechselspieler), deren Trikots mit einer Nummer versehen sein sollen. Gepolsterte Knieschützer sind erlaubt.
Bei Spielbeginn – der erste Aufschlag wird ausgelost – nehmen die Spieler eine bestimmte Position (1 bis 6) ein, rücken dann bei jedem Aufschlagwechsel für ihre Mannschaft eine Position im Sinne des Uhrzeigers weiter. Zum Beispiel übernimmt die Nr. 1 den Platz der Nr. 6, 6 den von 5 usw. Beim Aufschlag aus dem Aufgaberaum muß der Ball ohne Netzberührung ins Gegenfeld geschlagen werden, während drei eigene Angriffsspieler eng nebeneinander am Netz im Sichtblock stehen, um den Gegner zu irritieren, ihm den Blick auf den Ball zu nehmen.

Nur die aufschlagende Mannschaft kann Punkte erzielen. Bei einem Fehler wechselt der Aufschlag zum Gegner. Ziel des Spiels ist es, den Ball so über das Netz zu bringen, daß der Gegner ihn nicht erreichen oder zurückbringen kann.
Eine Partie besteht aus einer vorher festgelegten Zahl von Sätzen. Im internationalen Wettkampf gilt das 5-Satz-System, nach dem 3 gewonnene Sätze entscheiden. Ein Satzgewinn wird mit 15 Punkten erzielt bei 2 Punkten Unterschied zum Gegner, sonst wird bis auf 2 Punkte Vorsprung verlängert.
Die Gegenpartei versucht den Ball, ehe er die Erde erreicht, ins andere Feld zurückzuschlagen. *Von jeder Mannschaft darf der Ball höchstens dreimal berührt oder gespielt werden, doch darf ein Spieler nicht direkt nacheinander schlagen, aber den 1. und 3. Schlag ausführen.*
Der Ball muß ständig im Flug bleiben, soll im Idealfall vom ersten Spieler so gestoppt und abgegeben werden, daß der nächste dem Netzspieler eine verwendbare Vorlage geben kann, die dieser dann mit einem Schmetterball in einen Pluspunkt verwandelt. Der Gegner versucht dies durch „Blocken" – Hochspringen am Netz – oder gute Annahme im eigenen Feld zu vermeiden und selbst anzugreifen.
Fehler sind: Schlagen mit der Faust, Bodenberührung des Balles, Fangen, Halten oder Werfen, Annehmen des Balles unterhalb der Hüfte. Der Spieler darf auch das Netz, die Mittellinie oder die gegnerische Hälfte nicht berühren. Alle diese Regelverstöße bringen dem Gegner Punkt und Aufschlagspiel. Beim Schmettern darf nur die flache Hand im Spiel sein.
Spieltechnik: Das *„Pritschen"*, die sicherste und einfachste Art des Abspielens mit beiden Händen in Kopfhöhe.
Das *„Baggern"*. Anzuwenden bei sehr niedrigen, hartgeschlagenen Bällen. Dabei nicht mit offenen Händen hochschaufeln, sondern mit den Handgelenken zurückprallen. Die beiden Dau-

„Rotieren" der Spieler nach Aufgabenwechsel

Pritschen

Baggern

Aufschlag

Schmetterschlag

men liegen nebeneinander oder die leicht eingewinkelten Hände übereinander.

Der **Taktik** bei Angriff und Abwehr kommt große Bedeutung zu, da auch der beste und sprunggewaltigste Schmetterer auf die Mitarbeit und Vorbereitung seiner Nebenleute angewiesen bleibt. Nach dem Paß wird der Ball erst richtig „gestellt", d.h. vom Spieler mit den Fingerspitzen vor dem Netz in die Höhe geprellt, damit er richtig genommen werden kann. Auch die Blockbildung muß ständig geübt und verbessert werden, denn nach einem Angriffszug gilt es, gleich wieder das ungedeckte Spielfeld abzusichern. Mitdenken, blitzschnell reagieren, zwar ohne körperliche Zweikämpfe, aber stets mit größtem körperlichem Einsatz. Das Volleyballspiel zählt ohne Zweifel zu den echten Mannschaftsspielen.

Der **Schiedsrichter** sitzt auf einem bis 2,50 m hohen Stuhl auf einer Seite des Netzes. Er wird durch einen Schiedsrichter, Linienrichter und einen Aufschreiber, der die Punkte genau notiert, unterstützt.

Olympiasieger:

Frauen:	*Männer:*
1964: Japan	1964: UdSSR
1968: UdSSR	1968: UdSSR
1972: UdSSR	1972: Japan

Deutscher Volley-Verband e.V., Geschäftsstelle: 43 Essen, Kaninbergstr. 66; Tel.: (0241) 1911.
Mitglieder: 65000.

Wasserskisport

Geschichte: Auf dem Wasser gleiten, schweben, tanzen und springen – auch dieser Menschentraum ging in Erfüllung. Die heutigen „Wellenreiter“ an den Küsten Australiens, die über die schäumenden Wogen „surfen“, benutzen für ihre vielbestaunten Künste ein einfaches Brett, kosten nur den Schub des anrollenden Wassers aus. Der Wasserskisport dagegen ist auf Hilfe, ist auf die Kraft eines Motorbootes angewiesen, dessen Geschwindigkeit für den „angeseilten Skiläufer“ Bedeutung erlangt.
Es begann Anfang der 20er Jahre in den USA mit den „Aquaplanen“, 1 m breiten und bis zu 2 m langen Brettern, auf denen beide Füße standen, bis 1925 in Florida der Amerikaner Fred Waller zwei Bretter baute, die Leitflossen und aufgebogene Spitzen – wie beim Schneeski – besaßen. Wenig später kam der Halt für die Füße, die Bindung hinzu, dazu eine am Boot befestigte Leine. Damit stand der weiteren Entwicklung, die besonders in den USA und Frankreich einsetzte, nichts mehr im Wege.
Mit den schmaler und länger gewordenen Brettern wurden alle nur möglichen Techniken erprobt, um einen sicheren Start im Wasser zu ermöglichen und die Zugleine unter Kontrolle zu bekommen. Der damals noch häufig schwierige Start bereitet längst keine Schwierigkeiten mehr, und selbst Anfänger lernen schnell in die stehende, gleitende Position zu kommen. 1946 wurde die Union Mondiale de Ski Nautique (UMSN) gegründet, 1949 in Kassel der erste deutsche Wasserskiclub, und neun Jahre später begann der Deutsche Wasserskiverband seine Arbeit mit ständig steigenden Mitgliederzahlen. Alle zwei Jahre, in den Jahren mit ungeraden Zahlen, finden Weltmeisterschaften statt.
Wettkampfgeräte: Der normale *Wasserski* besitzt eine maximale Breite von 25 cm und eine Länge von 1 m. Alle Arten von Bindungen und Flossen sind zugelassen, die Benutzung anderer Hilfsmittel nicht erlaubt. Die Ski müssen gewissen Bedingungen der Sicherheit entsprechen, dürfen keine schneidenden Kanten aus Metall oder Holz besitzen, die den Läufer bei einem Sturz verletzen können. Die *Boote* müsen genügend stark sein, um die

erforderlichen Geschwindigkeiten zu erzielen und zu halten, wenn sie einen schweren Läufer unter Wettkampfbedingungen ziehen. Die Boote können mit Innen- oder Außenbordmotor ausgerüstet sein. Länge zwischen 5 m und 6,10 m, Breite zwischen 1,80 und 2,50 m. Für den Slalomlauf und das Springen muß das gleiche Boot von allen Teilnehmern benutzt werden.
Der Veranstalter stellt 23 m lange **Zugleinen** mit Einfachhantel und einer Reißbelastung von 590 kg zur Verfügung. Die Leinen können aus einem Stück bestehen oder aus 2 Teilen – bei einer Länge von 21,5 m und 1,50 m für die Handgriffe, die einen Außendurchmesser von 2,5 bis 2,8 cm sowie abgerundete Ecken und Kanten haben müssen. Zugleinen für Slalom besitzen in bestimmten Entfernungen eingespleißte Schlingen, um eine schnelle Änderung der Leinenlänge zu sichern. Für das Figurenlaufen kann der Teilnehmer ein eigenes Zugseil, gleich welcher Länge und Abmessungen, stellen.
Die drei verschiedenen Wettbewerbe bestehen aus: 1. Springen, 2. Slalom, 3. Figurenlaufen.
In jeder Disziplin gibt es einen Meistertitel sowie eine Rangliste. Jeder Wettkampf verlangt zwei Runden: eine Vorrunde und ein Finale. Den Endkampf bei den Herren bestreiten 12 Teilnehmer, bei den Damen sechs. Die ausgeloste Startreihenfolge im Endkampf ist umgekehrt wie in der Vorrunde.

Springen: Die im Wasser aufgebaute Sprungschanze hat eine Höhe von 1,80 m für Herren und 1,50 m für Damen bei einer Länge von 6,55 m über der Wasserlinie. Die Breite liegt zwischen 3,70 und 4,30 m und muß mit einem Schleuderschutz auf der rechten Seite versehen sein. Der Springer kann die Geschwindigkeit des Zugbootes selbst bestimmen bis zu 57 km/h bei den Herren und 45 km/h bei den Damen. Es wird nur mit zwei Ski gesprungen, die 1,70 m lang und 18 cm breit sind. Beim Springen kommt es darauf an, möglichst weit parallel zur Sprungschanzenachse anzufahren und erst im lezten Moment auf die rechte untere Ecke anzuschwenken, um sich über die linke obere Ecke hinausschleudern zu lassen.
Zur Messung der Weite benötigt man 3 Winkelmesser, die parallel zur Schanzenachse stehen. Die Schiedsrichter geben eine Stilbewertung von maximal 20 Punkten für jeden Sprung. Hierbei werden Anfahrt, Flug und Aufsetzen auf dem Wasser bewertet. Die höchste und niedrigste Stilnote der fünf Richter werden gestrichen, der Durchschnitt in Dezimetern der Sprungweite zugeschlagen, was den Gesamtwert des Sprunges ergibt. Jeder Springer hat 3 Sprünge.
Weltrekord im Wasserspringen-Herren: Grimditch/USA = 51,40 m; Damen: Lisa St. John/USA 35,35 m. **Europarekord**-Herren: J. Carne/GB = 47,85; Damen: K. Morse/GB = 34,10 m.

Slalom: Die meisten Starter laufen auf nur einem Ski und versuchen die 259 m lange Wasserbahn bis zu einer vorgeschriebenen Höchstgeschwindigkeit um sechs ausgelegte Bojen (rot oder gelb) zu durchfahren. Der am Zugboot hängende Teilnehmer gleitet durch ein Einfallstor in das Slalomfeld und umrundet von außen die 6 Slalombojen (Durchmesser 25 bis 35 cm), um durch das Ausfahrttor die Strecke wieder zu verlassen. Damit ist ein Durchgang beendet. Es folgen eine Schleife und erneute Durchfahrt in umgekehrter Richtung durch das Slalomfeld.
Die Herren fahren bei allen Durchgängen bis 58 km/h und verkürzen die Leinen von 18,5 m bis 11,25 m, während die Damen bei gleichen Leinen bis 55 km/h erreichen. Sollten weitere Läufe zur Entscheidung nötig sein, wird das Seil um je 50 cm verkürzt. Verfehlt ein Läufer im 2. Durchgang eine Boje oder ein Tor, scheidet er aus. Für jede umrundete Boje und Tordurchfahrt gibt es 1 Punkt, mit Ausnahme der letzten Boje, für deren Umrunden ½ Punkt und ein zusätzlicher ½ Punkt für das Überwinden der Heckwelle ohne Sturz gegeben wird. Fünf Schiedsrichter, einer im Zugboot, benoten die einzelnen Durchgänge.
Weltrekord im Slalom-Herren: Roby Zucchi/It. = 38 Bojen; Damen: Christie Freemann/USA – 37 Bojen. **Europarekord:** Herren: Zucchi/It. = 2 Bojen á 12 m; Damen: S. Terraciano/It. = 3 Bojen á 13 m.

Figurenlaufen: Zwei Durchgänge, in deren Verlauf der Teilnehmer in Zeiträumen von 2×20 Sek. beliebig viele Figuren zeigen kann. Zwei Bojen im Abstand von 175 m bezeichnen den Beginn der Figurenstrecke in jeder Richtung. Die Zeitnahme erfolgt mit der ersten Figur und endet nach 20 Sek. durch ein akustisches Signal. Ein Sturz beendet den Durchgang. Die Ski sind 1,15 m lang und 23 cm breit. Geschwindigkeit und Länge der Leine gibt der Läufer selbst an. Ein verlorener Ski darf nicht wieder angezogen werden.
Für jede der 68 Figuren erhält der Starter Punkte. Dreht er sich z. B. mit 2 Ski um 180 Grad, erhält er 30 Punkte, bei derselben Drehung mit nur 1 Ski erreicht er 60 Punkte. Eine nicht deutlich abgehobene Figur („Welle") kann nicht als „Figur auf dem Wasser" angerechnet werden. Alle Drehungen über 180 Grad müssen klar erkennbar und miteinander verkettet sein. Dreht sich ein Läufer während des Fluges über einer Heckwelle um 360 Grad und hält die Leine dabei nur mit dem Fuß, erzielt er 300 Punkte.
Die fünf Schiedsrichter verteilen auch Stilbewertungsnoten von 1 bis 10 Punkten für die Ausführung, für Fluß und Verkettung der Figuren sowie für die Variation der Vorführung. Das Mittel der Stilnoten wird den erreichten Figurenpunkten zugeschlagen.
Weltrekord im Figurenlaufen-Herren: Richy McCormick/USA

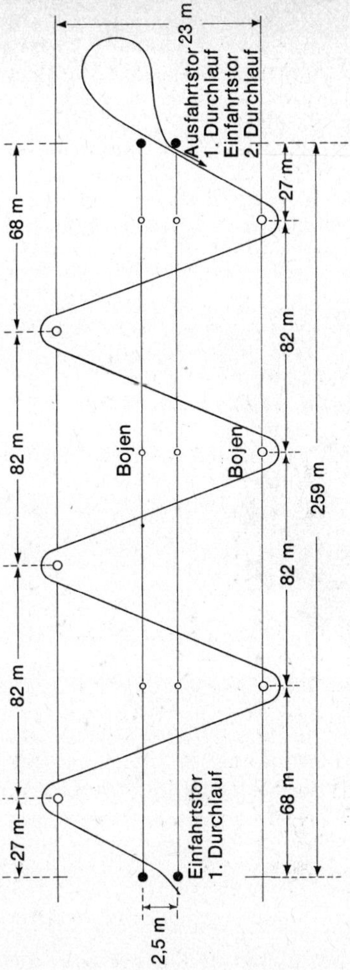

= 5500 Punkte; Damen: Victoria Carrasco/Venez. = 4390 P. **Europarekord:** Herren: F. Stehno/CSSR = 4890 P.; Damen: W. Staehle/NL = 3650 Punkte.

Für die Errechnung eines **Kombinationssieges** kommen die drei Punktzahlen der drei Disziplinen zur Addition. Auf die gleiche Weise ermitteln Mannschaften oder Nationen die Rangfolge.

Deutscher Wasserski-Verband, 35 Kassel-Waldau, Postfach 47; Tel.: (0561) 50031.

Mitglieder: 4000, davon 1250 weiblich.

Kennen Sie das Arena-Programm wirklich?

Arena-Sachbuchreihe »Abenteuer Amerika«

In der erfolgreichen Reihe des bekannten Jugendbuchpreisträgers Frederik Hetmann sind erschienen:

Die Pinkerton-Story
Bestliste zum Deutschen Jugendbuchpreis!
»Dieses Buch ist spannender als jedes Cowboy-Heft. Hier bekommen trockene Geschichtsdaten Farbe.«
Stern Magazin

Sheriffs, Räuber, Texas Rangers
Bestliste zum Deutschen Jugendbuchpreis!
». . . die wahre Geschichte von Männern, die das Gesicht des Wilden Westens geprägt haben. Ein großartiges Buch.« Bayer. Rundfunk

Mustangs, Rinder, Schienenstrang
»Bei Hetmann spricht die Wirklichkeit der Geschichte ebenso spannend und erregend wie in unzähligen romanhaften Darstellungen.« Bücherei und Bildung

Alle Bücher haben 192 bis 260 Seiten Umfang, 8 Kunstdrucktafeln, Karten, mehrfarb. lamin. Schutzumschlag

Als Taschenbuch erschien in dieser Reihe:

1258 **Von Trappern und Scouts**
Die abenteuerliche Geschichte der Fallensteller und Biberjäger Nordamerikas.

1274 **Goldrausch in Alaska**
Die abenteuerliche Erschließung des amerikanischen Nordens.

»Abenteuer Amerika – das ist auch das Abenteuer der Menschen dieses Kontinents, eine neue, bessere Gesellschaft aufzubauen.« Frankfurter Allgemeine